2012
北京市经济社会统计报告

Beijing Economic—Social Statistical Profile

区域产业发展篇（下册）

北 京 市 统 计 局
国家统计局北京调查总队 编

北京日报报业集团
同心出版社

图书在版编目（CIP）数据

北京市经济社会统计报告.2012 （上下册）.北京市统计局、国家统计局北京调查总队编著.
北京：同心出版社，2012.1
ISBN 978-7-5477-0325-0

Ⅰ.①北… Ⅱ.①北… ②国… Ⅲ.①社会经济统计—研究报告—北京市—2011 Ⅳ.①C832.1

中国版本图书馆 CIP 数据核字（2011）第 275606 号

北京市经济社会统计报告（上、下册）

出版发行：同心出版社
地　　址：北京市东城区东单三条 8-16 号东方广场东配楼四层
邮　　编：100005
电　　话：发行部：（010）65255876　　总编室：（010）65252135-8015
印　　刷：北京鑫正大印刷有限公司
经　　销：各地新华书店
版　　次：2011 年 12 月第 1 版
　　　　　2011 年 12 月第 1 次印刷
开　　本：787×1092　1/16
印　　张：50.5
字　　数：760 千字
定　　价：60.00 元（上、下册）

《北京市经济社会统计报告（2012）》（下册）

编辑委员会

目　　录

（下册）

产业发展与重点监测

区域监测与特色经济

2012

北京市经济社会统计报告

Beijing Economic-Social Statistical Profile

产业发展与重点监测

“十一五”时期北京文化创意产业发展情况分析

◆◇张小洁　林　梅

2006年，北京市委、市政府提出大力发展文化创意产业的战略决策。“十一五”时期，我市积极推进文化体制改革，制定出台一系列产业促进政策措施，有效调动了产业发展的积极性，首都的文化资源优势得到进一步释放。目前，文化创意产业已经成为带动我市产业结构升级和经济发展转型的重要支柱产业，在首都经济社会发展中发挥着重要作用。

一、“十一五”时期文化创意产业发展现状与特征

（一）文化创意产业引领首都经济和社会加快发展

产业规模大幅扩张。2006年，市委、市政府提出大力发展文化创意产业战略决策，“十一五”时期文化创意产业加速发展，成为带动首都经济发展的新引擎，为首都经济和社会发展做出重要贡献，全市文化创意产业增加值由2005年的674.1亿元，增长到2010年的1697.7亿元，按现价计算年均增长20.3%，高于地区生产总值的年均增速5.1个百分点。

文化创意产业在国民经济中的地位进一步提高。文化创意产业增加值占地区生产总值的比重由2005年的9.7%，提高到2010年的12%，比重较2005年提高2.4个百分点（见图1）。

2010年，全市规模以上文化创意产业单位7925家，实现收入7442.3亿元，比2005年增长1.7倍，年均增速21.7%；资产合计达到11166.3亿元，比2005年增长1.2倍，年均增速16.8%；利润总额429.8亿元，比2005年增长2.9倍，年均增速31.3%。

促进社会进步贡献巨大。文化创意产业发展在营造社会文化环境，改变人们生活方式，建设首都精神文明等方面发挥了重要作用。“十一五”时期，我市城镇居民和农村居民教育文化娱乐消费需求大幅增加。2010年，北京城镇居民人均教育文化娱乐服务消费支出2902元，比2005

年增长32.7%，文化消费占生活消费支出的比重为14.6%；农村住户人均教育文化娱乐用品与服务消费支出983元，比2005年增长17.7%，文化消费占生活消费支出的比重为9.7%。我市人均教育文化娱乐服务消费支出以及文化消费占生活消费支出的比重均居全国前列。

图1　"十一五"期间文化创意产业增加值及占地区生产总值比重

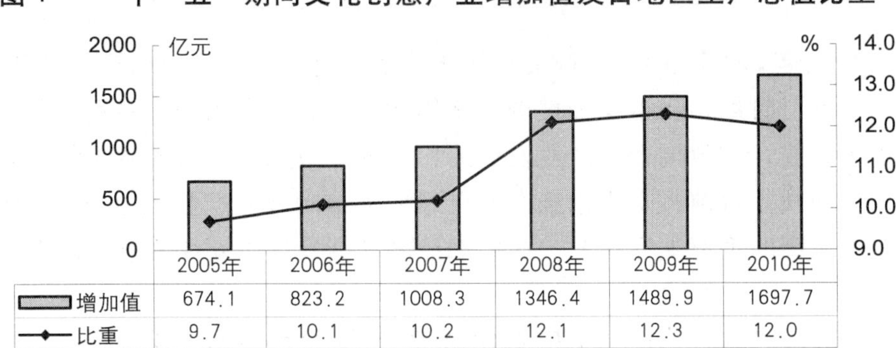

	2005年	2006年	2007年	2008年	2009年	2010年
增加值	674.1	823.2	1008.3	1346.4	1489.9	1697.7
比重	9.7	10.1	10.2	12.1	12.3	12.0

文化创意产业对我市吸纳就业做出贡献。2010年，文化创意产业从业人员122.9万人，比2005年增加39.4万人，增长47.2%，文化创意产业从业人员占全市比重达到12%，比2005年提高2个百分点。"十一五"时期，文化创意产业从业人员年均增长8%，高于全市从业人员增速4.7个百分点。

（二）新兴文化创意产业发展推动了产业结构升级

科技创新引领新兴文化创意产业发展。"十一五"期间，文化与广播电视网、互联网、电信网相结合，推动了新兴文化产业蓬勃发展，我市文化科技创新能力明显提高。数字化、网络化技术的应用催生了动漫网游、新媒体、数字电视、数字出版等文化新业态的兴起，为广播电视、新闻出版以及互联网信息服务和软件业带来深刻变化。"十一五"期间，我市软件、网络及计算机服务、新闻出版、广播电视电影、广告会展四大主要领域平均增速均达到10%以上，四大行业占全市文化创意增加值比重分别为51.2%、10.4%、8.4%和7.7%，合计占到文化创意产业比重的77.7%。其中，软件、网络及计算机服务领域领先发展，年均增速达到26%，高于全市文化创意平均发展速度5.7个百分点，占文化创意产业比重由2005年的39.5%提高到2010年的51.2%，提高11.7个百分点。成为“十一五”期间拉动北京市文化创意产业高速发展的最主要动力之一(见表 1)。

表 1　文化创意产业分领域增加值、比重和增速

领　域	2010 年		2005 年		“十一五”时期年均增速（%）
	增加值（亿元）	比重（%）	增加值（亿元）	比重（%）	
合　计	1697.7	100.0	674.1	100.0	20.3
文化艺术	53.7	3.3	32.2	4.8	10.8
新闻出版	171.8	10.4	106.8	15.8	10.0
广播、电视、电影	138.6	8.4	78.0	11.6	12.2
软件、网络及计算机服务	847.1	51.2	266.6	39.5	26.0
广告会展	127.4	7.7	51.0	7.6	20.1
艺术品交易	43.0	2.0	7.1	1.0	43.4
设计服务	84.2	4.8	31.6	4.7	21.7
旅游、休闲娱乐	69.5	4.2	37.6	5.6	13.1
其他辅助服务	162.4	8.0	63.2	9.4	20.8

根据市广播电影电视局统计，2010 年全市有线电视用户达到 439.9 万户，比上年增长 6.4%，其中，数字电视用户数达到 270 万户，比上年增长 13.2%，约占有线电视用户数的六成；有线电视入户率为 90%，比上年提高 4.1 个百分点。

动漫网游是从软件业、互联网信息服务业和广播电视电影业中衍生出来的新业态，以高成长性、高效益和知识密集为主要特征。2009 年，我市出台支持影视动画产业、网络游戏产业发展的实施办法，大力推动动漫、网游行业发展，多家国家动画产业基地、国家级动漫游戏产业园相继落户北京。2010 年，我市影视动画、网络游戏重点单位近 300 家，实现业务收入 97.4 亿元，比上年增长 22.2%，其中，影视动画、网络游戏收入分别为 7.1 亿和 90.3 亿，同比分别增长 57.8%和 20.1%。2010 年，运营客户端游戏 336 款，同比增长 18.3%，开发完成客户端游戏 83

款，同比增长9.2%。

（三）文化体制改革促进产业主体活力增强

“十一五”时期，我市推进文化体制改革与文化事业单位转型。完成市属几大院团转企改制，组建北京演艺集团；完成15家经营性出版社的转企改制，组建北京出版集团有限公司；整合北广传媒、北京电视台、北京广播电台，组建北京广播电视台，产业发展活力进一步增强。

“十一五”时期，我市积极引导、支持非公经济参与文化创意产业发展。2006—2009年，北京市文化创意产业专项资金累计支持民营企业项目121个，支持资金3.5亿多元，支持方式包括贷款贴息、项目补贴、奖励、贷款担保等，支持力度在全国各省市最大。2010年，全市规模以上文化创意产业单位中，非公和混合所有制单位实现收入5515.1亿元，比2006年增长1.4倍，占规模以上文化创意产业比重由2006年的73.4%提高到2010年的80.4%。

（四）首都的文化中心地位和作用进一步提高

“十一五”时期，北京文化资源、研发资源、人力资源优势愈加突出，首都的文化中心地位和作用进一步提高。

历史文化资源得天独厚。北京有着六朝古都的历史文化积淀。截至2010年末，全市拥有注册博物馆156座，文物藏品332万件；国家综合档案馆17个，已开放档案87.5万卷；拥有公共图书馆25个，总藏量4613万册；拥有重点文物保护单位98处，市级文物保护单位224处；拥有A级以上及重点旅游景区205家；专业艺术表演团体35个，艺术表演场所73个。

电影票房、文艺演出、出版种类、网游出口在全国名列前茅。2010年，北京地区主要艺术表演场所举行艺术演出1.2万场，观众人次达到557.2万人次，艺术演出收入4.8亿元；2010年，北京地区13条院线102家影院共放映电影72.6万场，观众2774万人次，票房收入11.8亿元，比2005年增长4.2倍，占全国票房总收入的比重为12%。2010年北京地区出版报纸、期刊、图书的种类占全国比重分别为1/10、1/3和1/2。据市版权局统计，2010年北京地区版权输出2153项，同比增长45%，全年实现海外收入1.88亿美元。2010年，我市网络游戏运营销售收入为72.8亿元，占全国网络游戏运营收入的两成以上；北京网游企业出口金额约占全国网游企业出口总额的 2/3；网游研发团队数量占全国的比重为 26.6%，排名第一。

文物拍卖及会展业国内首屈一指。“十一五”时期，艺术品交易领域异军突起，增加值年平均增长速度为 43.2%，在文化创意九大领域中增长最快。我市艺术品拍卖行业吸引了全世界的卖方资源，发展势头迅猛，据市文物局统计，我市目前拥有拍卖公司 92 家，文物商店 62 家，数量均位居全国之首。2010 年，我市举办文物拍卖会 198 场，文物拍卖标地数量 19 万件套，成交金额 360 亿元。拍卖行业间接带动了我市旅游、出版、广告会展、艺术品培训等相关行业的发展。

凭借区位优势和国际化大都市优势，我市会展业“十一五”时期实现飞跃发展。北京的直接会展收入由 2005 年的 61.1 亿元提高到 2010 年的 172.5 亿元，年均增长 23.1%。2010 年，我市各宾馆饭店和展览场馆共接待会议 25.7 万个，比 2005 年增长 48%，接待会议人数 1731.3 万人次。根据国际大会与会议协会（简称 ICCA）发布的数据，2009 年接待国际会议数量在全球城市排名中，北京位居第 12 位，列中国内地的第一位，北京已经成为名副其实的“会都”。

研发投入占 GDP 比重居全国之首。“十一五”时期，北京建立了众多的科学技术研究基地，科技人才、研发投入产出在全国处于优势地位，文化创意产业的核心竞争力持续增强，自我发展能力有较大提高。2010 年，全市研究与试验发展（R&D）经费支出为 821.8 亿元，比上年增长 22.9%，相当于地区生产总值的 5.8%，占地区生产总值比重居全国各省市之首；全市研究与试验发展（R&D）人员 26 万人，比上年增长 2.8%。全市专利数量由 2005 年 2.3 万个增加到 2010 年的 5.7 万个；技术合同成交额由 2005 年的 434.3 亿元增加到 2010 年的 1579.5 亿元。我市地方财政一般预算支出中文化体育与传媒支出由 2006 年的 40.5 亿增加到 2010 年的 178.9 亿元。2009 年，中关村科技园区被国务院批准为中关村国家自主创新示范区，提升了首都在全国引领科技创新的地位。

高素质创意人才独领风骚。北京高校及独立科研院所数量众多，为文化创意产业发展源源不断地输送高素质创意人才。据市教委统计，2010 年，全市 52 所普通高校和 118 个科研机构向社会输送研究生毕业生 5.9 万人；89 所普通高等院校向社会输送本专科毕业生 15 万人。文化创意相关专业学生数量占全市高等教育学生数量比重达到24.9%，全市文化创意产业从业人员中具有大学本科及以上的高学历人员占比接近六成。

二、“十一五”时期我市文化创意产业发展的几个问题

（一）文化内核带动作用有待增强

“十一五”时期，我市文化创意产业在文化与科技相互融合，共同作用下，实现了产业整体的较快发展。数字、网络等新技术应用为产业注入强大的发展动力，但产业“硬件”的发展速度明显快于“软件”，以文化内容为特征的文化基础领域对产业发展的带动作用不够突出。“十一五”时期，我市文化艺术、新闻出版、广播电影电视行业的规模和发展速度始终慢于软件、网络和计算机服务领域，具有自主知识产权的品牌文化产品和服务不多，版权交易体系相对薄弱，文化原创力、版权开发能力与市场转化能力有待进一步提高。

（二）集聚区发展质量有待提高

“十一五”时期，我市建立了30个覆盖全市16个区县的市级文化创意产业集聚区，初步形成产业地理空间上的集聚。但从目前情况看，集聚区发展还不平衡，集聚区总体规模占全市文化创意产业比重小，存在特色不够鲜明、产业方向同质化等问题，尚未形成产业集群优势和规模效益，对区域经济和全市文化创意产业的带动作用不强。据2008年经济普查数据，全市文化创意产业法人单位54713家，集聚区内文化创意产业法人单位5042家，占全市文化创意产业法人单位比重仅为9.2%；集聚区内实现文化创意产业收入615.4亿元，占全市文化创意产业收入比重为11.3%。

（三）产业整体需要统一规划管理

文化创意产业与旅游、体育、会展、设计等产业有着密切的相关性，产业内部新媒体、动漫网游、数字出版、互联网、广播电视存在相互交叉，密不可分的产业关联，但目前从部门管理、政策制定、资金扶持等方面均自成体系，存在产业界线不清、管理分割、重复建设、多重管理和资源分散使用等问题。

三、发展建议

（一）推动文化创意产业由“大”向“强”转变

我市文化创意产业经历了“十一五”的规模扩张、快速发展时期，“十二五”时期，在转变经济发展方式的指导思想下，应更加注重提高产业发展质量。一是从重规模向重效益转变，关注政策措施为产业发展带来的长远实际效果。如发展集聚区，可以由搭建网络连接平台代替企业的物理空间集聚。二是从注重“面”向注重“点”转变。“十一五”时期，我市文化创意产业实现了整体扩张，新时期政府还需在营造环境、搭建平台、给予政策、留住人才方面多做务实的工作，给予文化创意企业切实有力的帮助。三是由重“硬件”发展向重“软件”发展转变。文化创意产业是知识密集、技术密集和资本密集型服务型产业，需要不断提供与新的社会需求相适应，与新的科技发展相关联的文化产品和服务，增强产业发展的软实力，从而提高产业的附加价值。

（二）推动新兴文化创意产业由“分立”向“融合”转变

“十一五”时期我市文化创意产业的发展轨迹显示，我市文化创意产业正在由传统的低技术低附加值为主向高技术高附加值为主的产业结构演变。“十二五”时期将是以科技为依托的新兴文化创意产业大发展时期，新兴产业具有科技创新性、知识密集性、高增长性、产业关联性强、产业边界模糊显著的特点。因此，应当把握新时期产业发展规律与特征，创新文化创意产业发展的体制机制，规划并搭建适合新兴文化创意产业发展的产业互通平台，着力打破部门、行业、技术、市场、产业链环节之间的隔膜，建立行业之间、产业之间及不同产业主体之间互惠互通、公平发展、紧密关联的关系，逐步形成资源有效利用，企业有效竞争的良性发展局面。

动画网游初具规模　产业潜力尚待开发

◆◇米宏伟

动漫产业是集文化创意、新媒体技术为一体的产业，被誉为21世纪最具发展潜力的朝阳产业之一。近年来，国家和北京市高度重视动漫产业的发展，先后出台了多项鼓励和引导动漫产业发展的重要文件。为掌握北京市动漫产业的规模、特点和发展趋势，为管理决策提供依据，北京市统计局、国家统计局北京调查总队对北京市从事动漫产业的296家重点单位开展了专项调查。

一、北京动漫产业发展总体情况

（一）总量规模扩大，增速有所放缓

2010年，北京市296家影视动画、网络游戏重点单位实现业务活动总收入[1]97.4亿元，比上年增加17.7亿元，增长22.2%，增速比上年回落8.5个百分点。其中，影视动画、网络游戏收入分别为7.1亿元和90.3亿元，同比分别增长57.8%和20.1%；影视动画、网络游戏业务活动收入占业务活动总收入的比重分别为7.3%、92.7%（见表1）。

表1　2009、2010年影视动画、网络游戏收入情况表（亿元，%）

行业名称	2010年			2009年		
	收入	比重	增速	收入	比重	增速
合　计	97.4	100	22.2	79.7	100	30.7
影视动画	7.1	7.3	57.8	4.5	5.6	25
网络游戏	90.3	92.7	20.1	75.2	94.4	31

1　影视动画业务活动总收入包括动画加工制作收入、版权动画收入、动画衍生品收入和其他收入。网络游戏业务活动总收入包括网络游戏制作收入、客户端游戏运营销售收入、网页游戏运营收入、手机游戏运营收入、网络游戏衍生品收入和其他收入。

（二）从业人员稳步增长，研发力量全国居首

2010 年，动漫产业重点单位期末从业人员共 2.6 万人，同比增长 20.8%，高于文化创意产业从业人员增速 13.8 个百分点。其中，影视动画、网络游戏期末从业人员分别为 6975 人和 19070 人，同比分别增长 4.8%和 27.9%。从事动画设计制作人员数为 2668 人，占影视动画期末从业人员数的 38.3%；从事网络游戏研发人员数为 8979 人，占网络游戏期末从业人员数的 47.1%(见表 2)。

北京地区拥有强大的网络游戏研发力量，研发团队数量占据全国比重为 26.6%，排名第一[2]。

表 2　　影视动画、网络游戏从业人员情况表（人）

行业名称		2010 年	2009 年	增速（%）
合　计	期末从业人员	26045	21567	20.8
	研发设计人员	11647	8938	30.3
影视动画	期末从业人员	6975	6656	4.8
	设计制作人员	2668	2199	21.3
网络游戏	期末从业人员	19070	14911	27.9
	研发人员	8979	6739	33.2

（三）网游行业利润增速放缓，动画行业扭亏为盈

2010 年，动漫产业重点单位利润总额[3]为 36.8 亿元，同比增长 4%，低于文化创意产业利润增速 17 个百分点，其中，影视动画行业实现利润 0.2 亿元，同比增加 1.1 亿元，在上年基础上扭亏为盈；网络游戏行业实现利润 39.7 亿元，同比增长 19.6%，较上年下降 32.7 个百分点。

2　数据来源：《2010 年中国网络游戏研发力量调查综合报告》，中国出版工作者协会游戏出版物工作委员会。

3　利润总额为影视动画、网络游戏重点单位的全部利润总额，不仅限于动画网游业务实现的利润，不包括中央电视台、北京电视台等非专业动画播放单位的利润。

二、影视动画行业发展特点

（一）成品动画片加速生产，收入实现全面增长

2010 年，成品动画片[4]的生产加快，2010 年完成动画片 114 部，增长 22.6%，增速较上年提高了 9.2 个百分点。

2010 年，动画业务活动总收入为 7.1 亿元，同比增长 55.0%，其中，加工制作收入、版权动画收入、动画衍生品收入分别为 2.3 亿元、3.2 亿元、0.6 亿元，同比分别增长 39%、58.6%、45.8%，占动画总收入的比重分别为 32.3%、46.2%、8%。与上年相比，版权动画收入占总收入的比重提高了 1 个百分点（见图 1）。

图 1　　2009—2010 年动画业务分项收入图

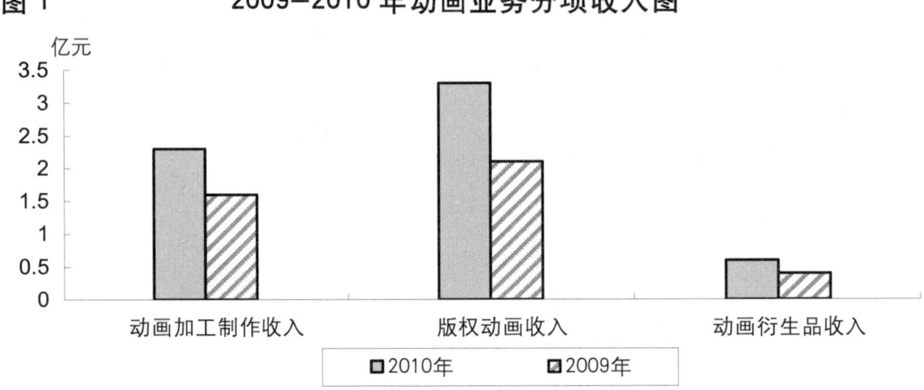

（二）中央单位动画生产、创收能力强

中央单位以占动画重点单位 6%的单位数量，创造了一成的动画生产量和两成的动画业务收入。2010 年，中央单位制作动画分钟数为 9465 分钟，占全部动画制作分钟数的 12.6%；中央单位动画业务活动总收入为 1.7 亿元，占全部画业务活动总收入的 23.9%。

（三）电视台扩大动画播放，京产动画比重下降

2010 年中央和北京动画播放单位播放动画片 56.6 万分钟，增长 8.5%，其中，播放北京地区生产动画 7.1 万分钟，占全部动画播放时长

4　指具备完整故事情节和一定时长的动画片。

的 12.6%，比上年下降了 4.6 个百分点。

三、网络游戏行业发展特点

（一）运营收入占全国两成，客户端游戏稳居支柱地位

2010 年，网络游戏重点单位实现业务活动总收入 90.3 亿元，同比增长 20.1%，其中，运营销售收入为 72.8 亿元，同比增长 16.7%，占全国运营收入的比重为 21.9%[5]。同时，收入结构有所调整，客户端游戏仍是业务收入的主要贡献者，网页游戏地位有所提升。运营收入中，客户端游戏运营销售收入、手机游戏运营销售收入分别占比 86.1%、2%，同比分别下降 4.1 个百分点、0.2 个百分点；网页游戏运营销售收入比重为 11.9%，同比上升 4.3 个百分点（见图 2）。

图 2　　2009—2010 年网络游戏运营销售收入构成图

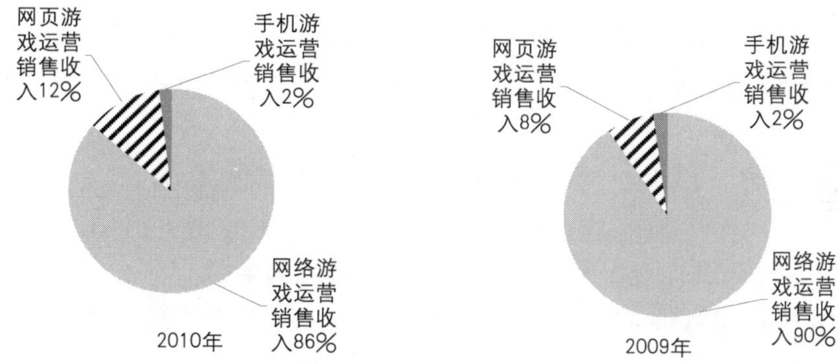

（二）客户端游戏运营平稳，新一轮研发期来临

客户端游戏投入高、研发周期长，目前各大网游公司仍以运营 2009 年前研发的游戏为主，收入增长平缓。2010 年，网络游戏重点单位运营客户端游戏 336 款，同比增长 18.3%，实现客户端游戏运营销售收入 62.7 亿元，其中，自主开发游戏、代理游戏收入分别为 41 亿元、20.9 亿元，

5 全国数据出自《2010 年度中国游戏产业调查报告》，中国出版工作者协会游戏出版物工作委员会。

同比分别增长 15.5%、3.5%。

2010 年共开发完成客户端游戏 83 款，与上年相比，客户端游戏开发运营款数增速由负转正，增长 9.2%，标志着网游企业加快了新游戏的研发步伐。

（三）网页游戏继续保持高增长态势

网页游戏是近年来新出现的网络游戏形式，具有受众面广，对计算机配置要求低，研发周期短等特点，成为网络媒体新的收入增长点。2010 年，网络游戏重点单位开发、运营网页游戏分别为 78 款、270 款，同比分别增长 47.2%、140%，实现网页游戏运营收入 8.6 亿元，同比增长 82.3%，占业务活动总收入的比重为 9.6%，较上年提高了 3.3 个百分点。

（四）手机网络游戏[6]业务萎缩

2010 年，网络游戏重点单位开发手机网络游戏 48 款，同比减少 13 款，下降 21.3%；运营手机网络游戏 107 款，同比减少 49 款，下降 31.4%；实现手机网络游戏运营收入 1.4 亿元，同比增长 3.6%，收入落后于全国增速，与 2009 年北京手机网游的高速增长形成鲜明对比。调查数据显示，手机网游研发速度放缓，部分企业甚至退出了手机网游市场。

四、漫画、动漫舞台剧演出行业发展情况

（一）漫画设计走出国门，新媒体发行为漫画增色

2010 年，北京市 11 家漫画设计制作重点单位共制作漫画 222 部，同比增加 139 部，增长 167.5%，其中，已刊登或出版的漫画为 129 部，占全部漫画的比重为 58.1%。调查显示，部分知名漫画工作室已开始漫画出口业务，签约地区涉及法、德等国家。除专业的少儿出版服务外，近年来，北京诞生了专业的漫画发行网站和手机内容服务商，在现有丰富的出版资源的基础上，漫画单位开始利用新媒体实现漫画创收。新媒体发行平台将大大促进漫画的发行交易，推动漫画行业的发展。

（二）动漫舞台剧演出市场缩减

2010 年，北京市 16 家动漫舞台剧演出单位共演出动漫舞台剧 35 部，

6　手机网络游戏指以手机为运行平台，以无线通信网络为依托，可多人参与的游戏，包括手机网页游戏、手机网络游戏，不包括单机版手机游戏。

同比增加 7 部；演出动漫舞台剧 928 场，同比减少 78 场，下降 7.8%。随着动漫舞台剧表演场次的下降，演出收入和从业人员也随之减少，2010 年，动漫舞台剧演出收入为 1566.5 万元，同比下降 39.4%；从事动漫舞台剧创作表演人员数为 261 人，同比下降 5.4%。演出收入下降单位中，既有大型儿童剧演出单位，也有角色扮演社团。

五、北京市动漫产业存在的问题及建议

目前，以影视动画、网络游戏为核心的北京市动漫产业在各方面取得可喜成绩的同时，也存在着一些不容忽视的问题，主要体现在：

（一）动漫产业发展潜力尚待挖掘

在美国、日本等动漫强国，动漫产业已占据文化产业的重要地位。美国数字娱乐产业每年收入超过 4000 亿美元，占GDP的 4%，网络游戏也已连续 4 年超过好莱坞电影业，成为全美最大娱乐产业；动漫产业占日本GDP的比重超过 10%，成为日本第三大产业；动漫产业后起之秀的韩国游戏产业已占本土企业总收益的 34.3%，动画产品年产值达 15 亿美元[7]。而北京市 2010 年动漫产业重点单位实现业务活动总收入仅为 97.4 亿元，占全市文化创意产业收入比重不到 2%，其中动画行业收入仅为 7.1 亿元，动漫产业发展潜力尚待挖掘。

北京地区的动画行业与国内一些地区相比也存在一定差距，2010年，北京地区（含中央单位）经发行审批的原创电视动画片时长仅1.9万分钟，在全国位列第五，排名第一的江苏省为5.2万分钟，而排名第四的辽宁省为2.6万分钟[8]。

北京市拥有全国领先的信息服务和软件业，以及优质的动漫教育人才资源，具备发展动漫产业的良好的软硬件条件，动漫产业作为文化创意产业的前沿领域，充分借鉴国内外先进经验，促进动漫产业做大做强应大有可为。

（二）电影动画发展滞后

2010年，北京市制作电影动画1696分钟，同比下降13.4%，其中，

---

7 潘瑞芳：《动漫产业模式研究与实践》，中国广播电视出版社。
8 国家广电总局：《2010 年全国各省国产电视动画片生产情况表》。

原创电影动画为598分钟，仅占全部原创动画产量的1.4%。2010年，电影动画发行收入为155.3万元，仅占动画发行总收入的2.5%。以动漫第一强国美国为例，其《功夫熊猫》系列、《怪物史莱克》系列，无不创造了巨大的票房收入，2011年上映的《功夫熊猫2》票房收入在我国票房收入已达6亿元，大大超过了北京全年动画电影发行收入。

北京市电影动画发展水平与美、日等动漫强国相比，仍存在较大的差距。目前上映的《魁拔》、《兔侠传奇》，均由北京市动漫公司制作或合作制作，耗时长、投资高，尽管技术水准已达国际领先水平，但仍因宣传、创意不到位等原因而票房惨淡。动漫电影市场机遇与风险并存，如何充分利用动漫电影蓬勃发展带来的机遇，在全球电影市场分得一杯羹，是北京动画应着重考虑的问题。

（三）动画发行渠道拓展力度不足

传统的动画产业链条模式为：动画创作生产——动画播出放映——动漫图书出版发行——动漫音像制品发行——衍生品开发销售。其中，发行环节是动漫企业实现盈利的重要中间环节，其本身为动漫企业创造收入的同时，也决定了后期衍生品开发的成功与否。而目前北京市动画企业发行渠道拓展有限，全市动画发行收入仅为0.6亿元，占动画业务活动总收入的8.5%。

2010年，北京市动画发行仍以传统电视发行为主，占全部发行收入的91.6%（见图3），网络发行、手机发行、动画音像制品发行等新媒体

图3　　2010年影视动画发行收入构成图

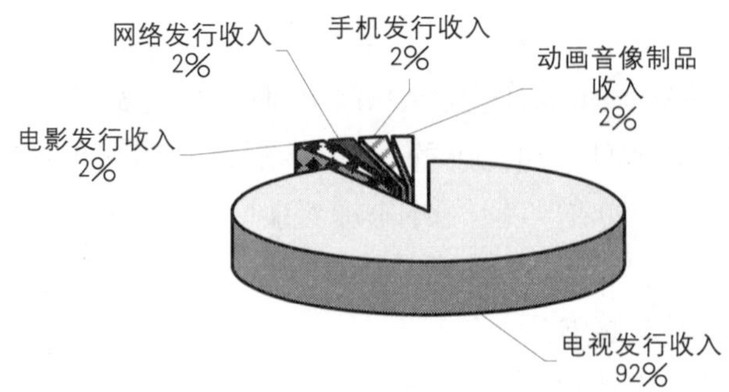

发行渠道利用不足。电视台对播放动画片所支付的节目费用很低，而影视动画生产周期长，前期投入成本高，播出渠道不畅造成了动画产业链的断裂[9]，应着力打造动漫设计推广平台，助力动画产业发展。

（四）产业外迁现象值得关注

2010年，北京市动画、网游单位出现多起通过设立子公司将其业务活动转到外省的情况，以利用当地更为优惠的产业政策和更低廉的生产成本，其中，不乏行业领先企业，对北京市动漫产值造成了较大影响。2010年，动画重点单位制作完成各类动画[10]7.5万分钟，同比下降23.9%，其中，原创制作动画分钟数为4.2万分钟，同比下降30.3%。

若想吸引和留住行业龙头企业，在产业政策、配套设施和服务方面，北京仍需更进一步，特别是在已有动漫产业基地和正在建设中的石景山动漫产业城的规划开发中，应加强对行业特点及各省市动漫政策的调研，制定更为完善的产业政策体系，助推动漫产业发展。

（五）动漫产业链条衔接不良

在动漫产业链条中，漫画创作是基础，动漫网游是主体，而衍生品开发、动漫舞台剧是产业的延展，其中每一环节均有拉升和整合作用[11]。从调查情况看，目前北京市动漫产业尚未形成运作良好的产业链条，行业之间缺乏协同合作，制约了动漫行业的做大做强，主要体现在：

漫画基础有待增强。从发达国家动漫的发展经验看，漫画是动画、游戏重要的创意来源，先以低成本漫画测试市场对故事题材的接受度，可以降低后期动画游戏开发风险，具有重要的市场意义，国际上，由漫画发展起来的动画片如《机器猫》、《名侦探柯南》、《蜘蛛侠》、《超人》等均获得了巨大的成功。在日本，漫画工作室分工细致、运作高效，除创作漫画外，更有负责将漫画制作为动画、开发游戏娱乐软件、负责漫画推广和版权交易的人员。而目前北京市漫画创意资源未得到充分利用，单位对漫画形象进行动画、游戏的开发有限。2010年，北京市制作漫画222部，但其中改编为动画片的部数仅4部，漫画和动画市场还需进一步衔接。

9　肖昕：《我国动漫产业链存在的问题与对策》，《科技与经济》，2009年4月第2期。

10　制作动画包括原创制作、加工制作及联合制作的动画连续剧、动画短片、动画栏目。

11　潘瑞芳：《动漫产业模式研究与实践》。

衍生品开发乏力，范围局限。以动漫形象为基础的衍生品投资回收周期短且利润丰厚，能够带来巨大的收益[12]。一般而言，动画产品播出环节与衍生品环节利润比为3:7到1:9，衍生品的地位可见一斑[13]。以美国的《变形金刚》系列为例，其植入广告、玩具产品和网络游戏等周边收入已超过票房收入，产生了强大的衍生效应。而北京市衍生品开发明显滞后，主要体现在：一方面，衍生品开发规模小，2010年，北京市动画和网游衍生品收入共0.6亿元，同比增长44.6%，尽管增速较高，但收入与国际相比仍处于低水平；另一方面，衍生品开发范围局限，衍生品的开发多集中在动漫玩具、服饰等产品上，较少做进一步的多媒体衍生品开发，特别是动漫和网游之间的相互渗透尚未开始，而在日本，动画和游戏间的改编则较常见，如《古墓丽影》、《生化危机》等。

12 李然：《日本动漫产业化经营对中国动漫产业的启示》，《北方经贸》，2010年第1期。
13 潘瑞芳：《动漫产业模式研究与实践》。

生产性服务业快速发展　促进首都发展方式转变

◆◇张国会

“十一五”时期，北京市充分发挥服务业的资源和区位优势，按照“十一五”规划确立的行业发展导向，大力发展生产性服务业，服务经济主导地位继续巩固。金融服务、信息服务、科技服务、商务服务以及现代物流等生产性服务业快速发展，为北京市培育了一批支柱产业和新的增长点，同时也促进了经济发展方式的转变，提高了自主创新能力，对首都经济发展发挥了重要作用。

一、确定产业标准，开展定期监测

生产性服务业是指以提供市场化的中间投入服务为主导的行业。《北京市“十一五”时期服务业发展规划》提出要大力发展金融业、信息服务业、科技服务业、现代物流业、商务服务业和会展业等生产性服务业。为使生产性服务业研究和监测评价具有科学、统一的分类依据，北京市统计局、国家统计局北京调查总队研究制定了《北京市生产性服务业统计分类标准》，经市政府批准于 2009 年 1 月正式颁布执行。

《北京市生产性服务业统计分类标准》以生产性服务业基本定义为依据，以国家《国民经济和社会发展第十一个五年规划纲要》和《北京市“十一五”时期服务业发展规划》为指导，在广泛参考国内外理论研究成果的基础上，结合北京市的具体情况，对第三产业所有行业按大类逐一进行划分，进而界定出生产性服务业的范围。

北京市生产性服务业包括：信息传输、计算机服务和软件业，金融业，租赁和商务服务业，科学研究、技术服务和地质勘察业四个行业门类，批发和零售业门类中的批发业一个行业大类，以及交通运输、仓储和邮政业门类中包含在国家物流统计分类标准中的若干行业小类，并按照服务性质的不同，划分为流通服务、信息服务、金融服务、商务服务和科技服务五大类别。《北京市生产性服务业统计分类标准》的确立，为开展生产性服务业监测奠定了坚实的基础。

二、“十一五”时期生产性服务业运行特点

（一）规模迅速扩张，总量占比近半

“十一五”时期，北京市生产性服务业实现平稳较快增长，产业规模迅速扩张，占地区生产总值的比重逐年提高。全市生产性服务业增加值由 2005 年的 2802.1 亿元，增长到 2010 年的 6705 亿元，按现价计算（下同）年均增长 19.1%，高于第三产业增加值年均增速 2.2 个百分点，高于地区生产总值年均增速 3.9 个百分点，呈现出快速发展的态势（见表 1）。“十一五”时期，生产性服务业对全市经济的贡献率始终保持在 50%以上，带动作用明显。

表 1　“十一五”时期生产性服务业增加值情况（亿元，%）

项　目	2005 年	2006 年	2007 年	2008 年	2009 年	2010 年	年均增速（现价）
地区生产总值	6969.5	8117.8	9846.8	11115.0	12153.0	14113.6	15.2
第三产业增加值	4854.3	5837.6	7236.1	8375.8	9179.2	10600.8	16.9
生产性服务业增加值	2802.1	3409.4	4425.2	5355.3	5676.1	6705.0	19.1
一、流通服务	667.2	844.9	1062.1	1365.0	1379.5	1733.0	21.0
二、信息服务	586.6	696.4	870.5	999.1	1066.5	1214.1	15.7
三、金融服务	840.2	982.4	1302.8	1519.2	1603.6	1863.6	17.3
四、商务服务	360.7	447.1	623.6	765.3	809.6	953.2	21.5
五、科技服务	347.4	438.6	566.2	706.7	816.9	941.1	22.1

生产性服务业增加值占地区生产总值的比重由 2005 年的 40.2%提高到 2010 年的 47.5%；占第三产业增加值的比重由 2005 年的 57.7%提高到 2010 年的 63.2%（见图 1）。

图 1　　“十一五”时期生产性服务业增加值占比情况

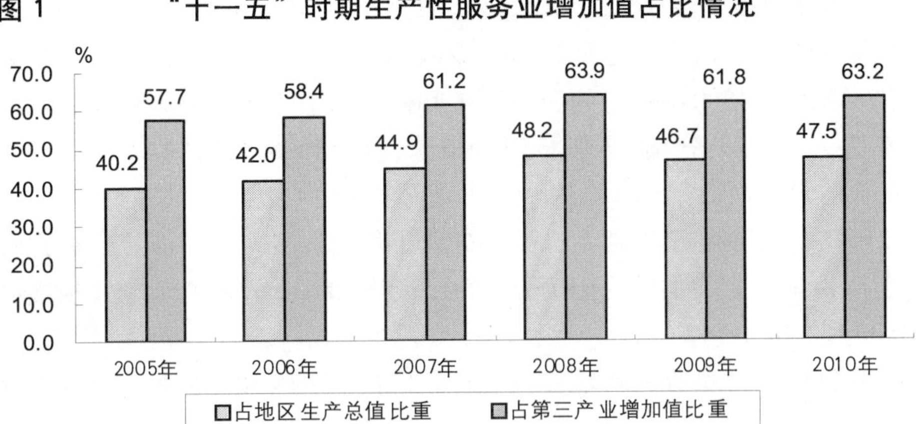

从规模以上生产性服务业法人单位[1]财务指标看，“十一五”时期，生产性服务业实现较快发展，单位数量不断增加，资产、收入、税金和从业人员规模不断扩大。规模以上生产性服务业单位资产总计、收入合计和税金总额，由 2005 年的 253982.9 亿元、17035.8 亿元和 688.6 亿元，分别提高到 2010 年的 751922.8 亿元、53477.9 亿元和 2245.4 亿元，年均增速分别为 24.2%、25.7%和 26.7%，均高于第三产业对应指标年均增速；占第三产业对应指标的比重由 2005 年的 92.6%、69.7%和 68.6%，分别提高到 2010 年的 94.2%、77.4%和 71.9%（见表 2）。

表 2　　规模以上生产性服务业单位主要经济指标情况

项目	2005 年		2010 年		年均增长(%)
	绝对值	占三产(%)	绝对值	占三产(%)	
单位数（个）	10911.0	46.1	18734.0	51.9	11.4
资产总计（亿元）	253982.9	92.6	751922.8	94.2	24.2
收入合计（亿元）	17035.8	69.7	53477.9	77.4	25.7
税金总额（亿元）	688.6	68.6	2245.4	71.9	26.7
从业人员（万人）	123.1	38.1	230.7	47.3	13.4

1　规模以上生产性服务业法人单位指年营业收入在 500 万元及以上的生产性服务业法人单位。

（二）内部结构优化，高端趋势明显

“十一五”时期，生产性服务业内部五大领域均衡发展，结构逐步优化，知识和技术密集型的科技服务和商务服务发展较好，保持强劲增长势头。科技服务和商务服务增加值分别由 2005 年的 347.4 亿元和 360.7 亿元，增长到 2010 年的 941.1 亿元和 953.2 亿元，年均增长 22.1% 和 21.5%，分别高于同期生产性服务业平均增速 3 个和 2.4 个百分点；占生产性服务业增加值的比重分别由 2005 年的 12.4%和 12.9%，提高到 2010 年的 14.0%和 14.2%。

科技服务单位收入实现较快增长。规模以上科技服务单位收入合计由 2005 年的 1232.4 亿元，提高到 2010 年的 4613.4 亿元，年均增长 30.2%，高于生产性服务业收入年均增长 4.5 个百分点，占生产性服务业收入合计的比重由 2005 年的 7.2%，提高到 2010 年的 8.6%；税金总额由 2005 年的 40.9 亿元，提高到 2010 年的 165 亿元，占生产性服务业税金总额的比重由 2005 年的 5.9%，提高到 2010 年的 7.3%。

科技服务单位自主创新和科技成果转化能力有所提升。全市发明专利申请数由 2005 年的 7676 件，增长到 2010 年的 23207 件，年均增长 24.8%；全市新产品产值由 2005 年的 1257.4 亿元增长到 2010 年的 3401.5 亿元，年均增长 22%。

（三）产出集约高效，引领发展方式转变

生产性服务业企业盈利能力较强，产业规模化、组织化程度较高，是北京市利润、税收的主要贡献者，也是高端产业、高效企业和高薪岗位的主要提供者。大力发展生产性服务业，对北京市调整产业结构、转变发展方式起到至关重要的作用。“十一五”时期，生产性服务业企业整体效益水平始终高于第三产业，全市规模以上生产性服务业企业利润总额、税金总额占第三产业企业利润总额、税金总额的比重一直保持在九成和七成以上；其收入利润率和成本费用利润率分别由 2005 年的 14.9% 和 20.7%，提高到 2010 年的 17.8%和 22.6%（见表 3）。2008 年第二次全国经济普查结果显示，全市生产性服务业劳动生产率为 18.7 万元/人，是第三产业的 1.35 倍。

表 3　　规模以上生产性服务业单位效益情况（%）

年份	收入利润率		成本费用利润率	
	第三产业	生产性服务业	第三产业	生产性服务业
2005	11.0	14.9	15.8	20.7
2010	16.1	17.8	19.7	22.6

（四）布局日趋合理，集聚效应彰显

随着北京产业结构调整力度的加大和各区域功能定位的进一步明确，生产性服务业空间布局日趋合理，表现出较为明显的集群化发展特征。“十一五”时期，功能拓展区生产性服务业收入比重逐年提高，由 2005 年的 49.2%提高到 2010 年的 58.2%；而功能核心区生产性服务业收入比重呈逐年下降趋势，由 2005 年的 45.7%下降到 2010 年的 34%。另外，从六大高端产业功能区看，生产性服务业也表现出明显的集聚效应。2010 年，六大高端产业功能区以全市 7%的占地面积，集聚了规模以上生产性服务业 32.2%的单位、40.9%的资产、38.3%的收入、33.8%的利润总额、53.7%的税金和 45.4%的从业人员。

（五）外向型特征强化，辐射效果显著

作为全国 11 个“服务外包基地城市”之一，北京市发展服务外包优势明显。“十一五”时期，北京市大力发展服务外包，服务外包企业的数量、规模和效益情况居于全国前列。根据北京市商务委员会的统计数据，北京地区离岸服务外包收入由 2008 年的 6.35 亿美元，增长到 2010 年的 15.38 亿美元，年均增长 55.6%。

同时，北京市积极发挥科技服务高端、高效、高辐射的创新引领作用，不断深化与外省市的科技合作。环渤海、长三角、珠三角区域的很多省市都在承接北京的科技成果，北京科技有力地促进了全国经济社会发展。北京市技术合同成交总额由 2005 年的 434.4 亿元，增长到 2010 年的 1579.5 亿元，年均增长 29.5%，占全国技术合同成交总额的比重由 2005 年的 28%，提高到 2010 年的 40.4%，保持了在全国的绝对领先优势，成为全国最大的技术交易中心。2010 年，北京市输出到其他省区市的技术合同成交额达到 654.8 亿元，比上年增长 31.4%。

三、值得关注的问题

“十一五”时期，我市第三产业增加值占 GDP 的比重由 2005 年的 69.6%，提高到 2010 年的 75.1%，服务型经济主导性地位进一步巩固，其中，生产性服务业贡献较为突出。尽管如此，对生产性服务业部分领域发展过程中所暴露出的问题仍应给予足够的关注。

（一）流通服务领域效益下滑明显

物流业是生产性服务业的重要组成部分，在保障城市正常运转、保障生产良性运行、保障经济稳步发展等方面发挥着重要的支撑和服务作用。“十一五”时期，北京市工业增加值占 GDP 的比重不断降低，服务对象的减少对物流业的发展产生了明显影响。同时，随着生产资料和劳动力成本的不断攀升，物流企业面临着较大的经营压力，经济效益出现明显下滑，规模以上专业物流企业收入利润率和成本费用利润率由 2005 年的 9.9%和 11.5%，下降到 2010 年的 5.2%和 5.5%，分别下降了 4.7 个和 6 个百分点。

（二）地方企业贡献减少、效益下降

北京市规模以上生产性服务业企业中，中央企业占有较大份额，对首都经济社会发展发挥着重要作用。“十一五”时期，与中央企业相比较而言，地方企业贡献有所减少，经济效益有所下降，规模以上地方生产性服务业企业营业收入、税金总额、利润总额和从业人员等主要经济指标占比均出现明显下降（见表 4）。地方生产性服务业企业成本费用利润率由 2005 年的 16.4%，下降为 2010 年的 13.7%。

表 4　　规模以上地方生产性服务业企业占比情况（%）

年份	营业收入	税金总额	利润总额	从业人员
2005	92.8	85.3	72.7	79.1
2010	50.8	52.0	34.0	71.3

“十一五”时期北京信息服务业发展情况分析

◆◇邹晓茜

大力发展信息服务业是首都加快经济结构调整，实现经济又快又好发展的有效途径。《北京市“十一五”时期服务业发展规划》提出，“以三网融合为依托，保持信息传输业的领先地位；以软件和信息系统集成为重点，做强信息技术服务业；以生产和提供数字内容为重点，推进信息资源服务产业发展”。为了贯彻落实北京市积极发展信息服务业的要求，北京市统计局、国家统计局北京调查总队广泛参考国内外关于信息服务业理论研究的成果及实践，以标准《国民经济行业分类》（GB/T4754-2002）为基础，以联合国《信息业》分类标准和《统计上划分信息相关产业暂行规定》为依据，于2009年制定了《北京市信息服务业统计分类》，将信息服务业分为信息传输服务业、信息技术服务业和信息内容服务业3个大类，8个中类和27个小类。经过“十一五”时期的快速发展，目前，信息服务业已经成为北京经济增长的支柱产业，在首都经济社会发展中发挥着重要作用。

一、信息服务业发展现状和特点

（一）产业规模扩大，拉动就业作用明显

“十一五”时期，我市信息服务业的增加值由2005年的721.5亿元，增长到2010年的1445.3亿元，按现价计算年均增长14.9%，占地区生产总值的比重为10.2%，对全市经济增长贡献率达到10.1%。信息服务业已经成为北京市经济增长的支柱产业。

2010年，全市规模以上信息服务业单位为3448家，资产达到17398.9亿元，比2005年增长了72.6%，年均增长11.5%；实现收入4310.9亿元，比2005年增长1.3倍，年均增长18.2%。

2010年，全市规模以上信息服务业从业人员52万人，比2005年净

增 26.2 万人，年均增长 15%，高于全市从业人员增速 11.7 个百分点；信息服务业从业人员平均工资达到 96411.1 元，比第三产业全部从业人员平均工资高 70%。

（二）非公经济快速发展，产业集聚效应彰显

非公经济是促进国民经济发展的重要力量、国家财税收入的重要支柱和创造社会就业岗位的主要渠道。“十一五”期间，北京信息服务业非公和混合所有制发展占据主导地位，为首都经济增长注入了活力。2010 年，全市规模以上信息服务业企业中，非公及混合所有制单位实现资产 8521.5 亿元，占规模以上信息服务业的 49%，比 2005 年提高了 20.7 个百分点；实现收入 3503.5 亿元，占规模以上信息服务业的 81.3%，比 2005 年提高了 11.2 个百分点；从业人员 42.5 万人，占规模以上信息服务业的 81.8%，比 2005 年提高了 17.1 个百分点。

产业集中度提高，集聚效应逐步显现。2010 年，信息服务业经营收入超亿元的单位达到 548 家，比 2005 年增加 332 家；2008 年第二次经济普查结果显示，营业收入超亿元的企业为 418 家，仅占信息服务业单位总数的 2.3%，却创造了信息服务业 76%的营业收入。

2010 年，中关村科技园区集聚了全市信息服务业 59.9%的营业收入，61.9%的从业人员， 59.2%的税金。

（三）经济发展转型，信息产业服务化特征突出

从发达国家经济发展进程看，经济从制造型经济向服务型经济转型是产业结构高度化的重要标志。美国在 20 世纪 60 年代，英国、德国在 80 年代，日本在 90 年代实现了向服务型经济的转型，同时，信息产业也从制造部门为主向服务部门为主转变。2006 年，北京市第三产业增加值占全市 GDP 的比重突破 70%，率先在全国进入服务型经济时代，同时信息产业服务化趋势开始显现。“十一五”期间，我市信息服务业占信息产业的比重逐年增加，成为信息产业乃至地区经济结构调整的推动力。2010 年，信息服务业占信息产业比重达到 72.7%，比 2005 年提高 10.1 个百分点（见图 1）。

（四）体制改革稳步推新，信息传输服务逐步完善

电信业改革中发展壮大。“十一五”期间，北京电信业完成了改革重组，重组后实现了资产的有效整合，大大提高了北京电信业的竞争实力。

2010 年，电信业资产达到 1.2 万亿元，比 2008 年增长 76.9%。同时，促进了北京电信从传统运营商向现代综合信息提供商的战略转型，通信业将以全业务支撑信息化的发展。

图 1　　　“十一五”期间信息服务业增加值及占信息产业比重

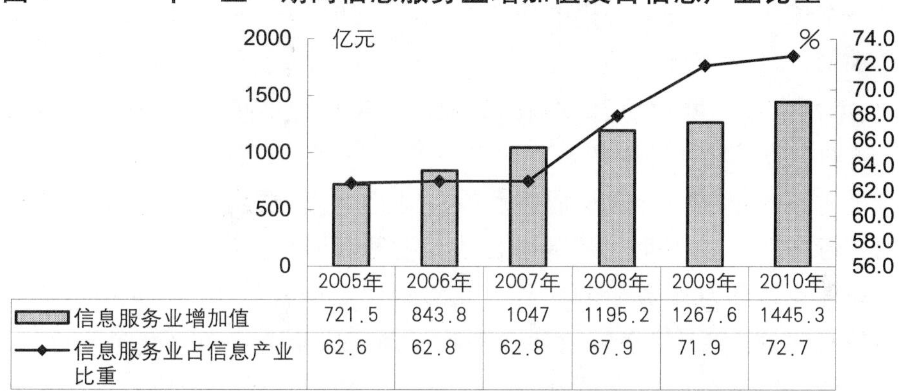

	2005年	2006年	2007年	2008年	2009年	2010年
信息服务业增加值	721.5	843.8	1047	1195.2	1267.6	1445.3
信息服务业占信息产业比重	62.6	62.8	62.8	67.9	71.9	72.7

电信业在北京奥运会这个舞台上向世界展示了全方位的通信服务，不仅向公众和奥运客户提供了高速、便捷、畅通、可靠的通信服务，而且也展示了电信领域的新技术，作为我国第三代移动通信自主创新的标志性成果，TD-SCDMA 在奥运期间得到应用，并推出了手机电视等亮点业务。

基础设施完善支撑服务多元化发展。“十一五”时期，北京市积极开展通信网络建设，大力推进 3G 业务，互联网宽带接入能力不断增强，基础设施逐渐完善，服务水平进一步提升。2010 年，电信业全社会基础设施投资额达到 90.8 亿元，5 年间年均增长 9.1%，比“十五”期间提高 3 个百分点。截至 2010 年底，全市移动电话交换机容量达到 4134 万户，“十一五”期间年均增长 18.3%。移动电话用户达到 2129.8 万户，是 2005 年移动电话用户的 1.5 倍，移动电话普及率高达 108.6 户/百人，其中，3G 电话用户达到 259.9 万户，同比增长 2.4 倍。

随着互联网信息服务业的发展，互联网宽带接入用户数和网民数量迅猛增加。2010 年底，互联网宽带接入用户数达到 545.6 万户，是 2005 年互联网接入用户数的 2.4 倍，网民达到 1218 万人，比 2005 年净增 790 万人，年均增长 23.3%，增幅比“十五”时期提高 14.3 个百分点。网民普及率达到69.4%[1]，其中手机网民达到760万，互联网普及率在全国位居首位。

（五）行业优势突出，信息技术服务引领快速发展

大力发展信息技术服务是一个国家或地区提升竞争力的重要途径，是参与全球化竞争必须占领的战略制高点。2010年，信息技术服务业实现增加值734.1亿元，占信息服务业的50.8%，比重比2005年上升了18.8个百分点，取代信息传输服务业成为增值效益最大的行业。“十一五”时期，随着网络计算等基础硬件水平快速提升，应用需求持续深化，商业模式不断革新，计算机服务和软件业迅速发展，新一代信息技术深入到各行各业，成为北京经济增长的助推器和孵化器。

软件业是信息服务业的核心，北京软件业一直走在全国前列。在工业和信息化部2011年全国软件业务收入前百家企业名单，北京有30家企业上榜，入选企业数量再次居全国首位。2010年，全市获得各级系统集成资质的企业达到690家，占全国总数的18%；全市实现软件著作权登记量达到24905件，占全国登记总量的30.4%，与2005年相比年均增长27.2%，连续5年位居全国第一，显示出较强的软件创新能力。

（六）产业融合渗透，信息内容向数字化、网络化发展

产业融合和渗透，加快了信息技术的发展和变革，进一步带动了相关产业的发展。数字化、网络化技术的应用催生了动漫网游、新媒体、数字电视、数字出版等新业态的出现，为广播电视、新闻出版、电信增值服务及互联网信息服务业带来深刻变化。“十一五”期间，我市电信增值服务和互联网信息服务业营业收入平均增速高达47.2%和24.6%。

数字电视用户迅速增长。2010年全市有线电视用户达到439.9万户，比2005年增加了157.9万户，有线电视入户率达到90.0%，比2005年增加25.9个百分点，其中，数字电视用户达到276.8万户，同比增长13.2%。

电信增值业务呈现出明显的崛起态势。随着移动信息服务运营的成熟，手机网络游戏进入发展黄金期。2010年，手机网络运行收入达到1.4亿元[2]，年均增长33.6%。

1　数据来源：中国互联网信息中心。
2　数据来源：北京市影视动画、网络游戏行业重点专项调查。

互联网服务作为应用基础、搜索、即时通讯、网络游戏、数字内容、网络社区、电子商务等，已经成为信息服务业中的重要组成部分，2010年，网络游戏业务活动总收入达到 90.3 亿元[3]，年均增长 25.5%；全市实现电子商务商品销售额 1658.1 亿元，比 2008 年增长 45.7%[4]。

二、值得关注的问题及建议

（一）发展速度有待加快，对经济带动作用有待进一步提高

虽然“十一五”期间我市信息服务业有了较大规模的增长，但是整体比重仍然比较低。2010 年，北京信息服务业占信息产业的比重为 72.7%，仅占地区生产总值的 10.2%，与发达国家信息产业占 GDP 的比重 40%–50%的水平相比，无论信息服务业还是信息产业的规模均有待进一步提高。

“十一五”期间，信息服务业对经济增长的拉动作用有所下降，增加值平均增长速度（现价）仅为 14.9%，低于地区生产总值平均增长速度（现价）0.3 个百分点，占地区生产总值的比重从 2010 年的 10.4%下降到 2005 年的 10.2%。

根据国家统计局《北京信息产业关联效应研究》数据，北京信息服务业影响力系数为 0.96，感应力系数为 0.39，分别比社会平均水平低 0.04 和 0.61，这表明信息服务业对国民经济其他产业的影响和带动能力弱，信息服务业还没有发挥其巨大作用。

（二）中小企业盈利能力差，竞争力不足

中小企业是信息服务业发展的主要力量，对于国民经济的发展和就业水平发挥重要作用。据第二次经济普查显示，我市信息技术服务业中小企业数占全部信息技术服务业企业的 99.6%，从业人员占 82.4%，但是营业收入和利润总额仅占全部信息服务业企业的 55.1%和 46.1%。中小企业普遍存在盈利能力差，竞争力不足的局面。

2010 年，我市规模以上信息技术服务业中，中小企业的平均资产利润率为 8.4%，低于信息技术服务业平均资产利润率 1.5 个百分点，而小

3　数据来源：北京市影视动画、网络游戏行业重点专项调查。
4　统计口径为全市规模以上法人单位，不含金融业数据。

企业的这一比率则仅为6.5%。而发达国家信息服务业发展的规律表明，中小企业是技术创新的积极力量，应该制定鼓励和扶植中小企业的相关政策，改善中小企业的融资环境，使中小企业成长壮大，发挥其在技术创新和促进就业方面的作用。

交通运输业实现跨越式发展

◆◇李玉娟

“十一五”时期，面对持续增长的交通需求和承办奥运会的需要，我市加大交通运输投资力度，基础设施日趋完善，城市道路供给能力不断加强，铁路迈进“高速”时代，机场跻身世界先进行列，“公交优先”政策初见成效，业务综合能力和服务水平显著提升，交通运输业在推动首都社会进步、经济发展的进程中发挥了重要作用。

一、交通运输业发展情况和特点

（一）投资力度持续加大，基础设施进一步完善

“十一五”期间，全市交通运输基础设施累计投资额 3010.9 亿元，是“十五”时期的 3.9 倍，交通运输基础设施投资额占全社会基础设施投资额比重始终保持在 45%以上(见图 1)。

图 1　2000—2010 年交通运输基础设施投资情况

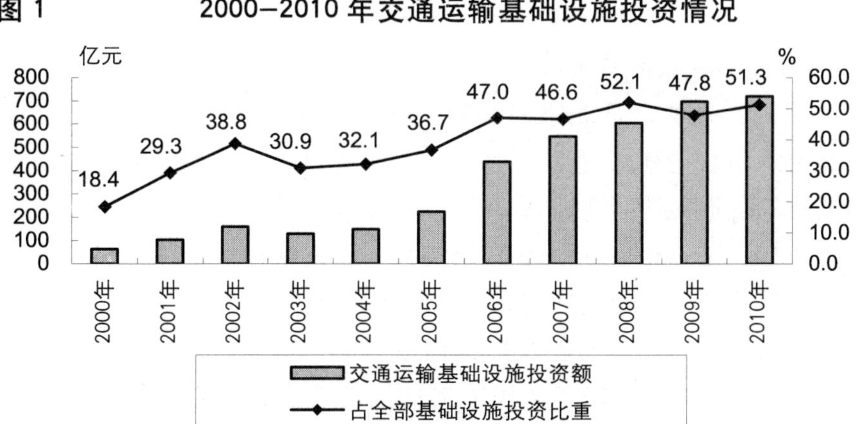

1. 城市道路供给能力不断加强

“十一五”时期，全市公共交通投资建设力度明显加大，累计完成投资额 1456.7 亿元(见图 2)，是“十五”时期的 4.8 倍。2010 年，城市道路里程 6355 公里，比 2005 年净增 2282 公里，年均增长 9.3%；道路面积 9395 万平方米，净增 1958 万平方米，年均增长 4.8%。

图 2　　2000—2010 年城市公共交通基础设施投资额情况

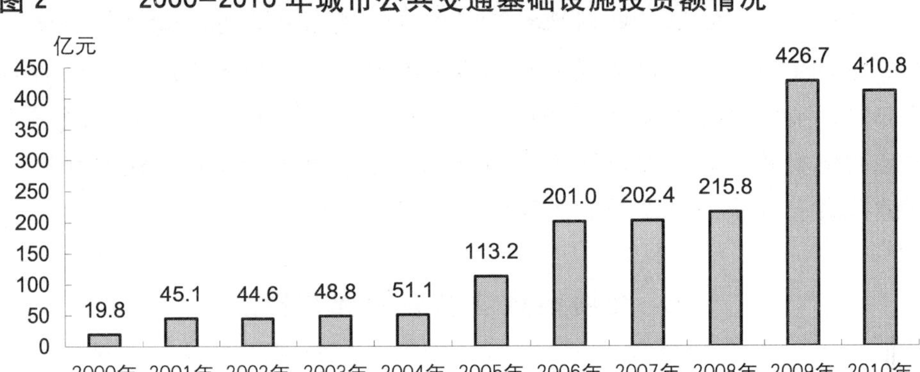

“十一五”时期，全市轨道交通建设实现了跨越式发展。2010 年底，全市地铁运营线路达到 14 条，比 2005 年增加 10 条，运营里程达到 336 公里，增加了 222 公里。目前，北京地铁运营里程仅次于上海，在全国排名第二。

2. 公路网络建设快速发展

“十一五”时期，是北京公路建设速度最快的时期。5 年间，300 多公里高速路段相继建成通车，实现了“区区通高速”的目标，既缓解了市郊城镇的交通压力，也加强了与周边省市的联系。2009 年 9 月，国内最长的城市环路，全长 187.6 公里的六环路全线通车。六环路不仅连接新城和市区的交通，同时还连接了“京承”等 12 条对外放射的高速公路，以及北京市区域内所有的放射线国道。

“十一五”时期，公路基础设施累计投资额 732.8 亿元，是“十五”时期的 2.5 倍。在大规模的投资带动下，路网里程快速增长，2010 年，公路里程达到 2.1 万公里，净增 6417.6 公里，年均增长 7.5%，增幅比“十五”时期提高 5.9 个百分点，其中，高速公路达到 903 公里，净增

355 公里，年均增长 10.5%。2010 年公路路网密度为 128.7 公里/百平方公里，比 2005 年增长 43.7%，其中，高速公路路网密度为 5.5 公里/百平方公里，增长 64.8%。

3. 铁路迈进“高速”时代

“十一五”期间，铁路基础设施累计投资额 358.7 亿元，是“十五”时期的 15.4 倍。2008 年 8 月 1 日，北京南站改扩建完成，正式投入使用。改扩建后的北京南站，主站房建筑面积 31 万平方米，是我国首座高标准现代化的客运专线大型客站，也是亚洲最大的火车站，候车厅可容纳万余人同时候车。在北京南站投入使用的同时，命名为“和谐号”的京津城际动车组正式开通运营，这是中国最早开工建设并最先建成的第一条高标准铁路客运专线，从此，全市铁路运输进入“高速”时代。

4. 机场软硬件跻身世界领先水平

“十一五”期间，民航基础设施累计投资额 457.7 亿元，是“十五”时期的 3.3 倍。2008 年 2 月 29 日，历经 3 年零 9 个月建设，世界最大单体航站楼首都机场 3 号航站楼正式运营。“十一五”时期，首都机场在圆满完成 3 号航站楼启用和奥运保障任务的同时，大力提升服务质量，据国际机场协会（ACI）数据显示，2007 年首都机场旅客总体满意度全球排名第 62 位，2008 年跃升到第 26 位，荣获国际机场协会（ACI）评选的全球范围内“机场服务质量最佳进步奖”； 2009 年，在全球“最佳服务质量机场”评选中，排名第 4 位；2010 年，首都国际机场旅客吞吐量 7394.8 万人，仅次于美国亚特兰大国际机场，在全球排名第 2 位。

（二）交通运输业健康发展，总体运行良好

“十一五”时期，交通运输业健康发展，总体运行良好。主要特点表现为：轨道交通承载能力快速提高，铁路客运稳定增长，民航运输能力不断增强，民用机动车快速增长。

1.“公交优先”初见成效，轨道交通承载能力快速提高

2006 年 12 月 18 日，市交通委、市发展改革委等联合制定发布《关于优先发展公共交通的意见》，确立了优先发展公共交通的战略，明确了在加快轨道建设的同时，对地面公交系统进行全面升级改造，形成以轨道交通和大容量快速公交为骨架，以地面公交为主体的多层次、多方式公共交通服务网络。

“十一五”期间，北京市采取降低公交票价，优化公交线网，改善公交换乘，设置大容量快速公交专用道，加快枢纽建设等一系列措施对地面公交进行改革。地铁先后14次缩短了运营间隔时间，对八通线、13号线实施了列车“四改六”扩编，对1、2号线更换了“宽体”新车。通过一系列的改革，北京市公交网络更加完善，承载能力明显提高，运营效率和服务质量不断提升，市民享受到更快捷、更方便、更实惠的公共交通服务，“公交优先”初见成效，公交出行比率由2005年的29.8%提高到2010年的39.7%，5年间提高9.9个百分点。

2010年，公共交通线路727条，比2005年净增130条，其中，公共电汽车线路713条，净增120条；公共交通运营线路长度1.9万公里，净增751公里，其中，公共电汽车线路1.87万公里，净增529公里；公共交通运营车辆2.4万辆，净增4540辆，其中，公共电汽车2.2万辆，净增3045辆。

2010年，全市公共电汽车共运送旅客69亿人次，比2005年增长33.2%，年均增长5.9%，增幅比“十五”时期提高0.9个百分点，其中，轨道交通运送旅客18.5亿人次，比2005年增长1.7倍，年均增长22.1%，增幅比“十五”时期提高12.5个百分点。随着轨道交通线路的不断开通运营，轨道交通承担客运量比重不断提高， 2010年，比重达到26.8%，比2005年增加13.6个百分点。

2. 铁路客运稳定增长，货运调整变化

“十一五”时期，铁路共发送旅客3.8亿人，比“十五”时期增长49.5%，完成旅客周转量463.3亿人公里，比“十五”时期增长34.1%。2010年，铁路发送旅客8903.3万人，比2005年增长54.1%，年均增长9%，增幅比“十五”时期提高3.7个百分点；完成旅客周转量99.6亿人公里，比2005年增长28.3%，年均增长5.1%，增幅比“十五”时期提高0.8个百分点。

受产业结构调整影响，货物发送量不断回落。“十一五”期间，铁路累计发送货物0.9亿吨，比“十五”时期下降20.2%，完成货物周转量1271.4亿吨公里，比“十五”时期增长2%。2010年，发送货物1571.6万吨，比2005年下降20.5%，年均下降4.5%；完成货物周转量257.5亿吨公里，比2005年下降17.2%，年均下降3.7%。

3. 民航运力不断增强，机场吞吐量快速增长

“十一五”期间，北京首都国际机场旅客吞吐量快速增长。2005 年，旅客吞吐量在全球排名第 14 位，到 2010 年跃居到第 2 位。目前，首都机场通航国家 85 个，通航城市 214 个，其中，国内城市 118 个，国际城市 93 个。

2010 年，首都机场旅客吞吐量 7394.8 万人，比 2005 年增长 80.4%，年均增长 12.5%，增幅比“十五”时期回落 1.1 个百分点；货邮吞吐量 155.2 万吨，比 2005 年增长 98.9%，年均增长 14.7%，增幅比“十五”时期提高 14.6 个百分点；起降 51.8 万架次，比 2005 年增长 51.5%，年均增长 8.7%，增幅比“十五”时期回落 4.1 个百分点(见表 1)。

表 1　　2005—2010 年机场经营情况

指　　标	计量单位	2005年	2006年	2007年	2008年	2009年	2010年	“十一五”期间平均增速（%）
旅客吞吐量	万人	4100.0	4865.5	5358.4	5593.7	6537.2	7394.8	12.5
1.进港	万人	1926.0	2382.0	2612.7	2765.8	3249.7	3692.4	13.9
2.出港	万人	2174.0	2483.5	2745.7	2827.9	3287.5	3702.5	11.2
货邮吞吐量	万吨	78.0	102.9	119.3	136.6	147.6	155.2	14.7
1.进港	万吨	41.0	52.1	59.4	70.4	76.8	79.8	14.2
2.出港	万吨	37.0	50.8	59.8	66.2	70.8	75.4	15.3
起降架次	万架次	34.2	37.7	40.0	43.2	48.9	51.8	8.7

4. 民用机动车快速增长，私人轿车迅速增加

2010 年底，全市民用机动车保有量 473.5 万辆，是 2005 年的 1.9 倍，年均增长 14%，其中，民用汽车 452.9 万辆，是 2005 年的 2.1 倍，年均增长 16.1%，占民用机动车的 95.7%，比 2005 年提高 8.5 个百分点(见图 3)。

“十一五”时期，随着居民消费结构的升级，轿车保有量快速增长，比重逐年提高。2010 年底，全市轿车保有量 316 万辆，是 2005 年的 2.4 倍，年均增长 19.3%，其中，私人轿车保有量 275.9 万辆，是 2005 年的

2.8 倍，年均增长 22.7%，占全部民用机动车的 58.3%（见图 4），比 2005 年提高 18 个百分点，拉动民用机动车增长 10.9 个百分点，贡献率达到 77.7%。

图 3　　2005—2010 年民用机动车辆数

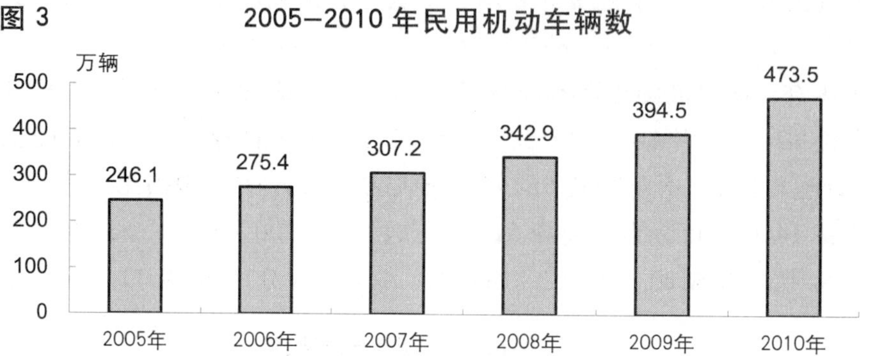

图 4　　2005—2010 年私人轿车占民用机动车比重

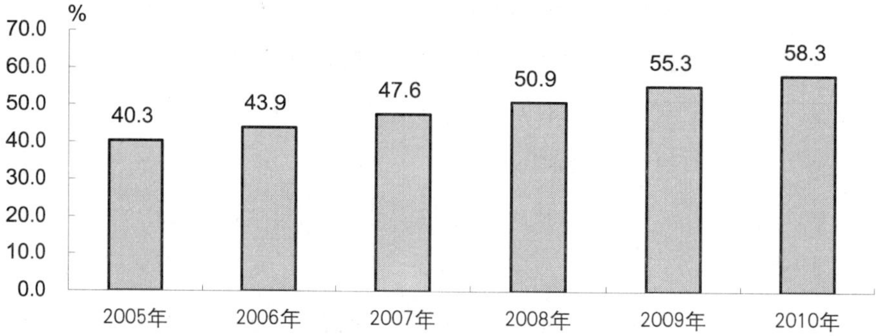

年份	2005年	2006年	2007年	2008年	2009年	2010年
%	40.3	43.9	47.6	50.9	55.3	58.3

（三）经济效益明显提高，重点行业贡献明显

“十一五”时期，交通运输业企业迅速增加，资产规模快速扩大，实现收入和利润快速增长。

1. 经济效益明显提高

2010 年底，全市规模以上交通运输业单位 595 家，比 2005 年净增 290 家，年均增长 14.3%，资产总计 5611.6 亿元，比 2005 年增长 1 倍，年均增长 14.9%。2010 年，实现收入 2054.5 亿元，比 2005 年增长 93.9%，年均增长 14.2%；实现利润 174.5 亿元，比 2005 年增长 75.9%，年均增长 12%；缴纳税金 106.7 亿元，比 2005 年增长 84.6%，年均增长 13%。

2. 重点行业贡献明显

从交通运输各行业分布情况来看，从事道路运输业单位最多；铁路运输业和城市公共交通业吸纳就业能力最强；铁路运输业、航空运输业贡献最突出。

道路运输业单位数占七成多，资产、收入、从业人员增长速度均高于交通运输业平均水平。2010 年底，从事道路运输业 432 家，占运输邮电业全部单位数的 72.6%，比 2005 净增 254 家；资产总计 1065.7 亿元，比 2005 年增长 1.2 倍，年均增长 16.9%；实现收入 264.3 亿元，比 2005 年增长 2.5 倍，年均增长 28.7%；从业人员 5.7 万人，比 2005 年增长 74.4 倍，年均增长 11.8%。

铁路运输业、航空运输业贡献突出。“十一五”期间，铁路运输业、航空运输业资产、收入、利润、税金比重一直保持 50%以上。 2010 年，铁路运输业、航空运输业共同带动资产、收入、利润、税金增长 10.6、10.4、6、9.4 个百分点，贡献率达到 71.3%、73.5%、50.4%、72%。

铁路运输业和城市公共交通业从业人员比重超八成。“十一五”期间，铁路运输业和城市公共交通业两个行业从业人员合计数比重一直保持在 80%以上。2010 年底，城市公共交通业从业人员 22 万人，铁路运输业从业人员 19.8 万人，比重分别为 42.9%和 38.4%，二者合计占交通运输业从业人员的比重达 81.3%。

二、需要关注的问题及建议

（一）交通拥堵、停车难等现象依然存在

“十一五”时期，全市通过“限行”、“限号”等经济和行政手段，调控家用轿车的使用量和出行比例，同时推行“公交优先”政策，增加公共交通吸引力，对缓解交通拥堵取得了一定成效。但随着城市人口快速聚集，交通出行量持续增加，以及中心城功能区高度集中，交通压力依然很大，拥堵现象依然存在。

停车难的问题也日渐突出。很多小区特别是较早年份建成的小区，对轿车进入家庭的速度估计不足，少量的停车位无法满足越来越多居民家庭轿车的现实，到晚间居民小区停车高峰期间，除地下车库、停车位

停满车辆外，住宅楼附近可以停车的地方大多停满了车辆，甚至停到道路两侧，既阻碍交通也造成安全隐患。

在国外，纽约、伦敦、巴黎、东京等都曾经是著名的交通拥堵城市，从其治理交通拥堵的经验看，发展公共交通和限制私家小汽车出行是最有效的手段，因此，继续大力推进优先发展公共交通政策，积极发展和优化地面公交网络，提高公共交通吸引力，进一步改善出行环境，是缓解交通拥堵的有效手段。同时，要加大宣传的力度，使“公交优先”、“绿色出行”的观念深入百姓心中。为了方便百姓公交出行，还应该采取扩大交通枢纽附近免费或者低价停车等措施，统一整合社会资源，采取单位与居民小区错时停车等办法不失为现在资源条件下解决停车难问题的有效办法。

（二）公共交通还有较大发展空间

相比于国际水平，北京公共交通发展空间还很大，网络结构还有待进一步完善。“十一五”时期，北京公共交通出行比例在逐年提高，2010年达到39.7%，而国际大城市一般都在60%左右，如在东京中心城区和香港，早晚高峰时段更是高达到88%和90%。

“十一五”时期，轨道交通里程迅速增加，但主要集中在郊区，中心城比例并不高。在东京，大都市圈中心区轨道交通线网密度为1.12公里/平方公里，北京市到2015年中心城区轨道交通线网密度才达到0.63公里/平方公里，仅为东京的一半。虽然全市多次缩短轨道交通运营间隔时间，但主要线路仍然拥挤不堪，尤其是上下班高峰期需求依然旺盛。

在全面发展公共交通的同时，应进一步提高服务的水平。一是提高公交线路布局的合理性，提高公共交通的效率；二是更加合理安排公共交通在不同时段的数量，尽量解决高峰期公交拥挤、平常时段空载等问题；三是继续挖掘错时上下班的潜力。

“服务经济”引领发展方式转变

◆◇徐 燕

近年来，北京市服务业发展取得了令人瞩目的成就，率先迈入“服务经济”时代，服务业在创造增加值、经济贡献率、实现税收、吸纳就业、固定资产投资和利用外资等方面，占全市总量的比重均超七成，服务经济主导的产业结构更加巩固。此外，文化创意产业、生产性服务业等新兴产业迅猛发展，带动服务业内部结构优化和升级，经济发展方式加快转变。

一、“十一五”时期北京市服务业发展情况和特点

（一）北京率先进入服务经济主导的发展阶段

1. 服务业带动首都经济持续快速增长

“十一五”时期，我市第三产业持续快速发展，有力地带动了整体经济增长和产业结构调整，在全市经济发展中的主导作用进一步强化。2006 年，服务业在全市经济中所占比重突破 70%。2010 年，全市服务业实现增加值 10600.8 亿元，在全市经济中所占比重已达到 75.1%。“十一五”时期，在遭遇国际金融危机冲击的特殊背景下，北京的服务业依然保持了两位数增长，服务业增加值年均增长 12.3%（按可比价计算）[1]，高于全市GDP年均增速 0.9 个百分点；“十一五”时期，服务业对全市经济增长的贡献率达到 77.5%，比“十五”时期提高了 7.3 个百分点（见图 1）。与第二产业相比，服务业发展波动性较小，抗风险能力较强，服务业为主体的经济结构是首都经济保持平稳增长的一个重要因素。

1 本文各指标增长速度若未标明“按可比价格计算”，则均按现价计算。

图 1 2000—2010 年我市服务业增加值比重及增速

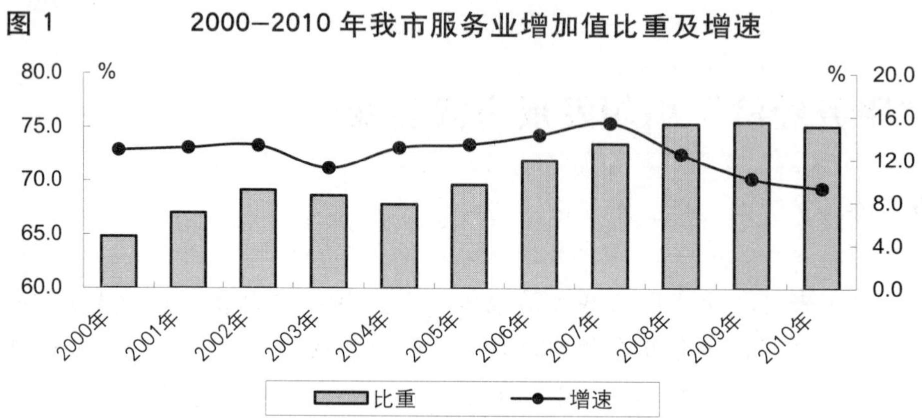

注：图 1 中服务业增加值增速按可比价计算。

2. 服务业推动社会就业水平的提高

“十一五”时期，我市服务业新增从业人员[2]182.8 万人，年均增加 36.6 万人，就业贡献率达到 119%。2010 年，全市服务业从业人员达 767.5 万人，占全市从业人员总数的 74.4%，服务业从业人员比重比 2005 年提高 7.8 个百分点。服务业的发展对推动农村劳动力的转移发挥了重要作用，2010 年，全市乡村从业人员 347.8 万人，其中，从事服务业劳动力 183.4 万人，服务业从业人员比重达到 52.7%，比 2005 年提高 12.3 个百分点。服务业已经成为农民增收的重要渠道，成为农村经济社会发展的重要经济支撑。

3. 服务业支持了社会经济的可持续发展

“十一五”时期，我市万元 GDP 能耗累计下降 26.59%（按 2005 年可比价计算），超额完成“十一五”期间节能降耗 20%的规划目标，节能降耗成效先于其他省市。2010 年，全市万元地区生产总值能耗为 0.49 吨标煤（按当年价格计算），低能耗、高附加值的服务业在经济中的比重稳步提高，是促进全市万元 GDP 能耗水平下降的重要力量。2010 年，我市服务业万元增加值能耗为 0.27 吨标煤，相当于全市万元 GDP 能耗水平的 55.4%，相当于工业的 33.9%。

2 全市及服务业从业人员数据来源于“法人单位劳动情况”统计数据。

（二）服务业发展格局出现新变化

1. 现代服务业体系初步形成

2009 年北京市人均 GDP 突破 1 万美元，经济发展已进入一个新的阶段，随着社会需求结构的变化和信息技术、知识经济的进一步发展，知识密集、资本密集、技术密集的现代服务业快速发展，提升了服务业的整体素质和水平。"十一五"时期，现代服务业保持较快增长，年均增长 17%（按现价计算）。2010 年，现代服务业实现增加值 7026.3 亿元，占全市第三产业的比重达到 66.3%。

2. 两大产业发展主轴基本确立

以生产性服务业和文化创意产业为主轴的服务业发展战略确立，为新时期首都经济发展注入了新的活力，不仅成为区域经济新的增长点，而且对促进经济发展方式转变具有重要意义。

"十一五"时期，我市生产性服务业快速发展，产业规模不断扩大，占服务业增加值的比重不断提高，2010 年，我市生产性服务业实现增加值 6705 亿元，占服务业的比重为 63.2%，较 2005 年提高了 5.5 个百分点；生产性服务业占全市GDP的 47.5%，比 2005 年提高 7.3 个百分点。"十一五"时期，生产性服务业年均增速达到 19.1%，高于全市服务业增速 2.2 个百分点，成为带动服务业规模扩张、比重提升的重要引擎。北京是全国的金融管理中心，金融服务辐射力强，金融业增加值约占服务业的 1/6；信息服务在全国属于领先水平，增加值约占全国信息服务业的 1/8 左右；科技服务和商务服务保持强劲增长势头，"十一五"时期年均增长 22.1%和 21.5%，高于服务业年均增速 5.2 个和 4.6 个百分点，占服务业增加值的比重分别提高 1.7 个和 1.6 个百分点；流通服务功能不断提升，北京已经成为全球第六大零售城市[3]。生产性服务行业的快速发展，为北京市培育了一批支柱产业和新的增长点。

2006 年，北京市提出将文化创意产业的发展作为首都经济发展的重要支柱，几年来通过一系列政策措施的积极引导，文化创意产业呈现出良好的发展势头。2010 年，我市文化创意产业实现增加值 1697.7 亿元，占全市 GDP 的 12%，比重较 2005 年提高 2.4 个百分点。"十一五"时期，

3　根据全球咨询机构世邦魏理仕的 2010 年评比，北京零售业国际化程度列世界十大零售城市第六位，居中国内地城市之首。

我市文化创意产业年均增长速度达到 20.3%，高于全市 GDP 年均增速 5.1 个百分点（见表 1）。

表 1　“十一五”时期生产性服务业和文化创意产业增加值情况（亿元、%）

产业增加值	2005 年	2006 年	2007 年	2008 年	2009 年	2010 年	“十一五”年均增速（现价）
地区生产总值	6969.5	8117.8	9846.8	11115	12153	14113.6	15.2
第三产业	4854.3	5837.6	7236.1	8375.8	9179.2	10600.8	16.9
生产性服务业	2802.1	3409.4	4425.2	5355.3	5676.1	6705.0	19.1
生产性服务业占第三产业比重	57.7	58.4	61.2	63.9	61.8	63.2	—
文化创意产业	674.1	823.2	1008.3	1346.4	1489.9	1697.7	20.3
文化创意产业占全市 GDP 比重	9.7	10.1	10.2	12.1	12.3	12.0	—

（三）服务业对外开放程度明显提高

1. 利用外资水平稳步提高

近年来，我市服务业对外开放领域日益扩大，利用外资结构得到优化。“十一五”时期，我市服务业实际利用外资金额累计达 228 亿美元，年均增长 19.6%。2010 年，服务业实际利用外资金额达 56.3 亿美元，占全市利用外资总额的 88.5%，成为外商投资的主要领域。根据第二次经济普查数据，2008 年，全市服务业外商投资企业（独立核算法人企业）已达到 4871 家，比 2004 年增加 2122 家；外商投资企业实现主营业务收入 6801.5 亿元，占服务业企业主营业务收入的 15%，比重比 2004 年提高近 5 个百分点。

服务业利用外资呈现投向多元化、行业高端化特征，外商投资向商务服务业、房地产业、信息服务业等现代服务业集中趋势明显。2010 年，租赁商务服务业、房地产业以及信息服务业等三大行业实际利用外资分别达到 17.6 亿美元、14.2 亿美元和 9.5 亿美元，分别比 2005 年增长了 41.3%、205.9%和 293.6%，分别占服务业利用外资总额的 31.2%、25.2%和 16.9%。

2. 服务贸易迅速发展

“十一五”以来，我市对外开放有序推进，服务贸易规模增长迅速，服务贸易水平处于全国前列，服务贸易总额占到全国的20%以上。2010年，全市服务贸易进出口总额为798.3亿美元，是2005年的2.7倍，“十一五”时期服务贸易总额年均增长21.6%。服务贸易结构逐步优化，旅游、运输等传统行业在服务贸易总额中的比重逐年下降，保险、咨询等新兴行业的比重逐年上升。

（四）服务业的发展带有明显的首都特色

1. 总部经济特征显著

中央单位规模大，占经济总量比重高。根据第二次经济普查数据，2008年，全市服务业法人单位中，中央单位7883个，单位数比重仅占3.4%，但从业人员达到126万人，实现主营业务收入1.9万亿元，资产总额51.9万亿元，分别占全市服务业的21%、41%和83.6%。北京总部经济发展迅速，已经吸引了众多跨国公司地区总部、研发中心、国内大企业集团等总部聚集，总部经济规模居全国前列。截至2009年底，北京总部企业（仅指国内企业在京设立的全国性总部和跨国公司在京设立的地区总部）达到885家，比2008年增加101家，其中，在京跨国公司地区总部为55家，比2008年增加24家；总部企业及其在京下属法人单位共实现增加值5132.8亿元，占全市地区生产总值的42.2%；资产占全市的65.5%，收入占53.7%；利润占40.7%，从业人员占35.3%；总部企业提升了北京的国际影响力，成为北京经济发展的重要增长极。

2. 产业集中度较高

根据第二次经济普查数据，2008年全市21.5万个服务业法人企业中，大中型企业仅有3114个，但其资产、从业人员和主营业务收入占服务业全部企业的73.6%、45.7%和53.6%。从大中型企业的行业分布看，交通运输仓储及邮政业、信息传输计算机服务和软件业、金融业等三大行业的集中度最高，其中，交通运输、仓储及邮政业大中型企业143个，其资产、从业人员和主营业务收入占该行业全部企业的88.2%、82.8%和77.4%；信息传输、计算机服务和软件业大中型企业503个，其资产、从业人员和主营业务收入占该行业全部企业的28.6%、51.1%和74.7%；金融业大中型企业109个，其资产、从业人员和主营业务收入占该行业全部企业的91.6%、59.4%和77.5%。

3. 产业集聚效应突出

伴随城市建设布局的演变，产业布局逐步形成了各具特色、优势互补、专业化协作的布局体系。在规划引导和市场配置资源的共同作用下，中关村科技园、北京经济技术开发区、金融街、商务中心区、临空经济区、奥林匹克中心区等六大高端产业功能区初具规模，产业的集聚和辐射效应显现。2010年，六大高端产业功能区实现服务业增加值4254.3亿元，占全市服务业的40.1%，比重较2009年提高2.2个百分点，集聚程度进一步提高。从行业看，六大高端产业功能区集中了80.5%的信息传输、计算机服务和软件业增加值，66.3%的金融业增加值，52.4%的交通运输、仓储和邮政业增加值，44.2%的科学研究、技术服务与地质勘察业增加值，对全市服务业增长的贡献率达到54.4%。

二、当前服务业发展中存在的主要问题

“十一五”时期，我市服务业的发展尽管取得了很大的成就，但与其具有的资源优势相比，与首都建设世界城市的目标相比存在差距，部分服务业领域还未向社会资本全面开放，服务业整体竞争力有待增强，空间布局需要进一步调整。

（一）北京服务业发展水平与世界城市还存在差距

随着产业结构进一步调整，北京第三产业比重越来越高，服务业成为主导经济，后工业化特征明显。通过与世界城市比较可以发现，北京目前的经济特征与世界城市发展腾飞阶段的经济特征几乎完全一致。从三次产业的比重看，北京的产业结构优于全国其他省市，服务业增加值比重超过75%，已经初步具备了世界城市的结构特征，但与世界城市相比，北京的综合实力和服务业发展水平同世界城市还存在较大差距，人均GDP水平偏低，2009年北京人均GDP达到10314美元，与世界城市公认标准1.5万美元至2.5美元还存在差距；服务业比重与纽约、伦敦、东京等国际上公认的世界城市相差10个百分点以上（见表2）。

表 2　　世界城市经济指标数据（2009 年）[4]

指　标	北京	纽约	伦敦	东京
人均地区生产总值（万美元）	1.03	5.41	6.66	6.10
第三产业占全市比重（%）	75.5	96.8	86.5	91.6

（二）服务业领域还未向社会资本全面开放

部分行业门槛高，市场准入上存在诸多限制，在供给和需求两方面都制约了服务业的快速发展，抑制了服务业供需转化和巨大发展潜能的释放。例如，铁路运输业、轨道交通业、管道运输业、电信业等主要以国有资本为主，民间资本进入很少；银行业以国有银行为控制主体；教育领域民间资本规模仍然较小，大都集中在职业技能培训和学前教育领域。今后应进一步深化改革、扩大开放，鼓励各种非公有制经济在更广泛的领域和更深的层次上参与竞争，继续推进服务业的市场化、产业化和社会化进程。

（三）服务业的整体竞争力有待增强

由于充分竞争环境尚未形成，缺乏不断创新的技术支撑，服务业的整体竞争力受到影响。目前，我市经济效益好、服务功能强的企业比重仍然不高，相当多的企业还处于技术含量较低、附加值较低、运营效率较低的状态。2010 年，我市第三产业劳动生产率为 14.1 万元/人，比第二产业低 2.7 万元/人，“十一五”时期，我市服务业劳动生产率低于上海。据 2007 年全国的投入产出数据分析，北京的服务业增加值率为 46%，低于全国；代表科技竞争力的信息传输、计算机服务和软件业和科学研究、技术服务与地质勘察业两个行业的增加值率明显低于上海和全国的水平。

（四）服务业空间布局需要进一步调整改善

目前，服务业过于集中在城市功能核心区和城市功能拓展区，公共资源配置不尽合理，区域经济的平衡发展受到影响。2010 年，规模以上服务业法人单位中，80.3%的单位分布在城市功能核心区和拓展区，且资产、利润这两个指标的比重均超过 95%，收入、税金、从业人员等指

4　表中数据参考《北京经济发展报告（2010—2011 年）》。

标的比重超过 80%。相比之下，城市发展新区服务业发展相对缓慢，2005 年以来，城市发展新区服务业收入、利润和税金的比重呈下降趋势。应进一步推动我市服务业在比较合理的梯度差距上向城市发展新区辐射，拉动城市周边地区的经济社会发展。

三、“十二五”时期服务业发展趋势展望

2008 年下半年爆发的国际金融危机，引发了全球经济的深度调整，使我国经济发展的外部环境发生了深刻变化，对我国经济调整和转型提出了迫切要求。新的形势为服务业的发展提供了重要机遇，随着消费需求的进一步扩张和升级，城市化、信息化进程的不断加快以及区域经济一体化建设的实施，首都服务业的发展空间将进一步拓展，服务业的国际化、市场化和现代化水平将进一步提高，在完善首都城市功能和实现经济又好又快的发展过程中发挥更加重要的作用。

物流业健康发展　承载能力稳步提升

◆◇张国会

北京市是全国重要的交通枢纽和物资集散地，也是全国重要的物流节点城市之一，发展物流业区位优势明显。“十一五”时期，尽管经历了国际金融危机的冲击，但是全市物流业总体运行良好，产业规模稳步扩大，基础设施建设扎实推进，服务网络日益完善，物流服务能力显著提升，对全市经济的良性运行发挥着重要的服务和保障作用。

一、物流业主要运行特点

（一）物流需求不断增加，产业规模稳步扩大

“十一五”时期，北京市经济社会快速发展，社会物流总额规模不断扩大，物流服务需求不断增加。全市社会物流总额由2006年的25406.5亿元，增长到2010年的50424.7亿元，按现价计算（下同），年均增长18.7%（见图1）。其中，外省市流入物品总额由2006年的7971.5亿元，增长到2010年的21909.6亿元，年均增长28.8%，占全市社会物流总额的比重从2006年的31.4%提高到2010年的43.5%，这反映出北京市社会物流总额中，外省市流入物品占比呈现不断扩大的趋势。

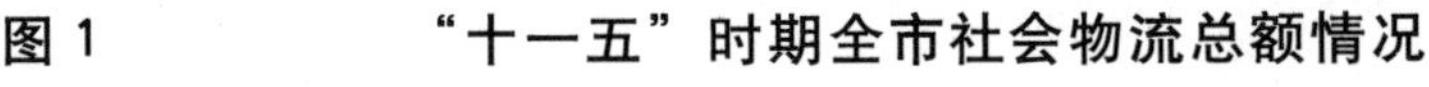
图1　“十一五”时期全市社会物流总额情况

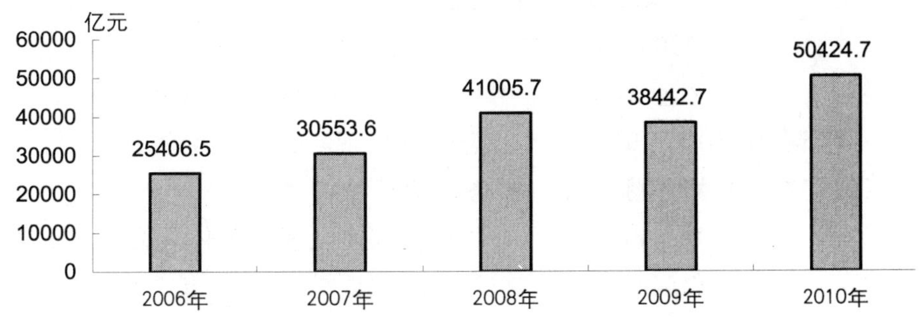

"十一五"时期，全市物流业规模稳步扩大，服务生产、分配、交换和消费的功能得到进一步发挥。物流业增加值由2006年的368亿元，增长到2010年的493.7亿元，年均增长7.6%，其中，交通运输、邮政和仓储业增加值由2006年的274.2亿元，增长到2010年的382.9亿元，年均增长8.7%；流通加工、配送和包装业增加值由2006年的93.8亿元，增长到2010年的110.8亿元，年均增长4.3%；物流业务收入由2006年的1007.9亿元，增长到2010年的1686.1亿元，年均增长13.7%；物流业从业人员由2006年的41.4万人，增长到2010年的48.6万人，年均增长4.1%。

（二）基础设施日益完善，服务能力显著提升

"十一五"时期，我市物流基础设施建设扎实推进，物流相关行业固定资产投资快速增长，物流服务网络日益完善，物流业健康发展具备了较好的设施条件，物流承载能力得到迅速提升。

全市物流相关行业固定资产投资由2005年的111.3亿元，增长到2010年的276.8亿元，年均增长20%；全市公路总里程由2006年末的20503公里，增长到2010年末的21114公里，增长611公里；全市规模以上专业物流、工业、批发和零售业法人单位仓储面积由2005年末的1564.3万平方米，增长到2010年末的3099.9万平方米，年均增长14.7%；货运车辆和装卸搬运设备分别由2005年末的2.5万辆和2.1万台，增加到2010年末4.2万辆和3.5万台，年均增长11%和11.3%。

（三）物流社会化进程加快，运营效率有所提高

"十一五"时期，全市物流社会化进程不断加快，专业物流企业数量不断增加，社会物流总体运行效率有所提高。全市规模以上专业物流企业数量由2005年的413家，增长到2010年的817家，年均增长14.6%；社会物流总费用由2005年的1212.3亿元，增长到2010年的2181亿元，年均增长12.5%；社会物流总费用与地区生产总值的比率由2005年的17.4%，下降为2010年的15.5%，总体上呈下降趋势（见图2）。

（四）发展环境不断优化，服务功能日益增强

"十一五"时期，我市不断加强对物流业发展的整体规划，加大对物流业发展、空间布局的引导力度。先后制定了《北京市"十一五"时期物流业发展规划》、《北京市物流业调整和振兴实施方案》等政策措施，建立了现代物流工作联席会议制度，不断加大财税支持力度，统筹推进物流业发展。2006–2010 年 5 年间，用于支持物流发展的财政资金（含中央财政资金和北京市财政资金）达到 1.5 亿元。通过不断深化物流管理和服务，保证货运车辆正常通行，保障城市中心区货运需求，保障城市正常的物资供应，引导供需平衡发展。

图 2　2005–2010 年全市社会物流总费用与地区生产总值的比率

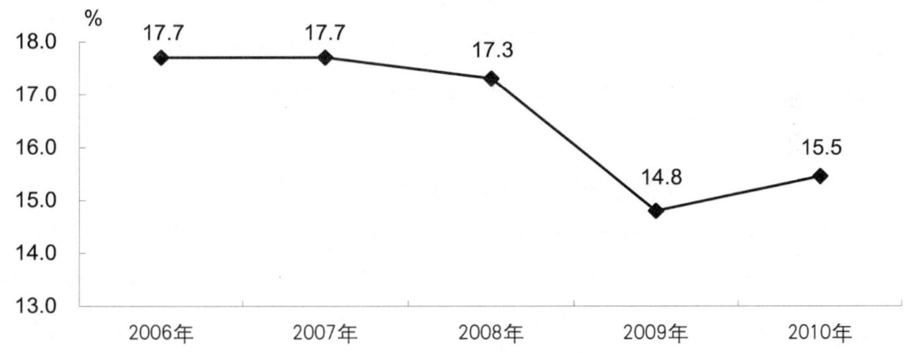

二、存在的主要问题

“十一五”时期，北京市物流业稳步发展，主要经济指标实现较快增长。尽管如此，对制约物流业进一步健康发展的问题，应予以足够关注。

（一）物流企业盈利能力有所下降

2010 年，全市规模以上专业物流企业[1]实现利润总额 110.9 亿元，同比增长 42.4%，总成本费用利润率为 5.5%，比上年提高 1 个百分点，但是大部分物流企业经济效益呈现下降态势。在全市 817 家规模以上专业物流企业中，有 572 家企业的成本费用利润率比上年有所降低，占规模以上专业物流企业数量的 70%。其中，道路货物运输企业效益下降明显，全年实现利润总额 4.3 亿元，同比下降了 0.7%，成本费用利润率由 2009 年的 3.4%，下降为 2010 年的 2.7%，低于专业物流企业平均水平。

1　规模以上专业物流企业指从事专业物流活动的年营业收入 500 万元以上的法人单位（含北京铁路局货物运输部分）。

（二）道路货运企业呈现两极分化态势

目前，我市道路货运企业以提供运输服务为主，存在过度竞争、同质化严重等诸多问题。2010 年，全市规模以上道路货物运输企业共计 387 家，占全市规模以上专业物流企业的 47.4%，实现物流业务收入 152.1 亿元，同比增长 44.8%。规模以上道路货物运输企业中，物流业务收入超过 3000 万元的企业仅有 75 家，平均每家企业拥有营业车辆 69 辆，其物流业务收入和利润总额分别为 112.6 亿元和 3.8 亿元，占规模以上道路货物运输企业合计数的比重，分别达到 74%和 88.1%；物流业务收入不足 3000 万元的 312 家企业，平均每家企业拥有营运车辆 14 辆，物流业务收入和利润总额占比分别仅为 26%和 11.9%，呈现出明显的两极分化态势。

（三）物流企业专业化、集约化水平有待提高

北京是以服务型经济为主导、人口众多的大都市，“十一五”期间，随着全市产业结构调整的加速推进，第三产业增加值占地区生产总值的比重已从 2005 年的 69.6%提高到 2010 年的 75.1%，其中，作为生产性服务业的金融服务、商务服务和科技服务贡献突出，增加值占地区生产总值的比重分别由 2005 年的 12.1%、5.2%和 5.0%，提高到 2010 年的 13.2%、6.8%和 6.7%。与之相反，工业增加值占地区生产总值的比重已从 2006 年的 22.4%，下降到 2010 年的 19.6%。受上述双重因素的影响，近年来，我市物流业增加值占地区生产总值的比重呈下降态势，从 2006 年的 4.5%，下降到 2010 年的 3.5%（见表 1）。

物流企业准入门槛较低，“小、散、弱”特征明显，不利于物流资源整体效能的充分发挥。2008 年经济普查数据显示，全市共有 5271 家专业物流企业，其中，规模以上企业 733 家，占 13.9%，其营业收入占全部专业物流企业的比重达到 96%以上。2010 年，在全市 817 家规模以上专业物流企业中，资产超过 1 亿元的企业有 121 家，仅占 14.8%，其物流业务收入和利润总额占比则分别为 83.9%和 97.6%；资产不足 1000 万元的企业达到 400 家，占到 49%，其物流业务收入和利润总额占比分别仅为 4.4%和 0.3%。

表 1　第三产业、工业、物流业增加值占地区生产总值的比重（%）

年份	2006 年	2007 年	2008 年	2009 年	2010 年
第三产业	71.9	73.5	75.4	75.5	75.1
工业	22.4	21.2	19.2	19.0	19.6
物流业	4.5	3.9	3.8	3.5	3.5

三、对策建议

“十二五”时期，北京市物流业发展面临重要机遇，要不断加大政策引导力度，不断提高专业化、集约化水平，促进物流业有序健康发展。

（一）加大整合力度，引导企业集约化经营

尽管从经济数据看，全市数千家规模以下企业占比较小，但是从保障城市正常运转、保障市民正常生活、保障人员充分就业的角度看，规模以下专业物流企业却发挥着不可或缺的重要作用。“十二五”期间，应加大全市物流资源的整合力度，促进企业集约化经营，克服资源分散、各自为战、管理落后等弊端；加强对物流企业的扶持，以政策、资金为导向，在土地使用、资金扶持、税收政策等多个方面，对重点企业、重点项目予以支持；大力培育品牌物流企业，鼓励物流企业通过兼并、收购、合资、合作等多种形式，重组整合“小、散、弱”企业，不断提高企业运行效率，不断提高企业竞争能力。

（二）继续推进硬件建设，提高专业化发展水平

“十一五”时期，我市物流硬件设施建设不断推进，但从满足需求、提高效率的角度而言，仍存在一定的差距，仍存在专业化运输车辆和仓储设施数量较少、城市“最后一公里”不畅达、装卸货设施不完备等突出问题。“十二五”时期，应继续推进物流园区、物流中心、配送中心的建设与运营，在城市和市政建设上充分考虑物流服务功能的发挥，不断完善现代物流节点体系，通过引导和鼓励硬件设施改造，来提升物流专业化程度，为不断提高物流整体运营效率创造良好的硬件条件。

（三）继续推进信息化建设，提高信息化管理水平

目前，我市物流公共信息平台总体规模较小，只聚集了 2000 余家企业，库房资源 800 余处，整合各类资源较少。“十二五”时期，应不断加强物流公共信息平台建设，制定信息共享协议和标准，开发统一的物流信息管理系统，建设标准统一、接口开放、功能通用的基础物流数据平台。鼓励企业加强对自身信息管理系统的完善，积极推进与客户企业的供应链整合，应用先进信息技术拓展业务范围，推进信息化对企业运营环节的渗入，改变现有信息化系统功能局限于企业内部物流管理的现状，增强服务需求双方的能力，促进供需对接，切实提高物流效率。

北京居民服务业连锁经营企业的发展与问题

◆◇唐胜明

居民服务业是与百姓日常生活息息相关、为人们的衣食住行提供便利的服务行业，服务领域主要包括家庭服务、托儿所、洗染、理发、美容保健、洗浴、婚姻服务、殡葬服务、摄影扩印服务等。连锁经营是伴随着市场经济的发展逐渐发展壮大的新的经营业态，是具有统一服务项目、统一商号、统一管理，实现规模效益的组织形式，具有获利能力强、流通速度快、服务适时周到等特点。“十一五”时期，我市居民服务业连锁经营实现较快发展，经营规模持续扩大，营业额大幅增长，行业管理逐步规范，服务地域不断拓展，为满足我市居民日益增长的服务消费需求、提高人们生活质量方面做出了积极贡献。

一、居民服务业连锁经营的发展现状及特点

（一）连锁经营企业规模不断扩大

2006–2010 年的 5 年间，我市居民服务业连锁经营较快发展，门店数量、从业人员显著增加，营业面积迅速扩大，营业额大幅增长。门店数量由 2006 年的 1044 个增加到 2010 年的 1561 个，营业面积由 2006 年的 8.4 万平方米增加到 2010 年的 18.4 万平方米，从业人员由 2006 年的 5572 人增加到 2010 年的 1.2 万人，营业额由 2006 年的 4.5 亿元增加到 2010 年的 13 亿元；5 年间门店数量、营业面积、从业人员和营业额的年均增长速度分别为 10.6%、21.6%、20.2%、30.7%。在连锁经营企业发展中，直营店（控股店）发展快于加盟店，2010 年，我市连锁经营直营店门店 692 个，营业面积 11.8 万平方米，年末从业人员数 6075 人，营业额 8.5 亿元，年均增长速度均达 30%左右，直营店营业额占连锁经营营业额的比重由 2006 年的 47.2%上升到 2010 年的 65.5%；加盟店的发展相对滞后，门店数量、营业面积、年末从业人员、营业额年均增长速度在 1%

至 14%之间，营业额占连锁经营企业营业额的比重由 2006 年的 52.8% 下降到 2010 年的 34.5%（见图 1）。

图 1　　2006−2010 年连锁经营企业直营店发展趋势图

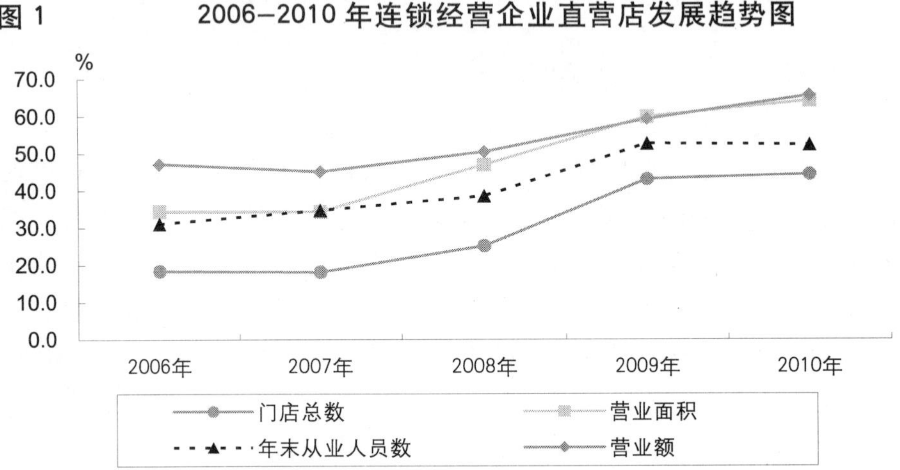

（二）理发美容保健、洗染、摄影洗印三大类服务占九成

2010 年，我市居民服务业连锁经营企业实现营业额 13 亿元，其中，理发及美容保健服务、洗染服务、摄影洗印服务三大行业实现营业额达 12.6 亿元，占连锁经营企业全部营业额的 97.1%。理发及美容保健服务扩张较快， 2010 年营业额 5.9 亿元，比 2006 年增长 9.5 倍，营业额占连锁经营全部营业额的比重为 45.3%，位居各行业之首，门店数量由 2006 年 67 个扩大到 2010 年 555 个，营业面积由 2006 年 1.2 万平方米扩张到 2010 年 10.2 万平方米。营业额位居第二的是洗染服务行业，2010 年实现营业额 3.9 亿元，占连锁经营企业全部营业额的 30.2%，但洗染服务行业连锁经营发展缓慢，甚至出现萎缩，2006−2010 年年均增速仅为 4.7%，门店数量由 2006 年 940 个减少到 2010 年 815 个，营业面积由 2006 年 6.4 万平方米减少到 2010 年 4.4 万平方米。摄影洗印服务是居民服务业连锁经营第三大行业， 2010 年实现营业额 2.8 亿元，比 2006 年增长 5.9 倍，营业额占连锁经营企业全部营业额的 21.6%，门店数量由 2006 年 31 个增加到 2010 年 159 个，营业面积由 2006 年 0.5 万平方米扩大到 2010 年 3.3 万平方米（见图 2）。

图 2　　2010 年连锁经营营业额构成情况

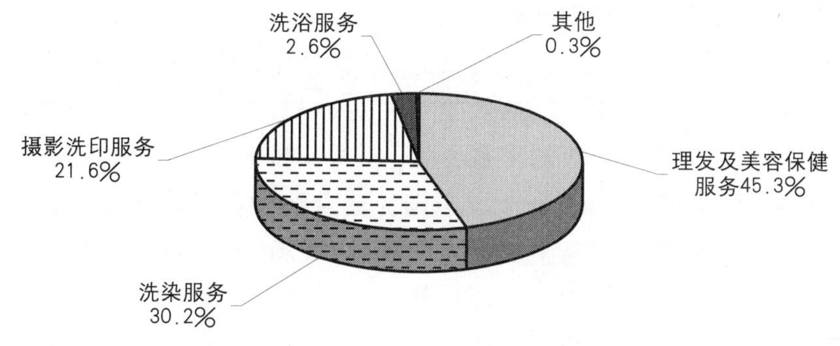

（三）非公经济占主流，港澳台商控股企业发展加快

2010 年，居民连锁经营企业中，非公经济门店数 1478 个，营业面积 17 万平方米，营业额 12 亿元，分别占全部连锁经营企业的 94.7%、91.9%和 92.1%，其中，外商控股、私人控股、港澳台商控股三类非公经济经营占据主体地位。外商控股占连锁经营企业营业额的 40.5%，由 2006 年的 2.1 亿元增加到 2010 年的 5.3 亿元，年均增速为 25.5%；私人控股占连锁经营企业营业额的 37.8%,由 2006 年的 2 亿元增加到 2010 年的 4.9 亿元，年均增速为 25.4%；港澳台商控股发展最为迅速，2010 年营业额 1.2 亿元，比 2006 年营业额增长 12 倍，占连锁经营企业营业额的 9.2%，年均增速达 77.4%（见表 1）。

表 1　　非公经济居民服务业连锁企业营业额情况表

项　目	总量(亿元)		年均增速（%）	比重（%）	
	2006 年	2010 年		2006 年	2010 年
合　计	4.2	12.0	29.7	90.2	92.1
私人控股	2.0	4.9	25.4	42.4	37.8
港澳台商控股	0.1	1.2	77.4	2.6	9.2
外商控股	2.1	5.3	25.5	45.3	40.5
其他		0.6		0.0	4.6

（四）品牌连锁经营企业行业带动作用突出

我市连锁经营企业中拥有著名品牌的企业，吸引了大量小企业加盟，经营规模不断扩大，实力日益增强。2010 年，营业额排名前 10 位的居民服务业连锁经营企业，门店数量、营业面积、年末从业人员和营业额均占到全部连锁经营企业的半数左右，其中，排名前 10 位的连锁经营企业加盟店的门店数量 765 个，占连锁经营企业加盟门店 88.0%；营业额 4.1 亿元，占连锁经营企业加盟店营业额 91.0%。品牌企业在各行业中发挥重要的引领带动作用，如北京福奈特洗衣服务有限公司是洗染服务行业的龙头企业，门店数量、营业面积、年末从业人员、营业额等均占较大比重；北京徐全有审美美容美发有限公司、北京贝黎诗美容有限公司在理发及美容保健服务行业业绩突出；北京中国照相馆有限责任公司、小鬼当佳国际贸易（北京）有限公司是摄影扩印服务行业的知名企业。

（五）门店遍布 16 区县，服务范围由城区向远郊扩展

2010 年在全市连锁经营企业门店中，北京地区门店数量达 1020 个，占全市连锁经营企业门店的 65.3%，比 2006 年增长 2.2 倍，年均增长 22.2%；外省市、港澳台及国外门店数量呈下降趋势，2010 年为 541 个，占全市连锁经营企业门店的 34.7%，比 2006 年减少 45 个。2006 年，我市只有 13 个区县拥有连锁经营门店，2010 年已覆盖所有的区县。2010 年，北京地区门店数量超过 100 个以上的有 3 个区县，朝阳区 341 个，占北京地区门店数量的比重为 33.4%；海淀区 216 个，占比重 21.2%；西城区 125 个，占比重 12.3%。北京地区门店数量在 20—100 个之间的有东城区、丰台区、通州区、石景山区、昌平区等 5 个区县，其余 8 个区县均在 20 个门店以下。首都功能核心区 2010 年门店达 221 个，占全市北京地区门店的 21.7%，比 2006 年增长 1.6 倍；城市功能拓展区门店数量最多，2010 年达 657 个，占全市北京地区门店的 64.4%，比 2006 年增长 2.6 倍；城市发展新区门店 2010 年为 113 个，占全市北京地区门店的 11.1%，比 2006 年增长 1.7 倍；生态涵养发展区连锁经营发展崛起，2010 年门店为 29 个，占全市北京地区门店的 2.8%，比 2006 年增长 9.7 倍，年均增长 76.3%（见表 2）。

表 2　　北京市各区县门店分布情况（个）

区　县		2006 年	2010 年	五年平均增速(%)
北京市合计		458	1020	22.2
首都功能核心区	东城区	70	96	8.2
	西城区	69	125	16.0
	小　计	139	221	12.3
城市功能拓展区	朝阳区	125	341	28.5
	丰台区	36	72	18.9
	石景山区	9	28	32.8
	海淀区	78	216	29.0
	小　计	248	657	27.6
城市发展新区	房山区	16	18	3.0
	通州区	16	44	28.8
	顺义区	10	10	0.0
	昌平区	11	27	25.2
	大兴区	12	12	0.0
	北京经济技术开发区	3	2	-9.6
	小　计	68	113	13.5
生态涵养发展区	门头沟区	2	5	25.7
	怀柔区	1	5	49.5
	平谷区	0	5	–
	密云县	0	11	–
	延庆县	0	3	–
	小　计	3	29	76.3

二、连锁经营企业发展滞后问题

（一）洗染连锁行业状况不佳

洗染连锁行业由于经营管理不善，导致部分企业放弃连锁经营方式。如我市先后有 2 家知名连锁经营企业相继撤销连锁经营门店。拥有 15 个门店的北京首旅普兰德洗涤有限公司，在经营 8 年后，因效益不佳，撤销全部连锁门店，只留总店单独经营；拥有 329 个门店的北京皮舒佳荣昌洗染有限公司，在经营 16 年后，也因经营不善，各连锁门店关停并转，将大部分门店转让给其他洗染企业，只留总店单独经营。全市洗染行业连锁经营企业总体情况来看，2006−2010 年门店数量、营业面积年均减少 3.5%、9.2%，年末从业人员数、营业额年均增速仅为 0.1%、4.7%，低于全市连锁经营企业年均增速 20.1 个、26 个百分点；2010 年各项指标与 2006 年相比均呈下降趋势，其中，营业额、年末从业人员数分别下降 43.2 个、40.7 个百分点（见图 3）。

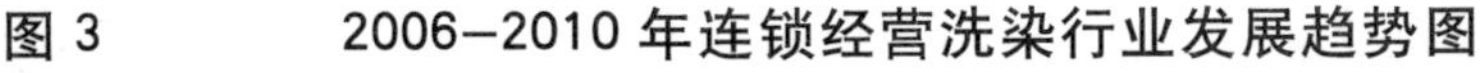
图 3　　2006−2010 年连锁经营洗染行业发展趋势图

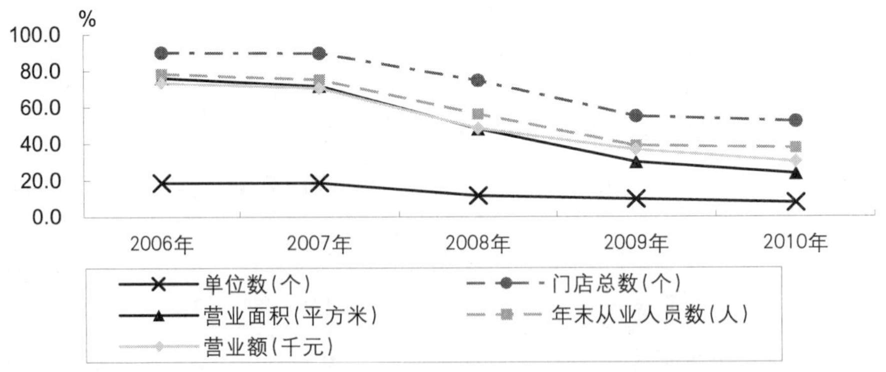

（二）私营与外商投资企业增长缓慢

我市私营和外商投资企业在发展过程中普遍面临房租上涨、员工薪酬压力加大，经营成本高和自身经营管理不善等问题，发展相对缓慢。私营企业的门店数量、营业面积、营业额的年均增速分别低于全市 5.9 个、 9.4 个、 14.8 个百分点。外商投资企业的门店数量、年末从业人员数年均增速仅为6.7%、5.3%，分别低于全市年均增速低3.9个、14.9个百分点，与2006年相比，2010年门店数量、年末从业人员数占全市连锁经营企业比重分别下降7.9个、28.5个百分点；2010年营业额低于全市连锁经营企业年均增速4.8个百分点，营业额占全市连锁经营企业比重比2006年下降6.6个百分点。

（三）小规模连锁经营企业数量多、实力弱

2010年，门店数量在2个以下的连锁企业为105家，单位数量占到全市连锁经营企业单位数的51.5%，但门店总数、营业面积、年末从业人员、营业额仅占连锁经营企业的13.5%、17.6%、14%、13.8%。小规模连锁经营企业资金少，实力弱，很难形成理想的盈利模式，抵御抗风险的能力较差。2010年门店在2个以下连锁经营企业较2009年减少32家，营业面积较2009年减少8963平方米，营业额较2009年下降0.2亿元。

三、几点建议

（一）搭建平台，促进行业管理水平的提高

居民服务连锁经营企业从业人员普遍学历不高，经营管理人才匮乏，经营理念陈旧，管理水平欠缺，人的因素在一定程度上影响了行业的发展。因此，政府应为企业搭建服务平台，研究借鉴国内外先进的连锁经营理念和经验，发挥行业协会、联盟的作用，在经营管理、职业技能等方面进行有针对性的培训，积极推动企业经营管理方式的创新，帮助企业尽快发展壮大。

（二）给予扶持，解决中小企业融资难问题

居民服务业是关系民生的主要领域，是直接提升首都人民生活服务质量的行业。目前，我市连锁经营企业中，半数以上是中小企业、私营企业，这些小企业资金筹措较困难，政府应重视这一行业的发展，适时出台相关扶持引导政策，疏通企业融资渠道，有效改善企业的发展环境。

（三）树立品牌，创造规模效应

连锁经营企业在加强直营连锁店竞争力的基础上，努力扩大加盟连锁企业范围，保护和发挥传统品牌作用，培育新的派生品牌，不断扩大品牌服务的影响力和规模效应。

北京旅游市场稳中有升

◆◇贾巍巍

2011年以来，我市入境旅游市场摆脱日本地震等因素造成的短期下滑，实现稳定增长，出境旅游市场持续走高，国内旅游市场运行良好，全市各主要旅游行业健康发展。

2011年1–3季度，我市共接待旅游总人数1.57亿人次，比上年同期增长16.8%，增幅比上半年提高4个百分点；实现旅游总收入2388.6亿元，同比增长16.5%，增幅比上半年提高5.1个百分点。接待国内旅游人数1.53亿人次，增长17.2%；实现国内旅游收入2122.4亿元，增长17.8%。接待入境游客384.9万人次，增长5.0%；实现旅游外汇收入40.53亿美元，同比增长10.9%。

一、入境旅游市场实现稳定增长

1–3季度，入境旅游市场摆脱日本地震等因素造成的短期下滑，实现稳定增长。我市累计接待入境游客384.9万人次，比上年同期增长5%，增幅较上半年提高1.5百分点，其中，接待港澳台同胞55.7万人次，增长8.4%；接待外国游客329.2万人次，增长4.5%。2011年各季度入境游客接待量均保持较高的水平（见图1）。

（一）各大洲游客呈现“四升一降”

从洲际客源市场来看，亚洲（不包括港澳台地区）、欧洲和美洲国家依然是我市主要客源国和地区，所占比重共达80.1%（见图2）。1–3季度，累计接待各大洲的入境游客数量呈现“四升一降”的特点，其中，欧洲游客94.6万人次，增长6.8%；美洲游客77.7万人次，增长14.7%；大洋洲游客13.1万人次，增长17.5%；非洲游客4.9万人次，增长5.5%；亚洲游客135.9万人次，下降0.2%。

图 1　　2008—2011 年 1—3 季度各季度接待入境游客情况

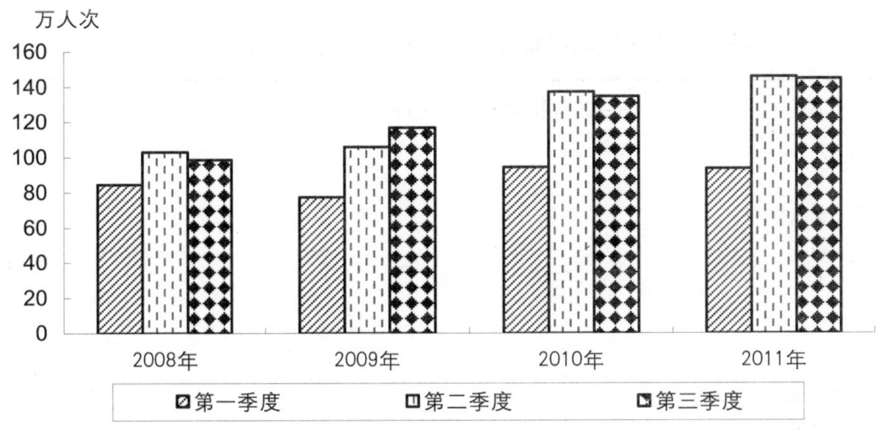

图 2　　2011 年 1—3 季度我市接待各洲际入境游客比重

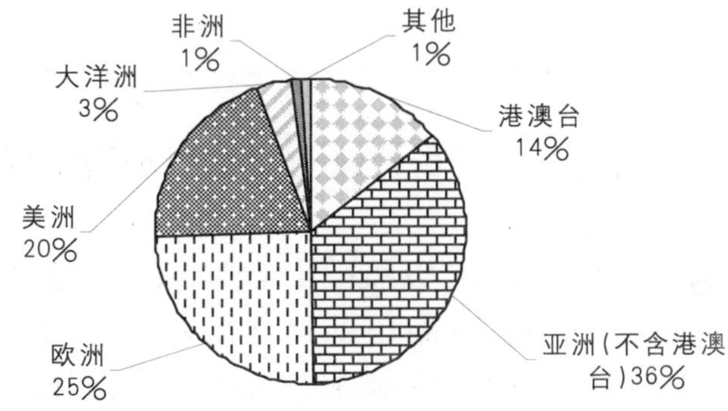

（二）亚洲游客逐步恢复，欧美游客持续稳定增长

从主要客源国来看，美国、韩国、日本仍为我市的前三大客源国。1—3 季度，累计接待美国、韩国、日本入境游客共 136.3 万人次，占全市入境游客总数的 35.4%；其中，接待美国游客 58.5 万人次，增长 13.5%；接待韩国游客 40.3 万人次，增长 3.4%；接待日本游客 37.5 万人次，下降 9.7%。三季度以来，当月接待日本游客连续实现正增长，累计降幅进一步缩小，较上半年缩小 10.8 个百分点。德国、俄罗斯、英国、法国、加拿大 5 个国家的入境游客均达到 10 万人次以上，累计增幅最高达到

23.9%，成为拉动欧美洲入境游客增长的重要力量(见表 1)。

表 1　　2011 年 1—3 季度我市接待主要国家入境游客情况

国　别	1—9 月接待人数（万人次）	同比增长（%）
外国人	329.2	4.5
其中：美国	58.5	13.5
韩国	40.3	3.4
日本	37.5	−9.7
德国	16.0	7.2
俄罗斯	14.7	10.8
英国	13.8	12.3
加拿大	13.1	23.9
法国	11.4	6.1

二、出境旅游市场持续走高，亚洲为主要目的地

由于人民币汇率走高以及旅行社提供的出境产品日益成熟降低了出境旅游成本，我市出境旅游市场 2011 年以来持续增长。1—3 季度，我市拥有出境经营许可权的 149 家旅行社组织的我国公民出境旅游者达 126.7 万人次，比上年同期增长 21.7%。亚洲为出境主要目的地国集中地区，2011 年以来前往地为亚洲的游客为 101 万人次，占全部出境游客的 79.7%。其中，前往中国香港、泰国、韩国的游客分别为 17.4 万人次、16.3 万人次和 11.5 万人次，分别增长 25.9%、73%和 4.3%（见表 2）。日本一直是我国公民出境主要目的地国，但 2011 年以来受大地震影响，赴日游客数量持续下降，2011 年前三季度出境旅游前往地为日本的游客为 6.3 万人次，下降 66.6%。

表 2　　2011 年 1–3 季度前往五大出境国家或地区的游客量

出境目的地	出境游人数（万人次）	增长（%）	比重（%）
合　计	126.7	21.7	100
其中：香港	17.4	25.9	13.8
泰国	16.3	73.0	12.9
法国	13.8	–3.0	10.9
韩国	11.5	4.3	9.0
意大利	10.9	–9.5	8.6

三、国内旅游市场运行良好，市民在京游实现大幅增长

1–3季度，全市接待国内游客1.53亿人次，比上年同期增长17.2%；实现国内旅游收入2122.4亿元，同比增长17.8%，其中，外地进京游人数为9411万人次，同比增长8%，旅游消费1924.1亿元，同比增长15.5%；北京居民在京游为5935万人次，同比增长35.5%，旅游消费198.3亿元，同比增长46.5%。第三季度国内旅游进入暑期旅游旺季，与2010年同期相比有大幅度的增长，国内旅游人数本季同比增长23.8%，旅游收入本季同比增长26.3%，与上半年相比，增幅也有显著提高。

四、沟域经济加快推进，乡村旅游势头良好

各区县充分发挥自身优势，加速第一产业与旅游业的融合，如通州区积极开展宋庄梨园采摘节、张家湾葡萄节、西集樱桃节，大兴西瓜节、平谷桃花节、延庆四季花海、百里山水画廊旅游活动、顺义国际鲜花港等吸引大量游客，大大提高了农产品收益，促进了郊区旅游业的发展。1–3 季度，民俗观光游继续保持平稳小幅增长。我市 1286 个农业观光园累计接待游客 1207 万人次，增长 4.9%，实现总收入 14.1 亿元，增长 32.2%；我市 13828 户民俗户累计接待游客 1215.4 万人次，增长 6.5%；实现总收入 6.3 亿元，增长 17.3%。

五、主要旅游行业发展状况

（一）游客住宿地点呈现多元化特点，住宿业平均房价和出租率双增长

1–3季度，我市规模以上住宿设施（星级饭店和年主营业务收入200万元及以上的住宿业单位）共接待住宿者3036.7万人次，比上年同期增长6.5%。住宿地点呈现多元化的特征，星级饭店已经不再是来京游客的唯一选择，越来越多的游客选择居住在非星级经济型酒店、租住公寓或是借宿在亲朋好友家。1–3季度，星级饭店共接待住宿者1563.8万人次，同比下降0.4%，其中，接待国内住宿者1333.5万人次，增长1.3%；接待入境住宿者230.3万人次，同比下降9%。1–3季度，我市规模以上住宿设施平均房价为415元/间天，同比增长9.4%；平均出租率为62%，提高3.9个百分点（见表3）。

表3　2011年1–3季度规模以上住宿设施主营情况

	房价（元/间天）	增长（%）	出租率（%）	增减（个百分点）
规模以上平均	415	9.4	62.0	3.9
星级平均	471	7.4	59.3	3.6
五星	788	-3.3	63.1	4.3
四星	466	7.7	62.1	3.9
三星	329	9.4	57.6	3.0
二星	213	—	52.2	0.6
一星	235	25.6	37.5	8.9
非星级	352	15.5	65.4	4.0

1–8月，规模以上住宿设施法人单位实现营业收入217.1亿元，比上年同期增长13.3%，实现利润总额2.6亿元。

（二）旅行社国内游业务经营良好

为庆祝建党 90 周年，众多旅行社纷纷推出国内红色旅游线路，成为 2011 年国内旅游的新热点。面对激烈的竞争，旅行社采取多种方式拓展业务，通过网络整合旅游行业资源，以其线路全面、价格透明、方便快捷等优势，为旅游者提供一站式预订，成为当下广受欢迎的经营模式。1−3 季度，我市 920 家旅行社接待国内游客 280.5 万人次，与上年同期相比增长 8.4%。1−8 月，旅行社实现营业收入 244 亿元，比上年同期增长 24.7%，实现利润总额 1.4 亿元。

（三）旅游景区接待量和收入持续增长

1−3 季度，我市 206 家 A 级及主要旅游区（点）接待量及收入呈平稳增长态势，接待游客 1.9 亿人次，实现营业收入 41.8 亿元，分别比上年同期增长 14.8%和 14.3%（见图 3）。

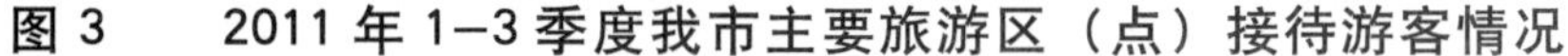

图 3　2011 年 1−3 季度我市主要旅游区（点）接待游客情况

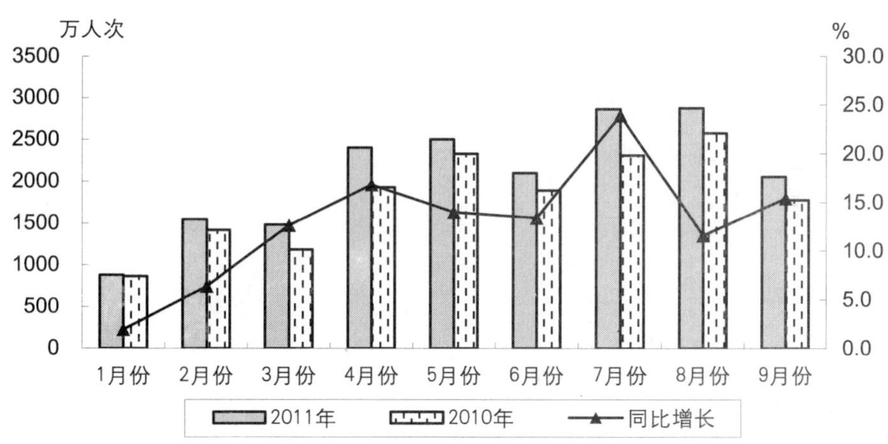

景区接待的游客中，免票游客为 4973.6 万人次，占全部接待量的比重为 26.6%；持年月票进园游客 3283.3 万人次，比重为 17.5%。1−3 季度，故宫、天坛、颐和园、八达岭长城、慕田峪长城及十三陵六家 5A 级景区共接待游客 5217.3 万人次，比上年同期增长 11.3%，占全部景区接待量的比重为 27.9%；实现营业收入 15.9 亿元，增长 10.6%，比重为 38.1%。

六、旅游消费投资带动全市经济平稳发展

1-3 季度，我市实现旅游购物和餐饮消费 1263.7 亿元，同比增长 14.3%，比全市社会消费品零售额增速高出 2.8 个百分点，占全市社会消费品零售额的比重为 25.2%，较上年同期提高 0.6 个百分点。1-3 季度，我市旅游相关产业累计完成投资额为 359.5 亿元，占全社会固定资产投资额的比重为 8.6%。

“十一五”期间北京会展业增势强劲

◆◇张勇顺

会展业是城市经济的风向标，影响面广，关联度高，可以有效汇集人流、物流、资金流和信息流，带动交通、旅游、餐饮、通信、广告等相关产业发展，对提高城市知名度，提升城市形象发挥着重要的作用。“十一五”期间，北京会展业发展迅速，业务稳步拓展，收入大幅提高，奖励旅游成为新的经济增长点。

一、会展业发展迅速，奖励旅游成为新的增长点

随着北京经济的快速发展和会展场所的逐步完善，北京接待会议数量逐年增加，专业展览稳步发展，奖励旅游成为新的增长点。

（一）会展业务收入大幅提高

2010 年，北京会展业发展迅速，收入增长势头强劲，全市规模以上[1]会展单位的会展收入达 172.5 亿元，比上年增长 31.8%（增速为可比口径，下同），创历史新高，其中，会议收入、展览收入和奖励旅游收入分别增长 34.1%、27.7%和 46.3%。

随着经济、社会的不断发展，北京的国际影响力逐步提升，由此吸引了越来越多的会展项目，不仅大大促进了北京会展业的发展，也有力地带动了相关产业的发展。北京的直接会展收入由 2005 年的 61.1 亿元大幅提高到 2010 年的 172.5 亿元，年平均增长率达到 23.1%。

（二）会展设施使用率提升

会议场地方面，北京拥有的会议室数量在第 29 届奥运会前有了较大幅度增长，奥运会后，会议室数量总体趋于稳定。2010 年末，北京规模

1 包括年营业收入（收入合计）100 万元以上的会议及展览服务业法人单位；年营业收入 500 万元及以上的旅行社；公安局备案的展会举办单位；各展览场馆；星级饭店、星级饭店以外限额以上住宿业法人单位。

以上会展接待场所拥有会议室 5679 个，比 2005 年增加 1989 个，增长 53.9%；会议接待能力大幅提高，至 2010 年末，北京的全部会议室可同时接待 47.8 万人。

展览场馆方面，新国展在奥运前投入使用，扩大了北京展览场馆的规模，2009 年末，国家会议中心和九华展览中心正式启用，进一步缓解了北京大型展览场馆设施不足的问题。至 2010 年末，全市专业展览场馆的总展览面积达 67.6 万平方米，比 2005 年增加 40.9 万平方米，增长 1.5 倍；其中，展厅使用面积 40.7 万平方米，增加了 20.3 万平方米，增长 1 倍；室外可使用面积达到 26.9 万平方米，增加了 20.6 万平方米，增长 3.2 倍。北京的会展设施进一步完善（见图 1）。

图 1　　北京会展设施情况

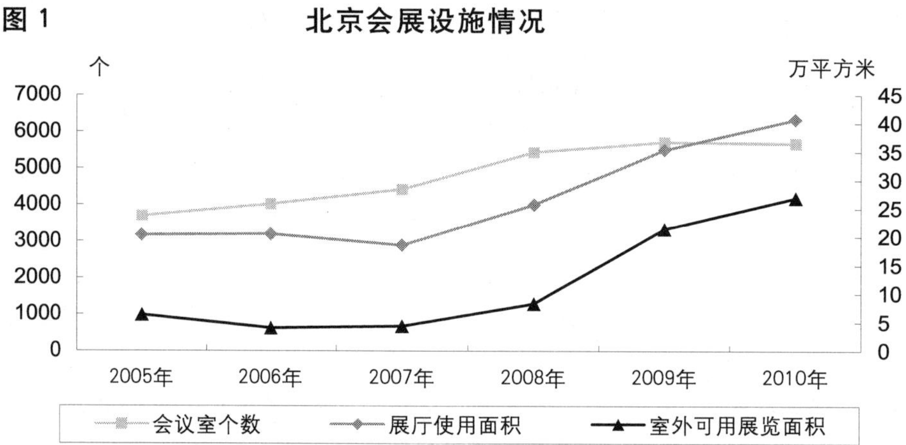

注：展厅使用面积和室外可使用展览面积系指专业展览场馆的有关面积。

随着会展设施的进一步完善和会展业务的拓展，北京会展设施的使用效率提高。2010 年，北京会议室白天使用率为 23.9%，比上年提高了 3.5 个百分点；夜间使用率为 2.6%，比上年提高了 0.7 个百分点；专业展览场馆使用率为 32%，比上年提高了 15 个百分点。

（三）接待会议数量逐年增加

会展场所的不断完善促进了北京接待会议数量逐年增加，大型会议数量大幅增加。2010 年，各宾馆饭店和展览场馆共接待会议 25.7 万个，比上年增长 16.2%，比 2005 年增长 48%，保持了“十一五”以来逐年增长的势头。随着接待会议数量的增加，接待会议人数也大幅增加，2010

年达 1731.3 万人次，全市全年平均每个会议室接待 45 个会议。北京拥有的区位优势和国际化大都市优势，使得国内外许多重要会议都选择北京作为举办地。即使在受经济危机影响，全球经济普遍下滑的时期，北京接待会议数量仍然保持了较大增长。

根据国际大会与会议协会(简称ICCA)发布的数据，2009 年接待国际会议数量(ICCA统计的会议是指国际协会组织的在三个以上国家定期轮办的具有一定规模的会议，统计口径范围较小）的全球城市排名中，北京已经上升到第 10 位。2010 年，北京接待国际会议数量略有增加，但排名相对略有下降，至全球第 12 位（见表 1[2]），仍居中国内地第一位。无论在国内还是国际，北京已经成为名副其实的“会都”。

表 1　ICCA 2010 年举办国际会议数量的排名

	城　市	会议数量		城　市	会议数量
1	维也纳	154	11	台　北	99
2	巴塞罗那	148	12	北　京	98
3	巴　黎	147	12	布宜诺斯艾利斯	98
4	柏　林	138	14	伦　敦	97
5	新加坡	136	15	哥本哈根	92
6	马德里	114	16	首　尔	91
7	伊斯坦布尔	109	17	斯德哥尔摩	89
8	里斯本	106	18	布达佩斯	87
9	阿姆斯特丹	104	19	布拉格	85
10	悉　尼	102	20	香　港	82

（四）奖励旅游成为新的增长点

近年来，北京丰富的旅游资源吸引着境内外游客，奥运会的成功举办、中国国际地位的上升和国际影响力的增强使得越来越多的游客选择北京作为旅游目的地，相应的，北京也成为更具吸引力的奖励旅游目的

2　http://www.iccaworld.com。

地。2010 年，北京接待奖励旅游人次达 21.1 万，同比增长 91.4%，其中，境内团增长 79.3%，境外团增长 178.9%；奖励旅游收入达 6.4 亿元，同比增长 46.3%，远远超过会议收入和展览收入的增幅，成为新的经济增长点。

（五）产业集群优势突出

北京会展业呈现鲜明的产业集聚特点。2010 年，北京市的专业展览场馆有 2/3 位于朝阳区，朝阳区的场馆接待展览数量占全市专业展览场馆接待数量的 77.3%。朝阳、海淀、东城、西城是北京市会议活动较为集中的区域，2010 年，该四城区宾馆饭店数量占比为 60.7%，接待会议数量占比为 58.8%；在展览场馆和宾馆饭店的带动下，周边会展服务企业发展较快，四城区会展服务单位数量占比为 83.6%，实现会展收入占比为 91.9%(见表 2)。

表 2　　2010 年四城区宾馆饭店及服务单位情况

类别	宾馆饭店		服务单位	
	单位数量（个）	会议数量（万个）	单位数量（个）	会展收入（亿元）
朝阳区	147	4.7	241	45.6
海淀区	158	5.1	79	12.5
东城区	109	2.2	58	16.7
西城区	120	2.9	80	11.8
合计	534	14.9	458	86.5
占全市比重（%）	60.7	58.8	83.6	91.9

目前，以朝阳、海淀、东城、西城四个城区为核心的中部偏北地区已成为我市会展活动较为集中的区域，产业集群的形成，有利于资源共享，带动了相关产业的发展，产生了联动效应。

（六）大企业龙头作用明显

在会展业快速成长过程中，龙头企业起到了很好的示范带领作用。2009 年，北京会展收入超过亿元的单位有 16 家，2010 年增加到 25 家。

其中，既有展览场馆和宾馆饭店，又有作为会展服务单位的专业展览服务单位和旅行社，还有作为主办单位的行业协会，涉及会展单位的各个类别。其会展收入占全市会展业的33.1%，比上年提高4.1个百分点。会展收入排名在前20%的单位，其会展收入占全市会展收入82.6%，龙头企业的作用进一步增强。

二、大型展馆不足，展览业务有待进一步加强

“十一五”以来，北京会展业总体发展迅速，态势良好，但产业内部发展不平衡，其中会议业和奖励旅游业的发展势头强劲，展览业的发展相对滞后。

（一）展览业竞争压力加大

纵向来看，2010年，北京规模以上单位共接待展览1196个，同比增长9%，但总数量仍少于部分历史年度，其中，各宾馆饭店接待的小型展览业务在全球经济危机后虽有所恢复，但仍未恢复到历史较好水平。同时，随着会议业和奖励旅游业的快速发展，2010年，会展收入的占比上升，而展览业会展收入的占比相对下降（见表3）。

表3　会展收入构成

类　别	2010年		2009年	
	绝对值（亿元）	比重（%）	绝对值（亿元）	比重（%）
会展收入	172.5	100.0	130.9	100.0
其中：会议收入	95.7	55.5	71.4	54.6
展览收入	70.4	40.8	55.1	42.1
奖励旅游收入	6.4	3.7	4.3	3.3

横向来看，国内许多省市通过进一步强化服务，出台优惠政策等来吸引会展业务，相比之下，北京市会展产业相关部门沟通协调机制不够完善，办展成本较高，会展服务水平也有待提高，恶性竞争、重复办展问题仍旧较多、办展环境不够理想等诸多因素，导致北京原有的部分展

览外流。

2008年，北京专业展览场馆接待的展览数量为282个（奥运期间，举办展览活动受到一定的限制），展览面积558.9万平方米，而上海展览场馆接待的展览项目共544个，展览面积707万平方米[3]；2009年，北京接待的展览数量为314个，展览面积586.2万平方米，上海接待的展览项目共557个[4]；2010年，北京接待的展览数量为362个，展览面积839.6万平方米，而上海虽有世博会管制因素影响，展览面积仍达804万平方米[5]。另外，广州、深圳、成都、济南、沈阳等许多城市近年来也加大了展览业的发展力度，使得北京的展览业面临越来越大的竞争压力，竞争态势不容乐观。

（二）大型展馆不足

虽然北京目前拥有的展览设施尚有一定的剩余使用空间，但个别优质大型展馆使用率已经较高，长远来看，北京尚需一定的大型专业展览场馆。目前，北京最大的展馆的展厅面积只有10.7万平方米，室外可用展览面积3万平方米；而上海新国际博览中心展厅面积为12.7万平方米，室外可用展览面积10万平方米；广州进出口商品交易会琶洲展馆展厅面积为13万平方米，室外可用展览面积2.2万平方米；深圳会议展览中心展厅面积为10.5万平方米；德国柏林展览中心展厅面积为16万平方米；法国巴黎维勒班特国际展览中心展厅面积为19.1万平方米[6]。虽然我们不能一味求大，但从需求来看，北京最大的展览场馆尚不能完全满足一些大型展览（如机械汽车展览）的需求，一些大型的甚至标志性的展览流向了拥有大型场馆的其他城市。

北京近年会展业总体发展较快，但展览业务发展相对滞后，要实现会展业的良性发展，应全面改善会展发展的软、硬环境；进一步完善沟通协调机制，解决恶性竞争、重复办展等问题；加强配套设施建设，大力改善展览场馆周边交通拥堵状况；降低相关收费，研究出台优惠政策；加强人才培养，提高会展服务水平；适时规划建设具有一

3 龚维刚、张一隽：《2008年上海会展经济发展报告》，《中国会展经济发展报告》，2009。
4 过聚荣、刘旭霞：《2009年展会概述》，《中国会展经济发展报告2010》。
5 《中国贸易报》，2011年5月26日。
6 王方华，过聚荣：《中国会展经济发展报告2010》，2010年7月第一版。

定规模的展览场馆，解决展览业发展即将面临的瓶颈问题，为展览业的长远发展创造条件，为会展业的长期、健康、可持续发展打下坚实的基础。

“十一五”时期北京商务服务业发展情况分析

◆◇周俊玲

商务服务业[1]是资本和知识密集的绿色产业，大力发展商务服务业对于我市转变经济发展方式、调整产业结构具有重要意义。“十一五”期间，我市商务服务业立足本市、辐射全国、面向国际，为提升城市竞争力、建设世界城市做出了突出贡献。

一、“十一五”时期商务服务业的发展现状和特点

（一）总体规模持续扩大，促进发展方式转变

“十一五”期间，商务服务业增加值由2006年的447.1亿元，增加到2010年的953.2亿元，按可比价计算年均增长17%，比“十五”期间年均增速提高3.2个百分点，高于同期全市地区生产总值增速5.6个百分点。

2010年，商务服务业增加值占全市GDP的比重为6.8%，比2005年提高1.6个百分点；在第三产业中排名第5位，比2005年上升1位。“十一五”期间商务服务业对全市经济增长的平均贡献率达到8.9%，比“十五”期间提高4.5个百分点，商务服务业已成为拉动我市经济发展的重要力量。

2010年，商务服务业万元GDP能耗为0.19吨标煤，仅为全市万元GDP能耗的38.8%。按可比价格计算，2006–2010年，商务服务业万元GDP能耗年均下降7.1%，促进了全市万元GDP能耗水平下降。

（二）商务服务集聚发展，楼宇成为重要载体

“十一五”期间，商务服务业形成了以东城、西城、朝阳、海淀为

---

1 本文中商务服务业指《国民经济行业分类》中租赁和商务服务业门类，包括租赁业、企业管理服务、法律服务、咨询与调查、广告业、知识产权服务、职业中介服务、旅行社和其他商业服务。

核心集聚发展的特点。朝阳区依托商务中心区集聚了大量法律、咨询、广告、会展企业；西城区吸引了众多为金融企业服务的法律、会计审计以及投资管理等商务服务企业；东城区以总部基地为核心，集中了大型央企总部；海淀区则汇集了为中关村科技园区企业服务的投资管理企业、咨询公司和知识产权服务机构。2010 年，以上四区商务服务业增加值合计占全市比重达到 85.4%。

商务楼宇成为集聚商务服务企业的重要载体，2009 年，朝阳商务中心区内拥有主要商务楼宇 78 座，其中，规模以上商务服务业单位 334 家，实现收入 615.5 亿元，占商务中心区内商务服务比重达到 60.6%。

（三）总部经济特征显著，对外辐射力较强

商务服务业充分体现了总部经济特色，商务中心区、金融街、中关村科技园区海淀园、东二环交通商务区集聚了众多国内大型集团总公司、跨国公司地区总部。2009 年，商务服务业共有总部企业 208 家，总部经济增加值达到 351.6 亿元，占商务服务业的比重为 43.4%。

2010 年，我国世界 500 强企业在京总部达到 42 家，其中，24 家为商务服务业，以 1.8 万亿元资产支配着全国 12.9 万亿元资产，总部经济辐射能力指数[2]达到 6 以上，充分显示出我市总部企业对外辐射能力。

（四）开放程度明显提高，服务贸易快速增长

商务服务业是第三产业中市场化程度和对外开放程度最高行业之一，同时也是我市吸引外商投资最多的行业。“十一五”期间，商务服务业实际利用外资额累计达到 80.1 亿美元，比“十五”期间增长了 1.1 倍，占全市比重达到 28.4%（见图 1）。

服务贸易快速增长，2010 年，我市旅游、咨询、广告宣传等项目分别实现服务贸易总额 108.7 亿美元、89.5 亿美元和 13.2 亿美元，比 2005 年增长 97.8%、2.2 倍和 1.1 倍，合计占全部服务贸易总额的比重为 26.5%。

（五）吸纳就业能力增强，就业结构两极分化

我市商务服务业吸纳就业能力较强，就业结构呈现两极化，既集聚

2　陈正伟：《总部经济辐射力的统计测定》、《统计与决策》2004 第 9 期。总部经济辐射能力指数=区域外经济活动总量/区域内经济活动总量，指数达到 2 以上，其总部经济活动绝大部分在区域外，经济辐射能力较强。

了高端专业化人才，也吸纳了大量产业转移劳动力。2010年，规模以上商务服务业从业人员为68.1万人，“十一五”期间年均增长15.2%，高于第三产业年均增速6.6个百分点，占第三产业比重为14%，其中，职业中介服务、保安服务从业人分别达到19.4万人和11.4万人，占商务服务业比重分别达到28.4%和16.7%（见图2）。

图1　“十一五”期间商务服务业等行业利用外资额占全市比重

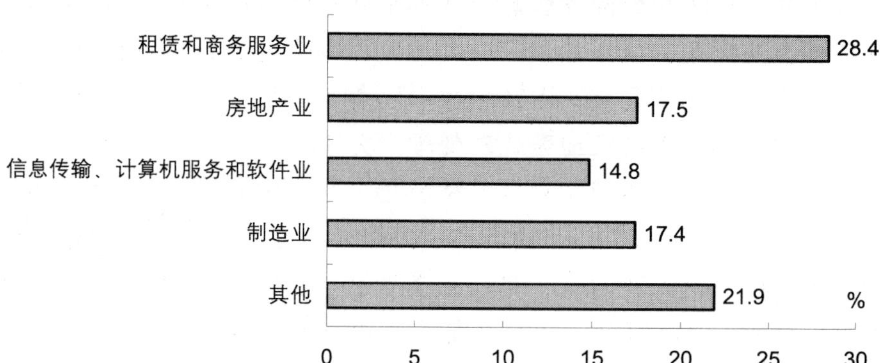

2008年全国第二次经济普查结果显示，高端商务服务知识密集特征明显，其中，法律服务、知识产权服务、咨询与调查行业中具有本科及以上的高学历人员比重达到84.7%、72.8%和57.2%，明显高于全市28.7%的平均水平。

图2　2010年规模以上商务服务业从业人员行业构成

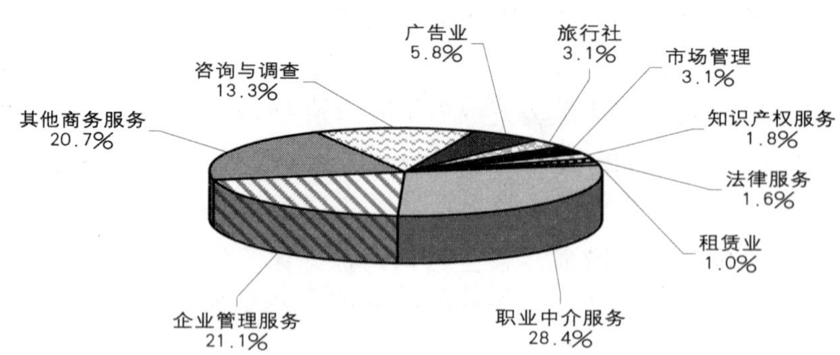

（六）高端商务服务蓬勃发展

法律服务国内领先。2010年，我市共有律师事务所1486[3]家，比2005年增加621家；共有执业律师22937人，比2005年增加1倍，占全国的比重超过10%；规模以上法律服务总收入达到91.1亿元，比2005年增长1.1倍。业务领域呈现高端化趋势，金融证券、知识产权、房地产和工程建设以及涉外投资类的非诉讼业务增长迅速。

咨询与调查服务规模扩张迅速。“十一五”期间，我市规模以上咨询与调查服务收入从2005年的105.5亿元，增长到2010年的402.9亿元，年均增长30.7%；从业人员从3.6万人增长到9万人，年均增长19.9%。从以传统的会计、审计及税务服务为主，转向以内容更为丰富的社会经济咨询为主。2010年，规模以上社会经济咨询服务收入占咨询与调查服务的比重达到35.7%，比会计、审计及税务服务高8.3个百分点。

知识产权服务专业化程度提高。我市初步形成了由产权交易所、认证机构、专利代理机构以及专利审查、检索机构组成的专业化知识产权服务体系。2010年，北京市共有190家[4]专利代理机构（不包括国防专利代理机构），占全国比重接近1/4。2010年，我市专利申请数达到5.7万件[5]，比2005年增长1.5倍；规模以上知识产权服务从业人员1.3万人，实现收入52亿元，“十一五”期间年均增速分别达到19.2%和18.7%。

广告业媒体资源优势明显。凭借丰富的媒体资源、人才优势、创意产业氛围和市场需求，北京云集了广告界众多知名品牌，如智威汤逊、恒美广告等。2010年，规模以上广告业收入合计达到740.1亿元，“十一五”期间年均增长25.6%；从业人员达到4万人，年均增长15.4%。

二、值得关注的问题和建议

（一）商务服务规模与世界城市仍有差距

2010年，我市商务服务业规模继续在国内大城市中处于领先地位，但与世界城市相比仍有差距。以法律服务为例，2008年，我市法律服务

3　数据来源：北京市司法局。
4　数据来源：国家知识产权局。
5　数据来源：北京市知识产权局。

总收入占GDP的比重为0.76%，而2002年纽约的法律服务收入已占GDP的比重为3.3%[6]。从平均企业规模来看，与世界城市也有较大差距。2002年，纽约州法律服务企业平均营业收入为195万美元[7]；而2008年我市法律服务企业平均收入约为110万美元。从世界城市发展经验来看，兼并重组是商务服务企业做大做强的重要方式。全球四大会计师事务所之一的“普华永道”，由英国的普华和永道两家事务所合并而成。因此，应鼓励有实力的企业兼并重组，以扩大企业规模提高竞争实力（见图3）。

图3　2005年和2010年北京、上海、广州商务服务业增加值比较

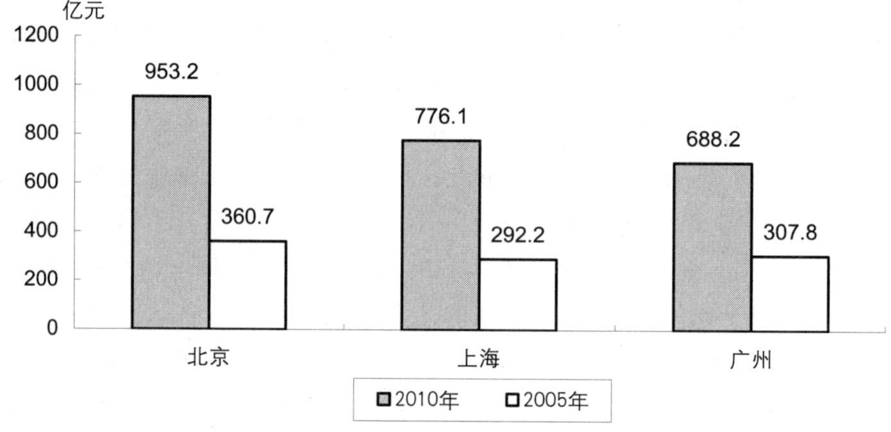

注：图中广州市商务服务业增加值为2009年和2005年数据。

（二）缺乏国际化的本土商务服务品牌

我市商务服务缺乏具有国际影响力的本土品牌。以咨询服务为例，美国的麦肯锡公司，德国的罗兰·贝格国际管理咨询公司，在世界咨询公司中排名前列，而我国目前还没有一家世界级的本土咨询公司。在广告业以及法律服务国际业务上，本土品牌同样处于劣势。品牌化发展是提升我市商务服务竞争力的有效途径，应引导企业实施品牌发展战略，抓住国际商务服务转移的机遇，打造国际化的商务服务品牌。

6　数据来源：www.bea.gov。
7　数据来源：《2010年纽约统计年鉴》。

（三）吸引跨国公司竞争加剧

跨国公司对全球经济资源拥有较大支配力，吸引跨国公司入驻是商务城市融入世界经济的重要方式，也是商务城市国际竞争力的重要体现。与上海市相比，我市对跨国公司吸引力存在一定差距，2010年，我市共有跨国公司地区总部82家，投资性公司183家，研发性外资企业353家[8]；而上海这三项指标分别为305家、213家和319家[9]；除研发性外资企业数量高于上海外，其余两类公司数量均低于上海。我市应从完善投资环境、吸引国际化高端人才、推动市场化进程等多方面提升我市对跨国公司的吸引力。

8 数据来源：《北京连续三年成中国最大城市消费市场》，新华通讯社2011年2月12日。

9 数据来源：《上海2010年实现外商投资规模质量效益“三增长”》，新华通讯社2010年12月31日。

从商品零售量看全市商品流通领域发展变化

◆◇饶 琦

“十一五”时期，随着国民经济的快速发展，居民生活水平的不断提高，我市采取了一系列扩大内需，刺激消费的政策措施，在商品流通领域效果显著。全市商品供应充裕，销售稳健，库存合理，消费品市场呈现品种丰富、结构优化、方式多样的特点。

一、总体情况

（一）流通规模持续扩大

2010 年，全市批发零售业商品购销总额突破 7 万亿元，达到 76315.6 亿元，比 2005 年增长 2.1 倍，年均增长 25.1%，其中，2009 年受金融危机等因素影响，增速最低，仅比上年增长 5.2%（见图 1）。

图 1　“十一五”时期全市批发零售业商品购销总额

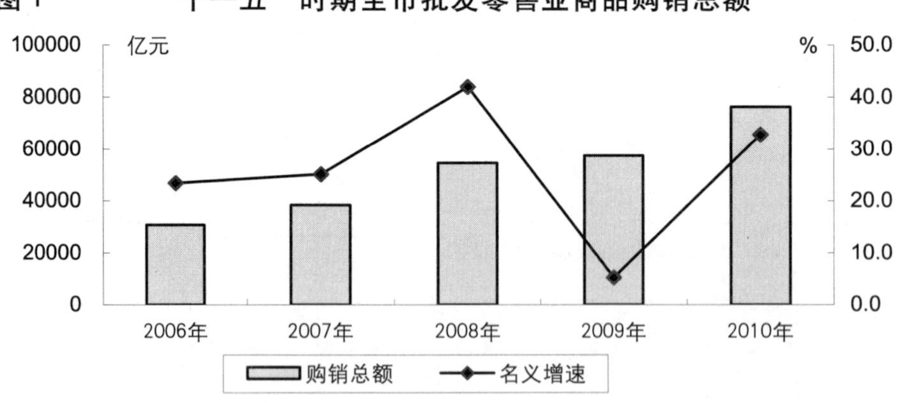

（二）商品购销比保持稳定

“十一五”期间，全市批发零售业商品购进和销售总额实现同步增长，购销比保持稳定（见表 1）。2010 年，全市批发零售业实现商品购进总额36713.9亿元，比2005年增长2.1倍，年均增长25.1%，占购销总额的48.1%，比重较2005年提高0.1个百分点。

表1　　“十一五”时期全市商品购销比重（%）

年份	商品购进占购销总额比重	商品销售占购销总额比重
2006	48.7	51.3
2007	49.5	50.5
2008	48.5	51.5
2009	48.5	51.5
2010	48.1	51.9

（三）市外购进呈上升趋势

2010年，全市批发零售业从市外购进商品22755.1亿元，比2005年增长2.6倍，年均增长28.9%；占商品购进总额的62%，比重较2005年提高8.6个百分点（见图2）。

图2　　“十一五”时期全市批发零售业商品购进情况

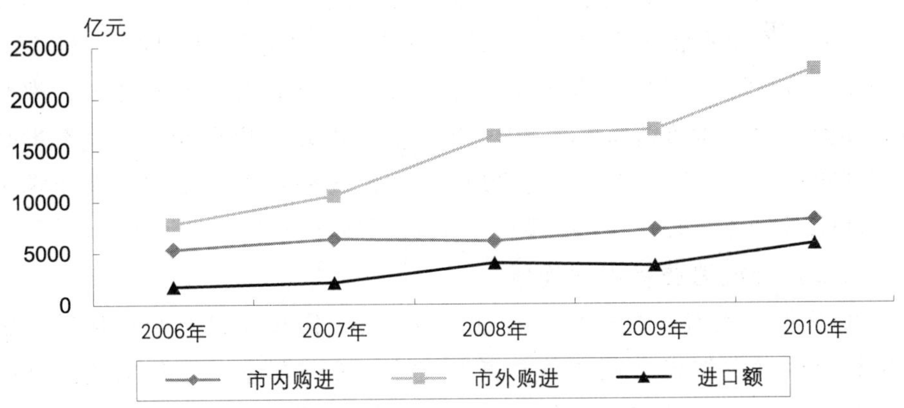

（四）商品库存更趋合理

近几年，本市企业更加注重信息化管理，存货周转能力有所提高。2010年，全市限额以上批发零售企业存货周转率为10.2次，比2005年提高 1.5 次。此外，“以销定产”、“饥饿营销”等多种运营方式得到应用，在多重因素共同作用下，全市商品库存更趋合理。2010 年末，全市批发零售业商品库存总额为 3667.7 亿元，比 2005 年增长 1.7 倍，年均增长 21.6%，年均增速比购进和销售增速均低 3.5 个百分点。

二、商品销售特点

据对限额以上批发零售企业 25 大类 49 种商品销售情况统计，“十一五”期间全市商品销售呈现以下特点：

吃、穿两类商品占社会消费品零售额的比重稳中有降；用类商品是消费品市场的中流砥柱，比重持续增加；烧类商品增速略低，占比不足一成。2010 年，全市吃、穿、烧类商品分别实现零售额 1331 亿元、548.4 亿元和 465.9 亿元，分别占全部零售额的 21.4%、8.8%和 7.5%，比重分别较 2005 年下降 4.4 个、0.9 个和 0.6 个百分点；用类商品实现零售额 3884 亿元，比 2005 年增长 1.4 倍，占全部零售额的 62.4%，比重较 2005 年提高 5.9 个百分点。

（一）生活必需品销售稳健

据对限额以上批发零售企业商品零售量统计，2010 年全市销售粮食 28.2 万吨，各种服装 1.7 亿件，鞋 3768 万双，分别比 2005 年增长 34.7%、98.3%和 35.5%。但随着全市城镇居民人均可支配收入不断提高，消费重心逐渐向汽车类商品倾斜。2010 年，全市批发零售企业中，汽车类商品实现零售额 1703.1 亿元，比 2005 年增长 3 倍；占批发零售企业零售额的 33.5%，比重较 2005 年提高了 12.5 个百分点。

（二）传统消费品以旧换新

2009 年，我市开始推行“家电下乡”和“以旧换新”政策促销。据对限额以上批发零售企业商品零售量统计，2010 年全市销售彩色电视机 133.3 万台，电冰箱 69.2 万台，洗衣机 73.6 万台，家用空调器 117.4 万台，分别比 2005 年增长 41.6%、39.2%、44.8%和 14.5%。从居民家庭每百户耐用消费品拥有量看市场渐趋饱和，更新换代已成大的趋势（见表 2）。

表 2　　2010 年全市城镇居民家庭每百户耐用消费品拥有量（台）

	彩色电视机	电冰箱	洗衣机	空调器
城镇居民	140	103	100	169
农村居民	139	107	103	107

（三）电子产品成为市场新宠

随着高新技术的发展和经营理念的更新，以消费者需求为导向的电子产品更新换代明显加快，新型产品层出不穷，带动产品价格明显下降。2010 年，全市体育娱乐用品、文化办公用品和交通、通信用品零售价格分别比 2005 年下降 41.9%、21.5%和 39.9%。网上销售的方便快捷等优势助推了电子产品的热销。据对限额以上批发零售企业零售量统计，2010 年全市销售数码照相机 100.4 万台，电脑 230.8 万台，移动电话机 655.6 万部，分别比 2005 年增长 3 倍、2.7 倍和 94.7%（见图 3）。

图 3　　全市数码照相机、电脑、移动电话机零售量

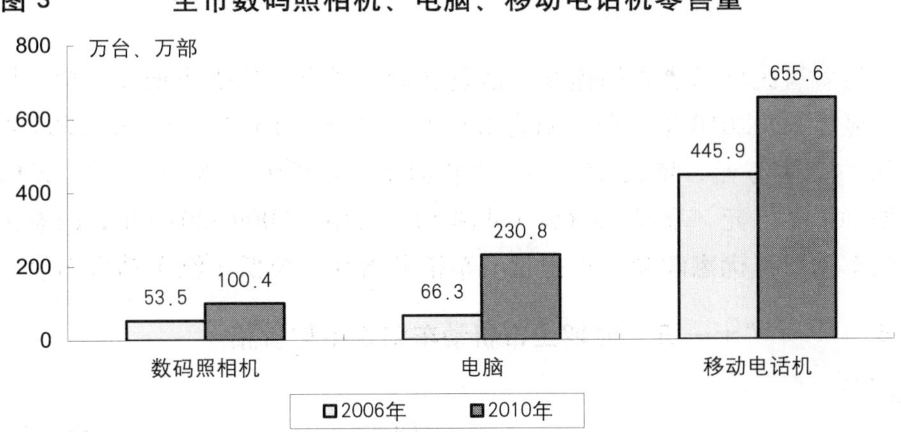

（四）汽车升级换代趋势明显

工商局验证数据显示，2010 年，全市销售机动车 143.2 万辆，比 2005 年增长 1.5 倍，年均增长 20.2%，其中，2008 年受奥运期间交通限行影响，机动车销售比上年增幅跌至 10%。随着经济企稳回升及汽车购置税优惠政策的出台，汽车销售迅速攀升（见图 4）。2010 年末，民用汽车保

有量达到452.9万辆，其中，私人汽车保有量374.4万辆，分别是2005年的2.1倍和2.4倍。在汽车销售的带动下，燃油销售快速增长。据对限额以上批发零售企业零售量统计，2010年全市销售汽油444.2万吨，比2005年增长57.3%。

图4　　“十一五”时期全市机动车销售情况

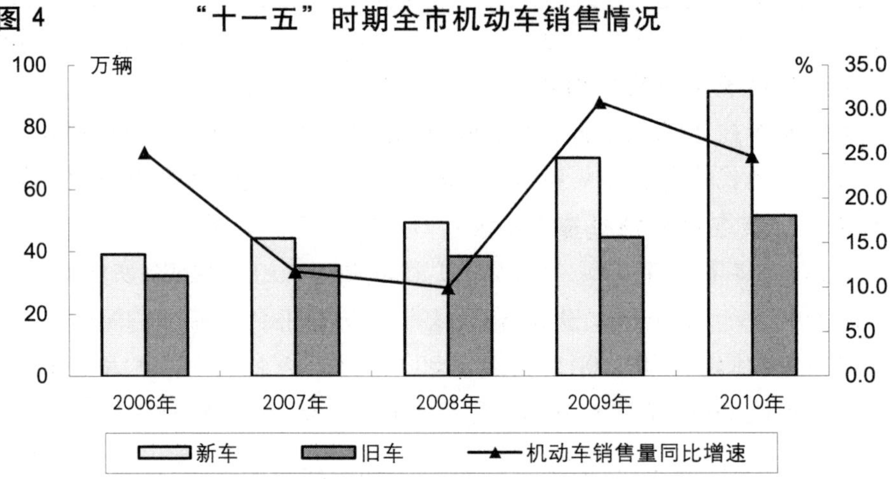

随着居民生活水平的提高，消费者对自驾出行的需求增加，购车档次明显提升。2010年，全市销售新车平均单价为16.7万元，比2005年增加了2.9万元，增长20.7%；销售旧车平均单价为8万元，比2005年增加了4万元，增长96.6%（见图5）。其中，2009-2010年，政府出台汽车购置税优惠政策，小排量汽车销量增加，拉低了汽车销售均价。

图5　　“十一五”时期全市机动车销售平均价格

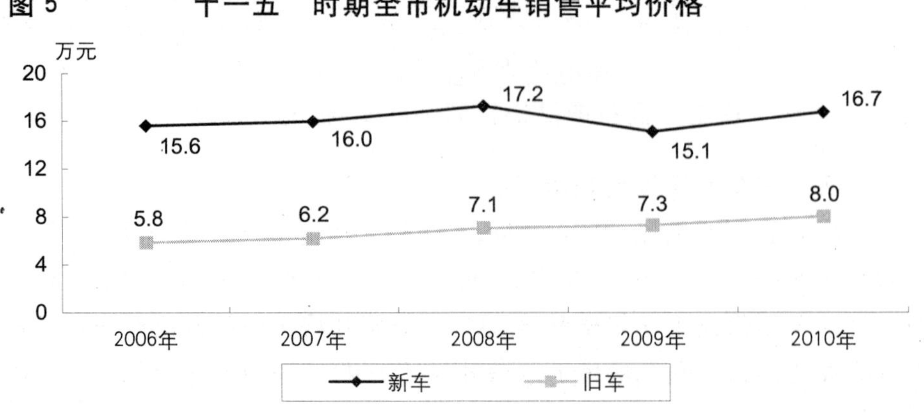

三、流通方式日趋多样

（一）连锁经营稳步壮大

作为现代流通手段之一的连锁经营被越来越多的商家所采纳，以此获取规模效应和品牌效应。2010 年，全市共有连锁企业 234 家，比 2005 年增加 46 家；门店数 9299 个，比 2005 年增长近六成；实现商品销售总额（营业收入）2133 亿元，比 2005 年增长 1 倍。其中，连锁零售企业共有 142 家，实现商品销售总额 1774.1 亿元，占连锁企业比重超过八成。

（二）商品交易市场蓬勃发展

经过多年培育和发展，商品交易市场已成为日用消费品和生产资料的重要集散地和价格信息发源地。2010 年，全市共有商品交易市场 911 个，比 2005 年增加 96 个；实现成交额 2619.4 亿元，比 2005 年增长 1.6 倍。其中，亿元市场 135 个，成交额 2489.8 亿元，比 2005 年增长 1.8 倍。从市场分类看，专业市场发展快于综合市场，其中以汽车、摩托车及零配件市场增长最为迅猛。2010 年，全市共有汽车、摩托车及零配件市场 29 个，成交额 712.8 亿元，比 2005 年增长 5 倍，年均增速高达 43.2%[1]。

（三）电子商务潜力无穷

近几年，电子商务作为一种新兴流通方式，在市场上表现抢眼。它有多种经营模式，如自营电子交易平台、借助第三方平台进行销售、提供平台服务外包等，通过以信息化带动流通现代化，有效节约成本，提高运营效率。2010 年，全市限额以上企业实现电子商务商品销售额 1658.1 亿元，比第二次全国经济普查的 2008 年增长 45.7%[2]，其中，批发零售企业实现电子商务商品销售额 1082.3 亿元，占 65.3%。

1 2005 年该专业市场分类为机动车市场。

2 2010 年与 2008 年全市限额以上企业实现电子商务商品销售额中均不包含金融业数据。

四、关注重点及相关建议

总体看，“十一五”时期，北京商品流通保持了较快发展，但面临的一些问题和诸多不确定性因素，应在以下方面引起足够重视。

（一）关注培育新的消费热点

“十一五”期间，汽车类商品对全市消费品市场拉动作用明显，2010年，汽车类商品零售额占社会消费品零售额近三成。随着“限房”、“限车”等政策的陆续出台，居住类、汽车类商品增长乏力。应采取有针对性的应对措施，积极开发培育新的消费增长点，如文化消费、休闲娱乐消费、旅游消费等，密切关注替代消费热点的成长。

（二）关注物价对中低收入居民消费的影响

稳定的物价有助于提振消费者信心，持续的收入增长则是扩大消费的源泉。2010年商品零售价格比2005年增长3.5%，其中，食品价格增长达42.9%。物价上涨一定程度上给中低收入居民的生活带来压力，2011年一季度北京消费者信息指数调查显示，消费者购买耐用商品意愿下跌，居民对收入增长预期减弱。同时，统计数据显示居民收入实际增速较低，这些都不利于扩大有效需求。因此，应关注物价对中低收入居民消费的影响。

（三）关注突发事件的影响

近几年突发事件频发，如“日本大地震”、“食品安全”等问题，在一定程度上对居民的正常消费和商品市场的有序发展带来不良影响。因此，必须关注突发事件，做好防范措施，为消费者放心消费创造良好环境。

（四）关注消费观念的变化

近几年，“80后”成为消费市场的新生力量，这一代多为独生子女，消费倾向逐渐由量入为出转向超前消费。2010年，全市人民币个人消费性贷款4035.9亿元，占贷款余额比重仅为11.1%，仍有一定的发展空间。同时，年轻人追求时尚，对中高档消费品和高新技术产品趋之若鹜，关注其消费观念的变化，发展信用消费，有助于挖掘市场潜力。

“十一五”时期北京零售市场呈五大变化

◆◇金顺爱

“十一五”期间，为迎接2008年北京奥运会，全市上下齐心协力，各项工作开展得卓有成效：商业消费环境进一步优化，金融交易体系不断发展，居民出行更为便利，方方面面的发展为北京零售市场带来了巨大商机。5年里，全市社会消费品零售额年均增长16.4%，比“十五”时期提高了4.5个百分点，到2010年，社会消费品零售额突破6000亿元，达到6229.3亿元，其中，限额以上零售业实现零售额4620.6亿元，比2005年增长近2倍，年均增长24.5%。在零售总量增加的同时，内部结构呈现新的变化。

一、业态发展更为多样化

（一）专卖店、专业店占据半壁江山

随着汽车、家电、医药等行业的迅猛发展，专卖店、专业店不断发展壮大，“十五”中期，已取代传统百货店成为主力业态，“十一五”期间，继续保持优势地位。5年间，专卖店对限额以上零售业零售额增长的贡献率为36.5%，在各业态中贡献最高。2008年后专卖店已跃升为第一主力业态，到2010年，实现零售额1515亿元，占限额以上零售业零售额的三分之一；专业店市场发展亦越来越成熟，其市场份额位居第二位，这两种业态比重合计为57.7%，比2005年提高9.1个百分点。

（二）百货店市场份额逐年下降

随着专卖店、专业店的迅速崛起，传统百货店市场份额受到挤压，以2003年为分水岭，百货店丧失了零售业霸主地位，此后，百货店销售相对放缓，“十一五”期间，百货店零售额平均每年增长14.9%，低于限额以上零售业平均增速9.6个百分点。市场份额逐年降低，5年里分别为17.9%、17.5%、14.4%、13.7%和11.8%。

（三）网上商店增势迅猛

近几年，随着网络广泛普及，网上商店以其价格低廉，购买便捷，悄然改变着人们的消费方式，特别是近两年，随着金融交易体系不断完善，网上商店涨势迅猛。2010 年，网上商店实现零售额 126.3 亿元，比 2009 年增长 86.5%，增幅居各业态之首；占限额以上零售业零售额的 2.7%，比 2009 年提高 0.8 个百分点。

“十一五”期间是北京零售业迅猛发展的 5 年，也是统计改革不断发展的 5 年，为了适应零售市场发展，业态统计也不断细化。如随着汽车销售增长，燃油消费大幅增加，加油站逐渐作为一种单独零售业态独立出来；汽车走入家庭也带动了远离市区的厂家直销中心、家居建材商店的发展；超级市场由于经营规模差异较大，被进一步细化为大型超市和普通超市。此外，无店铺销售除了网上商店，还分为邮购、电视购物、电话购物、自动售货亭等不同销售渠道，它们也都分别在市场占有一席之地（见表 1）。

表 1　限额以上零售企业按业态分组零售额

	2010 年			“十一五”平均增速（%）
	零售额（亿元）	环比（%）	比重（%）	
全市零售额	6229.3	17.3		16.4
限额以上合计	4620.6	30.6		24.5
有店铺零售	4431.6	29.7	95.9	23.7
专卖店	1515.0	44.1	32.8	31.0
专业店	1149.3	33.2	24.9	26.2
百货店	543.2	12.0	11.8	14.9
超级市场	361.2	10.0	11.1	16.4
#超市				
大型超市				
加油站	361.2	29.6	7.8	
厂家直销中心	103.0	69.5	2.2	
家居建材商店	78.3	35.7	1.7	
购物中心	75.3	16.0	1.6	65.1

表 1　　限额以上零售企业按业态分组零售额（续表）

	2010 年			“十一五”平均增速（%）
	零售额（亿元）	环比（%）	比重（%）	
仓储会员店	40.5	13.1	0.9	17.0
便利店	30.3	-6.6	0.7	11.7
折扣店	18.1	-3.7	0.4	
食杂店	3.2	51.3	0.1	
无店铺零售	189.0	56.4	4.1	69.7
网上商店	126.3	86.5	2.7	
电话购物	54.1	15.2	1.2	
邮购	5.0	48.1	0.1	
电视购物	2.6	27.4	0.1	
自动售货亭	0.9	27.4	0.0	

二、对外开放明显提高

（一）外商独资企业发展势头强劲

20 世纪 90 年代初期，从政策上我国开始允许外资企业进入零售领域，初期多采用与中方企业合资或合作的方式进行经营，中国成功加入 WTO 后，对外开放度进一步提高，外资企业有了更加独立的发展空间，外商独资企业呈现强势增长。2010 年，限额以上外商独资企业增加到 98 个，比 2005 年增长 7.9 倍；实现零售额 563.3 亿元，平均每年增长 1.5 倍，远远高于内资零售企业 22.4%的年均增速。

（二）进入全球十大零售城市

从 2008 年开始，全球最大的商业房地产服务公司世邦魏理仕根据世界最大零售商在全球发展足迹进行年度调查，以探索全球零售业发展趋势，每年 4 月发布《零售业全球化进程》报告。根据报告显示，2007 年，北京拥有零售商百分比[1]36.2%，位居世界城市第 15 位；2008 年，零售

1　零售商百分比指进驻该城市的国际零售商数量占全球零售商总量的比例。

商百分比提高为38.6%，首次进入前10名，排第9位；此后两年继续排名前十，成为该榜单的唯一一个连续三年进入前10名的内地城市（见表2）。

表2　　2010年世界十大奢侈品及商务时尚城市排行榜

奢侈品及商务时尚市场排名	城　市	进驻该城市的奢侈品及商务时尚品牌占全球奢侈品及商务时尚品牌总量的比例（%）	进驻该城市的零售商数量占全球零售商总量的比例（%）
1	香　港	84	41
2	迪　拜	82	56
3	伦　敦	80	56
4	纽　约	71	44
5	巴　黎	71	44
6	莫斯科	69	40
7	新加坡	69	38
8	东　京	69	35
9	洛杉矶	67	39
10	北　京	67	38

三、骨干企业支撑力增强

（一）限额以上企业市场份额逐年增加

"十一五"时期，全市零售总量增加逾3000亿元，增长1.1倍。其中，限额以上零售业零售额增长2倍，对全市零售额增长贡献率为92.3%；限额以上零售业零售额5年来比重分别为52.9%、54.5%、64%、66.6%和74.2%，呈逐年上升态势（见表3）。

（二）行业龙头企业市场份额提高一成

2005年，零售业中零售额超过10亿元以上的龙头企业25家，主要涉及百货、超市、家用电器、机动车燃料和通信设备5种零售行业，零售额占限额以上零售业的35.3%。5年后，行业龙头企业增加至88家，其中，1/3 为汽车零售业，行业分类扩大到药品、家具、保健品等，另外，随着网购大量增加，一些网店年零售额也超过了 10 亿元。2010 年，这 88 家零售企业合计实现零售额 2165.2 亿元，占限额以上零售业的 46.9%，比 2005 年提高 11.6 个百分点。

表 3　　限额以上零售业零售额比重

年份	全市零售额（亿元）	限上零售业（亿元）	比重（%）
2010	6229.3	4620.6	74.2
2009	5309.9	3538.2	66.6
2008	4645.5	2974.2	64.0
2007	3835.2	2088.3	54.5
2006	3295.3	1743.8	52.9

四、市场支撑点出现新的变化

（一）汽车对市场支撑作用继续增强

“十五”时期，汽车作为居民消费结构升级的标志性商品，开始主导消费品市场，到“十五”末期，汽车类市场份额占到 1/4。进入“十一五”，汽车销量增速有所回落，但销售档次提高，因此，汽车类零售额每年平均增速高达 34.5%，2010 年，汽车类占限额以上零售业零售额的比重提高为 36.5%，远远高于其他 24 类商品。另外，与汽车消费相关的燃油销售占相当比重且销售增长稳定。“十一五”期间，石油及制品类零售额年均增长 15.9%，2010 年，石油及制品类占限额以上零售业零售额的 7.9%，在统计的 25 类商品中比重稳居第四。

（二）生活必需品是支撑市场稳定器

食品和服装类属于刚性消费品，这两类商品销售增长较为稳定，“十一五”期间，服装、鞋帽、针纺织品以及粮油、食品、饮料、烟酒类零售额平均每年增长 21.9%和 16.7%，合计占市场销售 25%左右，对限额以上零售业零售额增长贡献率为 18.8%。

（三）市场新的支撑点不断涌现

"十一五"期间中西药品类零售额年均增速高达37.8%，2010年，中西药品类占限额以上零售业零售额的4.8%，已取代"十五"时期的家用电器和音像器材类成为市场第五大支柱。另外，金银珠宝类成为新的增长点，5年间，该类商品年均增长40.2%，比重为3.6%，对限额以上零售业零售额增长的贡献率为4.5%（见表4）。

表4　　2010年限额以上零售企业主要商品销售情况

	零售额（亿元）	比重（%）	贡献率（%）	"十一五"年均增速（%）
汽车类	1684.5	36.5	42.3	34.5
服装、鞋帽、针纺织品类	511.6	11.1	10.4	21.9
粮油、食品、饮料、烟酒类	481.9	10.4	8.4	16.7
石油及制品类	362.9	7.9	6.2	15.9
中西药品类	221.1	4.8	5.7	37.8
家用电器和音像器材类	187.5	4.1	1.8	7.1
金银珠宝类	168.2	3.6	4.5	40.2

五、商业现代化手段进一步提高

（一）刷卡消费显著增长

"十一五"期间，持卡消费平均每年以52.3%的速度逐年递增，到2010年，持卡零售额已超千亿元（1266.7亿元），占限额以上零售业零售额的比重27.4%，比2005年提高了17.5个百分点。

（二）行业信息化程度提高

2010年末，限额以上零售业企业在用计算机数11.1万台，平均每家企业35台，比2009年增加5台；全年电子商务采购金额164.6亿元，增长91.4%；全年电子商务商品销售总额139.7亿元，增长72.5%，其中，销售给个人部分增长2倍。

（三）连锁经营稳步发展

90 年代初，北京率先在全国推进连锁商业，经过十几年，连锁经营方式取得长足进步，到 2001 年底，连锁零售业门店数达 1627 家，实现零售额 189.5 亿元。此后几年，随着外资零售业大举进入，全市连锁经营迅猛发展，“十五”期间，门店总数平均每年递增 31.6%，零售额每年增长 47.5%。在完成了大规模抢占市场的策略后，企业开始进入调整期，到 2010 年底，连锁门店总数 6875 家，实现零售额 1465 亿元，比 2005 年分别增长 41%和 63.4%，每年平均增长 7.1%和 10.3%，占整体消费比重稳定在 1/4 左右（见表 5）。

表 5　　连锁企业基本情况

年　份	门店总数（个）	零售额（亿元）
2006	5301	876.7
2007	6037	1065.5
2008	6799	1174.3
2009	6767	1244.6
2010	6875	1465.0
“十一五”时期平均增速（%）	7.1	10.3

传统业态谋发展　新型业态增实力

◆◇贾　薇

一、零售业态不断细分，业态分类更加丰富

我市“十一五”时期零售业态的统计分为两大类，即有店铺零售和无店铺零售[1]。2008 年及以前，有店铺零售细分为百货店、超级市场等 8 种业态形式，无店铺零售不再细分。

随着北京商业的不断发展，零售业态更加多样化。2009 年起，在原有业态形式基础上有店铺零售又增加了食杂店、折扣店等 5 种业态形式；无店铺零售细化到了电视购物、邮购等 5 种业态形式。截至目前，我市共有 13 种有店铺零售和 5 种无店铺零售业态，业态分类更加丰富。

二、“十一五”时期发展特点

（一）有店铺零售占比超九成，无店铺零售增长 13 倍

“十一五”时期，我市有店铺零售稳定发展，2010 年实现零售额 4431.6 亿元，比 2005 年增长 1.9 倍，年均增速 23.7%；近年来，随着无店铺零售的逐步发展，有店铺零售占限额以上零售企业零售额的比重呈逐年小幅下降趋势，但仍保持在九成以上的高比例，2010 年，比重为 95.9%，比 2005 年下降 3.2 个百分点（见表 1）。

2010 年，无店铺零售额达 189 亿元，比 2005 年增长 13.1 倍，“十一五”时期年均增长 69.7%，高于有店铺零售 46 个百分点。

从各年发展情况看，无店铺零售发展迅猛，除 2006 年增速低于有店

1　零售业企业按其主体经营活动场所的差异划分为有店铺零售企业和无店铺零售企业。除主体经营活动外，有店铺零售企业可能同时兼营无店铺零售，无店铺零售企业也可能同时兼营有店铺零售，但其实现的零售额全部计入其按主体经营活动划分的零售业态中。如某家划分为百货店的零售企业实现的零售额中包括其实体店和网上销售两部分，则零售额全部计入百货店业态。

铺零售 6.2 个百分点外，其他年份增速明显高于有店铺零售，2007—2010 年，各年同比增速分别为 63%、2.5 倍、48.6%和 56.4%，高于有店铺零售 43.6 个、2.1 倍、30.5 个和 26.7 个百分点。

表 1　　2005—2010 年有店铺零售情况（亿元，%）

	2010 年	2009 年	2008 年	2007 年	2006 年	2005 年
零售额	4431.6	3417.4	2892.9	2064.9	1729.4	1530.1
同比增长	29.7	18.1	40.1	19.4	13.0	—
占零售企业比重	95.9	96.6	97.3	98.9	99.2	99.1

（二）传统业态仍占绝对主导地位

“十一五”时期，我市限额以上零售业统计的有店铺零售中 7 种传统业态增势稳定，在零售业中占据绝对主导地位。2010 年，百货店等 7 种传统业态共实现零售额 3867.8 亿元，比 2005 年增长 2 倍，年均增长 24.3%，对全市零售额增长的贡献率高达 77.3%（见表 2）。

表 2　　2005—2010 年有店铺零售中传统业态零售额（亿元，%）

业态名称	零售额		比重		“十一五”时期平均增速	“十一五”时期贡献率
	2010 年	2005 年	2010 年	比 2005 年增减		
专卖店	1515.0	392.0	32.8	7.4	31.0	33.8
专业店	1149.3	358.8	24.9	1.6	26.2	23.8
百货店	543.2	271.6	11.8	−5.8	14.9	8.2
超级市场	514.2	240.2	11.1	−4.4	16.4	8.3
购物中心	75.3	6.1	1.6	1.2	65.1	2.1
仓储会员店	40.5	18.5	0.9	−0.3	17.0	0.7
便利店	30.3	17.5	0.7	−0.5	11.7	0.4
合　计	3867.8	1304.7	83.7	−0.8	24.3	77.3

1、百货店“十五”时期已失去第一业态地位

2002 年及以前，百货店作为最传统的零售业态形式在零售市场中始终占据第一大业态地位，而 2003 年专业店的快速发展以及 2004 年专卖店的异军突起使其失去了第一业态的地位，进入“十一五”时期，百货店单位个数、零售额在零售业中比重及增长速度继续下降。2010 年，限额以上零售业中，百货店单位个数由 2005 年的 135 个减少至 126 个；实现零售额 543.2 亿元，占零售企业的比重为 11.8%，比 2005 年下降了 5.8 个百分点；2005—2010 年，零售额各年同比增速分别为 15.2%、17%、16.7%、13.6%和 12%，呈逐年下降趋势，百货店独霸零售市场的局面已不复存在。

2、专卖店和专业店成主力军

“十一五”时期，专卖店和专业店在各零售业态中始终保持优势地位，成为零售业态主力军，单位个数及销售均呈迅速增长趋势。2010 年，限额以上零售业中，共有 846 个专卖店和 1361 个专业店，分别比 2005 年增加了 427 个和 811 个；实现零售额 1515 亿元和 1149.3 亿元，占零售业的比重为 32.8%和 24.9%，比 2005 年提高 7.4 个和 1.6 个百分点，扩张速度及比重居各零售业态前两位。“十一五”时期，年均增速分别为 31%和 26.2%，居零售业态第二、三位，仅次于购物中心；对全市零售额增长的贡献率分别为 33.8%和 23.8%，在各零售业态中最高。

3、购物中心快速发展

购物中心作为集购物、餐饮、娱乐、商务等功能于一体的综合服务体，“十一五”时期迅速发展。2010 年，实现零售额 75.3 亿元，“十一五”期间年均增速达 65.1%，高于有店铺零售年均增速 41.1 个百分点，增速居有店铺零售各业态之首；占限额以上零售业的比重为 1.6%，比 2005 年提高 1.2 个百分点。

（三）新型业态向传统商业模式挑战

1、食杂店等新增业态仍有发展空间

2009 年起，有店铺零售中又增加了几种新的业态形式，其中，厂家直销中心、食杂店和折扣店具有便利、物美、价廉、品种丰富等优势，在满足了不同消费群体需求的同时，也迎合了部分消费者节俭的消费心理，受到消费者欢迎。

2010 年，厂家直销中心和食杂店增长较快，分别实现零售额 103 亿元和 3.2 亿元，比 2009 年分别增长 69.5%和 51.3%，增速在各业态中居第二和第三位，仅次于网上商店，对全市零售额增长的贡献率分别为 4.6%和 0.1%。而折扣店发展相对较慢，2010 年实现零售额 18.1 亿元，比 2009 年微降 3.7 个百分点；从比重看，2010 年，厂家直销中心、食杂店和折扣店占限额以上零售业比重较低，分别为 2.2%、0.1%和 0.4%，但从发展趋势看仍有一定发展空间（见表 3）。

表 3　　2010 年有店铺零售中新增业态零售额（亿元,%）

业态名称	2010 年	同比增长	占零售业比重	贡献率
厂家直销中心	103.0	69.5	2.2	4.6
食杂店	3.2	51.3	0.1	0.1
折扣店	18.1	−3.7	0.4	−0.1

2、网上商店大有可为

近年来，随着计算机及网络的普及，基于互联网的一种新型业态应运而生，网络技术孵化出的零售业态——网上商店开始影响了人们的生活，改变着人们的消费方式，并对传统的零售模式形成强大的挑战，零售业竞争日益加剧。

2010 年，我市限额以上零售企业中，网上商店实现零售额 126.3 亿元，比 2009 年增长 86.5%，增幅居各业态之首；占零售业比重 2.7%，比 2009 年提高 0.8 个百分点，对全市零售额增长的贡献率 6.4%，居无店铺零售之首。无店铺零售中占比重第二位的电话购物，2010 年实现零售额 54.1 亿元，比 2009 年增长 15.2%，占零售业比重为 1.2%；其他三种业态比重明显偏低，三类合计仅为 0.2%。可见，网上商店规模及增速在无店铺零售中明显优于其他业态形式，发展前景广阔（见表 4）。

表 4　　10 年无店铺零售各业态零售额

	2010 年（亿元）	比重（%）	比 2009 年增长（%）	“十一五”时期平均增速（%）
无店铺零售	189.0	4.1	56.4	69.7
网上商店	126.3	2.7	86.5	–
电话购物	54.1	1.2	15.2	–
邮购	5.0	0.1	48.1	–
电视购物	2.6	0.1	27.4	–
自动售货亭	0.9	0.0	27.4	–

三、未来发展趋势

（一）谋求发展，新老业态取长补短

随着新型销售模式的出现，零售业态结构发生积极变化，新老业态应相互融合，取长补短。百货店等传统业态面对新型业态的冲击应努力迎接挑战，充分发挥其优质的品牌形象、强大的资金实力、完善的后勤系统及物流配送等方面的优势，积极涉足网络业务。至 2011 年 7 月，包括翠微大厦、当代商城、苏宁电器、国美电器在内的 98 家零售企业已涉足网上销售业务，占限额以上零售企业的比重为 3.2%，新的销售形式拓展了企业的销售渠道；而网上商店等新型业态则采取与实体体验店相结合的方式为企业谋求更大的发展空间，各种业态边界“模糊”的倾向趋于明显。

（二）增强实力，新型业态克服弊端

与传统业态形式相比，目前我市无店铺零售规模较小， 2010 年限额以上零售业中，无店铺零售实现零售额的比重仅为 4.1%。规模小、品牌形象低、配送能力有限、售后服务不健全、网上交易的不安全性及客户服务经验缺乏等使其在发展过程中存在一定的局限性。但随着时间的推移以及相关管理服务机制及环境的改善，如法律、规范、市场准入制度及第三方认证服务机构的建立、非金融机构支付业务的约束、电子合同及电子发票的管理等，销售体系将不断完善，新型业态会努力克服弊端，企业的竞争实力随之不断增强。

把小型企业打造成“北京创造”的新引擎

◆◇朱燕南 冯 艳 徐剑琦 周 冲

无论是在发达国家，还是在发展中国家，小型企业在社会经济中均占有突出地位。小型企业的地位之所以重要，并不仅仅是因为它提供了大量的就业机会，创造了相当部分的国民财富，还因为它在自主创新中扮演了非常重要的角色，为市场注入了发展的活力。近年来，北京市小型企业[1]发展迅速，已经成为经济发展、市场繁荣和扩大就业的重要基础。未来5年，全市将率先形成创新驱动的发展格局，由于小型企业数量众多，对全市科技创新的整体水平有很大影响，认清并提高小型企业的科技创新水平，对提升全市创新能力，实现由“北京制造”向“北京创造”的转变有着至关重要的作用。

一、北京市小型企业现状[2]

（一）从企业数量上看，小型企业占有绝对地位，是国民经济的重要组成部分

2008年，北京市共有小型企业24.9万家，比2004年增长24.9%；占全市企业总数的98.4%，与2004年相比基本持平。其中，小型工业企业2.9万家，占全市工业企业的比重为97.8%；小型非工业企业22万家，占非工业企业比重达到98.5%。小型企业在数量上具有绝对优势，是国民经济的重要组成部分。

1 文中小型企业根据《统计上大中小型企业划分办法（暂行），国统字（2003）17号》划分。

2 本部分数据为北京市第一次、第二次经济普查数据，反映了全市小型企业发展情况。

（二）从企业效益方面看，小型企业实现较快增长，非工业企业带动作用明显

2008 年，全市小型企业实现收入和利润分别为 26126.3 亿元和 1899.1 亿元，分别比 2004 年增长 1.2 倍和 1.1 倍。其中，小型工业企业实现收入和利润分别为 3059.7 亿元和 109.8 亿元，分别比 2004 年增长 54.6%和 36.3%；小型非工业企业实现收入和利润分别为 23066.6 亿元和 1789.3 亿元，分别比 2004 年增长 1.4 倍和 1.2 倍。小型非工业企业无论是在收入还是在利润上的表现都好于小型工业企业，成为带动全市小型企业效益快速增长的主要力量。

（三）从对就业影响情况看，小型企业是吸纳就业的主要力量，但近年来吸纳就业能力有所下降

从国际经验看，中小企业一直都是吸纳就业的主体。近年来，北京小型企业在稳定就业方面也有积极贡献。2008 年，全市小型企业平均从业人员为 372 万人，占全部从业人员的比重过半，达到 53%，分别高于大型、中型企业 25.6 个和 33.4 个百分点。其中，小型工业企业平均从业人员为 79.7 万人，占工业企业平均从业人员的 53.3%；小型非工业企业平均从业人员为 292.2 万人，占非工业企业平均从业人员的 52.9%。

但从吸纳就业的能力看，近年来，小型企业吸纳就业人员增速明显慢于大型、中型企业。2005—2008 年，小型企业平均从业人员年均增长 0.5%，分别低于大型、中型企业 13.8 个和 4.7 个百分点；在 2004 年到 2008 年全市新增的 112.9 万就业人员中，小型企业吸纳的就业人数仅占全部新增人数的 6.9%，分别低于大型、中型企业 63.9 个和 15.4 个百分点，可见近年来小型企业吸纳就业的能力明显弱于大中型企业。

综合来看，近年来，北京市小型企业在数量上实现了快速扩张，企业数量占比超过 98%，已经成为国民经济的重要组成部分；小型非工业企业在效益上的良好表现，带动了全市小型企业效益的快速增长。虽然目前小型企业仍是全市吸纳就业的主要力量，但近年来小型企业吸纳就业的能力已经明显弱于大中型企业，需引起高度关注。

二、北京市小型企业[3]科技创新的特点

由于数量众多，小型企业不仅在缓解就业压力、活跃市场和保持社会稳定等方面具有大企业不可替代的作用，而且在各个国家的科技创新领域也都有着举足轻重的作用。美国约有50%–60%的科技进步来自小型企业，80%以上新开发的技术是中小企业生产的；日本是世界上最大的应用型产品出口国，其中，60%的出口额是由中小企业实现的；而目前北京的小型企业在创新主体、创新资源、创新能力和创新产出等方面的表现不尽如人意，整体来看都表现为数量上有一定优势，但在结构、质量等深层次方面水平不高。

（一）创新主体：有创新活动的小型企业覆盖面窄、高端领域行业分布过于集中

企业是创新活动的主体，北京的小型企业中有创新活动的企业覆盖面较窄；在高端领域中所占比例较小，且行业过于集中。

1. 小型企业是我市创新活动的主力军，但覆盖面较窄

企业是否具有创新活动是衡量企业创新活力的指标之一。2009年，我市有研发能力（R&D）的企业共有1728个，其中，小型企业有1229个，占71.1%。虽然从事研发活动的企业大部分为小型企业，但由于小型企业数量众多，有研发活动的小型企业的覆盖面仍然较窄，仅占所有小型企业的3.4%,而大型、中型企业中有R&D活动的占比分别为15.5%和7.9%，远远高于小型企业的覆盖比例。

2. 高端领域里小型企业占比较小，且集中于两个行业

全市小型工业企业主要分布在一些劳动密集型、传统型的产业之中，进入高科技领域的较少。2009年，北京市小型工业企业中属于高技术制造业的企业为1023家，占全市小型工业企业的比重为16.3%，比大型企业低12.8个百分点。其中，有R&D活动的小型企业占比为33.6%，主要集中在医疗设备及仪器仪表制造业和电子及通信设备制造业两大行业，呈现出单点发展，而不是全面支撑的局面，降低了北京小型企业依

3 本部分的小型企业指规模以上工业企业以及限额以上非工业企业中的小型企业。

靠科技发展抵御风险的能力。

（二）创新资源：企业自有资金为主，人力投入有待提高

创新资源的投入包括资金和人力两部分，对于北京的小型企业来说，资金投入主要来源于企业自有资金，人力投入仍有待提高。

1. 企业自有资金成为研发活动的主要来源，政府资金、国外资金投入力度不够

从资金来源看，2009 年，小型企业 R&D 经费支出中来自企业的资金所占比重为 85.9%，分别高于大型、中型企业 7.6 个和 4.8 个百分点，企业自有资金是小型企业研发活动最主要的资金来源。由于小型企业的技术和市场都有高度的不确定性，其在科技创新与拓展市场中面临多重风险，吸引政府投资和国外资金能力较弱。2009 年，R&D 经费支出中政府资金共有 21.2 亿元，流向大型、中型、小型企业的比重分别为 29.5%、55.8%和 14.7%；国外资金共有 24.9 亿元，流向大型、中型、小型企业的分别占 76.9%、9.7%和 13.4%。可见，小型企业无论是在获得政府资金支持还是吸引外资方面均占比较低，不具备优势。

2. 创新人力资源投入有一定水平，但人才素质有待提高

人力资源是创新活动的核心，人才的素质决定了创新活动的潜力。2009 年，小型企业 R&D 人员占全部从业人员的比重为 1.11%，分别低于大型和中型企业 1.02 个和 1.21 个百分点。在全部小型企业中，工业企业的创新人力资源水平较高，R&D 人员占全部从业人员的比重为 3.68%，居全国首位，高于上海 2.45 个百分点。虽然小型企业的创新人力资源投入已具有一定水平，但是人员的素质有待提高。在小型企业从事科技活动的人员中，大学本科及以上学历人员所占的比重仅为 15.1%，分别低于大型和中型企业 7.7 个和 7.2 个百分点（见表 1）。

表 1　　2009 年全国及重点省市小型工业企业创新人员情况

地　区	全国	北京	天津	上海	江苏	浙江
R&D 人员占全部从业人员比重（%）	0.99	3.68	1.76	1.23	1.58	1.66

（三）创新能力：处于较低水平，企业办科研机构数量较多，人员素质有待提高

1. 小型企业创新能力处于较低水平

R&D 经费投入强度（R&D 经费支出占主营业务收入的比重）是反映企业自主创新能力和水平的核心指标。根据经济合作与发展组织（OECD）关于技术创新的相关标准大致可以得到以下判断：企业 R&D 投入强度超过 4%，表明企业创新能力较强；在 1%–4%之间，表明企业创新能力中等；小于 1%，表明企业创新能力较低。2009 年，全市小型企业 R&D 经费投入强度为 0.34%，与大中型企业相比差距不大，水平都较低。其中，全市小型工业企业 R&D 经费投入强度为 0.97%，排名全国第二（西藏第一），比全国水平高 0.7 个百分点。尽管小型工业企业的创新能力在全国处于领先地位，但其 R&D 经费投入强度仍小于 1%，用国际标准衡量处于创新能力较低的水平（见表 2）。

表 2　　2009 年全国及重点省市小型工业企业 R&D 经费投入强度

地区	全国	北京	天津	上海	江苏	浙江
R&D 经费投入强度（%）	0.27	0.97	0.44	0.42	0.40	0.57

2. 企业办科研机构中小型企业数量居多，人员素质较高

企业的科技机构能够吸引创新资源向企业内部聚集，从而提高企业的创新能力，我市企业拥有的科研机构中有半数以上在小型企业中。2009 年，全市拥有企业办科研机构 1130 个，其中，小型企业拥有 604 个，占比达到 53.5%。但是小型企业所办科研机构中，本科及以上学历人员占比为 80.8%，分别高于大型和中型企业 6 个和 4.4 个百分点。

（四）创新产出：单位企业发明专利数量不高、新产品国际竞争力不足

1. 全市半数以上发明专利归小型企业拥有，但单位企业拥有数量不高

企业拥有发明专利的情况是反映企业创新成果的一个方面，小型企业在专利方面虽有一定的数量基础，但单位企业创新产出不高，2009 年，北京市小型企业拥有发明专利数为 6450 件，占总数的比重为 57%。但是

面对众多的小型企业，单位企业拥有发明专利数仅有0.18件，远低于大型和中型企业3.12件和0.54件的水平。

2. 新产品开发项目丰富，但价值量偏小、国际竞争力不足

新产品的开发显示了企业对创新技术的应用水平，2009年，北京市小型企业新产品开发项目数为6578项，占全部新产品项目的比重为45.9%，占比高于大型和中型企业。虽然小型企业拥有较多的新产品开发项目，但是新产品的价值量较小。2009年，小型工业企业共创造新产品产值567.9亿元，仅占全市新产品产值的21.3%，分别低于大型和中型企业29.9个和6.2个百分点，而且小型企业新产品在国际市场的竞争力较弱，在新产品销售收入中出口占比仅为3.9%，远低于大型和中型企业40.6%和13.6%的水平，在全国也处于较低水平（见表3）。

表3　2009年全国及重点省市小型工业企业新产品出口情况

地区	全国	北京	天津	上海	江苏	浙江
出口占新产品销售收入比重（%）	11.4	3.9	10.5	10.1	9.8	23.6

三、相关对策建议

目前，小型企业在我市经济和社会发展中扮演着极为重要的角色。从国外发展看，小型企业在科技创新领域十分活跃，但北京小型企业的科技创新还存在诸多问题。由于小型企业规模小，与大中型企业相比较，势单力薄，单靠自身的力量难以获得健康发展，其健康发展离不开政府的扶持。为此，提出如下对策建议：

（一）投入更多注意力，肯定其创新作用，使小型企业成为“北京创造”的新引擎

从分析的结果看，北京市政府资金用于大中型企业研发经费的比重（85.2%）远远高于小型企业，反映出政府在创新城市建设中把注意力更多地集中到大中型企业身上，而将小型企业视作配角，认为小型企业的作用定位主要在解决就业或为大企业配套方面，忽视了小型企业在保持经济活力、提高效益、促进技术进步等方面的重要作用。其实，科技

创新与企业规模之间并没有显著的相关性。与大中型企业相比，小型企业有着人员少、机制活的优势，在技术创新和市场化经营中，思想束缚少，其科技创新具有明显贴近市场和应变能力强的特点。同时，小型企业在数量上有巨大的优势。应该充分认识其地位和作用，将小型企业在数量等方面的优势转化成在优化升级、创新结构和质量等方面的优势，使小型企业成为“北京创造”的新引擎。

（二）营造发展环境，拓宽融资渠道，提高小型企业的创新能力

小型企业规模小，实力弱，抵御风险的能力低，这使得小型企业融资难问题普遍存在。分析结果表明，北京市小型企业研发经费中不仅来自政府的资金少，来自国外以及其他方面的资金也不多。要解决小型企业面临的融资困难，需要建立合理的小型企业融资体制，采取有力的财政和金融支持政策。在财政支持方面，政府应对小型企业制定税收优惠政策，根据不同行业的小型企业，采取不同的税种和税率；根据不同的行业进入门槛，设定相应的纳税额度。此外，加大政府对小型企业的采购力度也是促进小型企业发展的有效办法。在金融支持方面，政府应设置专门为小型企业提供服务的金融机构，可以设立专门的小型企业银行或是将现有的部分银行改造成为主要支持小型企业的银行，提高对小型企业的金融服务能力。从而改善小型企业融资困难的局面，增加研发经费的投入，提高小型企业创新能力。

（三）支持技术创新，拓展国际市场，增强小型企业国际竞争力

政府要积极引导小型企业进行技术开发，鼓励小型企业向科技型小型企业的方向发展，加快用先进技术改造传统产业，提高产品的科技含量，减少能源消耗，以降低环境污染。从分析结果可知北京市小型企业的国际竞争力较弱，新产品销售收入中出口所占的比重很小。政府应该积极促进小型企业与国际市场接轨，帮助小型企业全面掌握国际市场的需求和动态，改变小型企业不熟悉国际环境而难以参与国际市场竞争的状况。鼓励小型企业与大中型企业合作，利用大中型企业的销售网络、技术力量和信用条件，提升小型企业在国际市场的地位，从整体上提高小型企业的国际竞争力。

北京小工业企业生产经营面临多重困难[1]

◆◇胡　迪

近两年，小工业企业在经历了2008年的全球金融危机后，逐步摆脱低迷态势，生产较快回升。2010年，规模以下工业增加值在上年基数较低的基础上同比增长8%，增幅分别比2009年和2008年提高5.4个和1.5个百分点。2011年以来，在通胀压力较大，国内宏观政策趋紧的背景下，小工业企业生产经营中不同程度地出现了诸多困境。

一、当期小工业企业运行特点

（一）生产形势良好，盈利情况不容乐观

金融危机时，小工业企业面临的主要是需求不足，订单下滑造成的生存危机，产值和利润均大幅下滑。而2011年小企业生产情况良好，订单较为充足，但企业接的订单越大，面临的风险也越大，亏损越大，出现了生产情况良好而盈利情况不佳的现象。1—5月，本次调查的1230家规模以下工业企业实现工业总产值36.4亿元，比上年同期增长11%，增幅快于规模以上工业0.7个百分点；期末剩余订单额达2.2亿元，增长48.1%。而企业经营情况不容乐观，共亏损0.6亿元，其中，电力热力的生产和供应业、燃气生产和供应业、水的生产和供应业受市政补贴的影响较大，共亏损0.2亿元，比上年同期增亏0.1亿元。扣除这三个行业，本次调查的企业共亏损0.4亿元，其中，亏损较大的15家企业同比增产0.02亿元，而亏损额达0.6亿元，同比增亏0.3亿元。亏损企业覆盖面较广，此次调查涉及的34个行业大类中有24个行业出现亏损。企业亏损面达52.8%，其中，纺织服装鞋帽制造业、有色金属冶炼及压延加

1　本文数据来源于1230家规模以下工业企业生产、财务数据以及专项调查数据。自2011年起，国家统计局变更工业统计规模划分标准，规模以下工业企业起点标准由原来的年主营业务收入500万元以下，调整为年主营业务收入2000万元以下。

工业、通信设备计算机及其他电子设备制造业亏损面均超过 65%。

（二）内需型企业盈利情况优于外向型企业

金融危机时期，小工业企业普遍面临产品滞销、停产倒闭的局面，而 2011 年小企业面临的困难则表现为外向型企业亏损状况比内需型严重。此次调查的出口企业共 423 家，1—5 月，实现出口交货值 2.4 亿元，同比增长 31.9%。出口企业亏损 0.6 亿元，亏损面为 54.2%，高于调查企业平均水平 1.4 个百分点，高于非出口企业 2.3 个百分点；非出口企业实现盈利 0.2 亿元；出口企业平均实现产值 316.7 万元，高于非出口企业 123.6 万元；而出口企业平均亏损 13.1 万元与非出口企业（扣除供暖供热企业）平均盈利 1.9 万元形成较大反差（见图 1）。

图 1　出口企业与非出口企业 1—5 月平均产值和平均利润总额

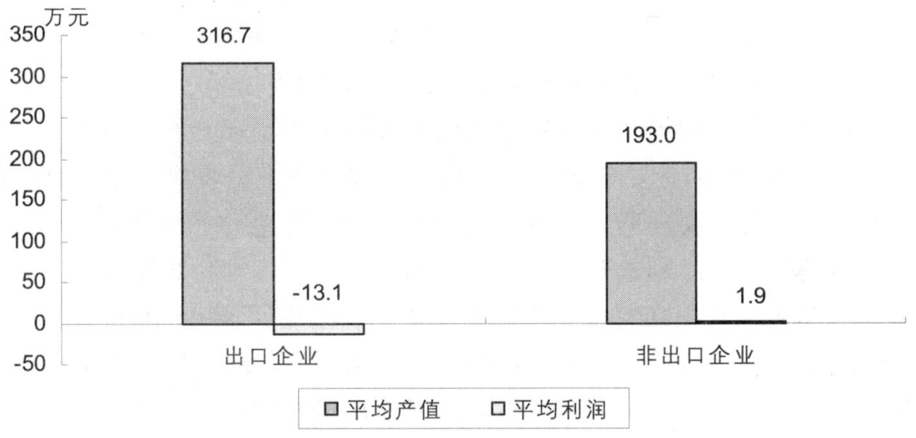

（三）劳动密集型与技术密集型企业呈现“一亏一盈”

随着生产要素成本的上涨，劳动密集型企业的竞争优势明显降低，盈利空间受挤压程度深。此次调查中，劳动密集型企业[2]实现产值 17.3 亿元，同比增长 10.9%，而亏损达 0.6 亿元，同比增亏 0.2 亿元；技术密集型企业实现产值 12.3 亿元，同比增长 8.8%，实现盈利 0.3 亿元（2010 年同期亏损 0.7 亿元）；资本密集型企业实现产值 6.8 亿元，同比增长 15.3%，亏损 0.3 亿元，与 2010 年同期持平（见图 2）。

2　丁梓楠：《基于不同产业劳动报酬差异的研究》，经济管理出版社，2010 年。

图 2　　按生产要素密集程度分企业 1–5 月产值和利润总额

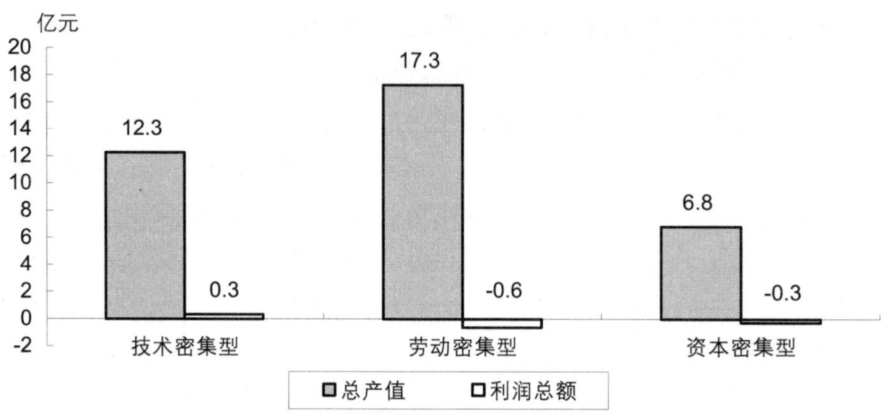

二、多重因素造成小工业企业经营面临困境

（一）原材料、设备价格持续上涨压缩企业利润

原材料价格的提高成为影响北京小工业企业盈利的首要因素。专项调查中，66.9%的企业认为，原材料、设备价格上涨较快是导致企业盈利水平降低的主要因素，其中，大宗商品价格的高位运行对纺织业、化学原料及化学制品制造业、通用设备制造业、橡胶制品业等下游行业影响尤为明显，农产品对食品制造业、皮革、毛皮、羽毛(绒)及其制品业影响较大。这些行业中超过 75%的企业认为“原材料、设备价格上涨较快”。

2011 年以来，农产品价格的上升和原油、大豆、煤炭、铁矿石等国际大宗商品价格的持续上涨推动了工业原材料价格的较快上涨。专项调查中，91.4%的企业表示原材料价格同比上涨，其中，认为“价格涨幅在 10%–30%”的企业占 51.9%；8%的企业认为价格持平；认为价格有所下降的企业仅占 0.6%。

由于小工业企业生产经营竞争激烈、订单议价能力偏低，难以通过提升产品价格转嫁成本压力，也难以通过大幅提升生产效能来消化成本压力。专项调查中，仅有 15.9%的企业表示可以通过提高价格，缓解成本上涨压力；45.2%的企业虽然可以提高产品价格，但仍有部分成本压力难以对外传导；35.3%的企业缺乏议价能力，需要内部消化原材料价格上涨压力。

（二）用工成本上升和技术人才短缺影响企业生产

随着最低工资标准的提高和物价水平的较快上涨，劳动力成本明显上升，在本次调查中，53.2%的企业认为，劳动报酬的较快增长导致企业盈利水平降低，劳动力成本上升成为影响企业盈利的第二大因素。从企业劳动力成本占总成本比重看，58.9%的企业该比重上升；35.1%表示持平；下降的仅占5.9%。从企业用工成本的涨幅情况看，上半年，规模以下工业工资及福利支出同比增长12.6%，增幅同比提高10个百分点。

尽管多数企业提升了工资水平，但相当部分企业仍存在技术人才短缺的现象。在本次调查中，认为招收技术人员最难的企业占40%；认为招收熟练员工最难的占37.8%；认为招收管理人员最难的占24.3%；认为招收普通员工最难的占12.9%。

由于北京市规模以下工业企业以劳动密集型企业为主，因此，用工成本及技术人才问题对企业生产影响较大。一方面，企业用工需求较大，但工资缺乏吸引力，难以招到技术人员和熟练员工；另一方面，劳动力成本的上升影响企业盈利。用工成本上升和技术人才的短缺，加重了企业生产经营的困难，对企业长期发展的制约愈加明显。

（三）融资渠道较为单一，资金紧张制约企业发展

一直以来，小工业企业因规模、技术、设备水平等原因缺乏投资吸引力，难以得到外部融资，企业融资渠道较为单一。在本次调查中，61.3%的企业经营依靠自有资金，没有外部融资；18.2%的企业融资来源于民间借款；仅有15.6%的企业融资来源于银行贷款。

自2010年下半年以来，政府为控制通货膨胀，多次加息和上调金融机构存款准备金率，小企业直接向银行融资难度加剧，同时，民间借款成本有所上升，一定程度上也加大了企业融资难度。本次调查中，有融资活动的企业528家，其中，有97家企业认为资金流动性收紧使得融资规模比2010年同期缩小，占有融资企业的比重为20.3%；109家企业认为资金流动性收紧使得融资时效比2010年同期减慢，比重为22.9%；74家企业认为资金流动性收紧已使企业无法融资，比重为15%。值得注意的是，有75家使用自有资金生产的调查企业也认为资金流动性收紧对企业的融资规模、速度等有影响。可见，资金流动性收紧一定程度上加大

了企业融资难度。

调查中，企业认为造成融资困难的主要原因包括：企业规模小、缺乏有效的抵押和担保，比重为 30%；银行对小企业的贷款门槛高、手续繁琐，比重为 20.1%；缺乏专门为小企业提供服务的金融机构，比重为 10.5%；因规模、技术、设备水平等原因缺乏投资吸引力，比重为 8.5%；民间借贷利息偏高、难以承受，比重为 8.3%。

资金紧张一定程度上制约了企业发展，本次调查中，有 41.3%的企业认为资金紧张，比规模以上工业企业高 9.3 个百分点。部分企业表示目前企业资金链面临较大压力，很多时候有订单也不敢接，在原材料价格回调时也没有充足资金补充材料库存，错过了发展壮大机遇。

（四）人民币持续升值加剧企业经营风险

在人工、原材料等价格上涨的同时，人民币兑美元汇率的提高，也给外向型小工业企业带来了较大的压力。自 2010 年 6 月 19 日以来，人民币汇率改革力度加大，迄今为止，升值幅度超过了 5%，已高于一些行业的平均利润率。参与本次调查的 423 家出口企业中，有 251 家企业认为人民币汇率上升给产品出口带来不利影响，其中，有 72 家企业认为影响较为严重。

从更深的层次看，目前北京市小工业企业的产业结构多为低端加工制造业，产品结构较为单一，技术含量和附加值较低，随着内、外需结构的调整升级，以及国际产业大格局的变迁，这些企业面临的市场竞争日趋严峻。小工业企业自身技术条件、创新能力、人力资本等方面积累不足，而生产成本的上升使得小工业企业，特别是外向型企业失去了成本优势，单纯依靠压低价格争取市场的经营模式面临挑战，导致其难以在短期内与经济结构战略性调整的方向相适应。

（五）企业营销方式落后，难以压缩营销成本

调查结果显示，近六成企业营销成本同比上涨，其中，涨幅在 30%及以下的企业占 47%，涨幅在 30%以上的企业占 11.3%。从企业营销方式看，多数企业仍采取较为传统的营销模式，在料、工、费普遍上涨的背景下，难以提高效率，压缩企业的期间费用。被调查的企业中分别有 26.7%、24.5%和 23.4%的企业采取参加各类展销会、赴外地推销和委托第三方销售方式，而创办企业网站（电子商务）营销的企业占 18.2%。

三、几点建议

中小企业作为国民经济和社会发展的重要力量，在解决就业、保持经济平稳增长等方面具有举足轻重的作用。各级政府应客观地认识中小企业的作用，妥善应对中小企业生存经营和发展过程中的问题。

（一）加快结构调整和产业升级，健全服务体系

本次调查的规模以下企业大部分属于金属制品业、通用设备制造业、专用设备制造业中较为低端的生产环节，技术创新能力弱，生产经营粗放，装备水平低，专业人才短缺，缺乏自主知识产权和品牌，主要依靠“低成本、低价格、低利润”参与竞争，难以及时消化经营成本上涨因素，适应转变发展方式和调整优化经济结构的现实要求。据部分企业反映，生产医疗设备等具有一定科技含量产品的企业，目前处在业务拓展阶段，生产具备一定规模，但尚未实现盈利，此类企业可以依托技术积累和外部资金支持，拥有较大发展空间；而部分生产初级产品的企业在金融危机以后，海外市场份额下滑，或因成本的上升失去竞争优势，导致利润大幅亏损，目前已处于停产状态。

当前，各级政府应大力实施中小企业信息化推进工程和中小企业知识产权战略推进工程，加大对战略性新兴产业或处在萌芽阶段的中小企业的扶持力度，将优惠政策落到实处，充分发挥中小企业发展专项资金、中小工业企业技术改造专项资金和科技型中小企业创新基金的作用，支持技术进步、技术改造和科技创新等促进中小企业产业优化升级项目。

就长期政策而言，应为中小企业的健康发展创造良好的体制环境。当前，小企业受到各种制度因素制约，存在资金短缺、技术落后等问题，技术创新、产品研发等往往心有余而力不足，由此形成恶性循环。因此，应将短期调控与长远战略结合起来，给予中小企业以融资、管理、研发、培训等全方位的政策倾斜，形成完整、系统的制度支撑体系。

（二）改善金融服务，拓宽中小企业融资渠道

在稳健的货币政策环境下，针对当前小企业融资难度加大和融资方式较为单一的问题，金融部门加大了对中小企业的金融服务，实施差异化监管，对缓解小企业资金压力取得一定成效，但尚未根本解决小企业

资金问题，仍需进一步创新和拓展小企业融资多元化的途径。调查显示，发行股票或股东集资、发行债券的企业，以及获得风险投资或政府建立的中小企业发展基金的企业仅占 2.1%。因此，可以通过成立中小企业发展基金、加强信贷政策指导、加大政策优惠力度、降低民间银行等金融机构的门槛、放宽对利率的管理幅度、鼓励符合条件的中小企业通过发行股票、企业债券等方式筹集资金、完善中小企业信用担保体系等多种手段，积极扶持中小企业发展。

（三）加强金融监管，提高资金使用效率

在完善中小企业金融服务体系的同时，应对资金的投向和使用实施有效监督，确保资金投向具有技术含量或一定品牌知名度的企业；确保资金投向生产领域，而非虚拟经济；切实提高资金使用效率，避免企业盲目扩张。以 2011 年 1–5 月企业的盈利情况衡量融资效率，在被调查企业利润整体亏损的情况下，得到政府建立的中小企业发展基金和风险投资的企业盈利情况较好，实现盈利的企业比重达到 55.6%，平均利润仅亏损 9000 元；依靠自有资金经营实现盈利企业比重超过 50%，实现了收支平衡；通过银行贷款融资的盈利企业比重为 37.8%；通过股票或债券融资的盈利企业比重最低，仅为 16.7%（见表 1）；与国内或国外合资、合作企业亏损较为严重。从企业的融资效率可以看出，企业在使用自有资金生产经营时投资较为谨慎，企业盈利情况较好，而政府在对中小企业提供发展基金，或是风险资金管理公司在对企业进行投资时，会较为深入地了解企业的经营状况以及发展潜力，并会在生产发展过程中实施相对有效的监督，因此，获得中小企业发展基金或是风险投资的企业盈利情况较好。

（四）加强对企业的分类指导，加大对微型企业的支持力度

6 月 18 日，工信部与国家统计局、国家发展改革委、财政部颁布了新的《中小企业划型标准规定》，使中小企业的管理更加科学、更加规范。

调查显示，小型企业在生产规模、融资能力、产品议价能力方面要好于微型企业，在现金流能保证的情况下可以维持生产经营，而微型企业由于规模和资金所限，面对成本上涨、利润空间被压缩时显得更为脆弱，难以在亏损的情况下维持生产，往往选择停产，乃至关闭企业。根据新的划分标准，参与调查的小型企业中亏损企业为 313 家，其中，停产的企业 10 家，占亏损企业比重为 0.4%；微型企业中亏损企业 283 家，其中，停产的企业 36 家，占亏损比重为 12.7%。新的《中小企业划型标准规定》增加了微型企业的标准，为进一步加大对小型、微型企业的扶持力度奠定了基础，使各项扶持政策向更为弱势的企业群体倾斜。

表 1　　2011 年 1–5 月调查的企业生产、财务数据[3]

	盈利企业比重（%）	平均产值（万元）	平均营业收入（万元）	平均利润（万元）
银行贷款	37.8	340.3	375.1	−19.9
民间借款	38.0	271.3	282.1	−7.6
发行股票或股东集资	16.7	18718.8	274.5	−53.5
发行债券	0.0	3.0	211.8	−0.2
引入风险投资	50.0	365.5	440.0	0.2
与国内企业合资、联营	42.9	211.3	243.7	−60.7
与国外企业合资、合作	25.0	414.0	418.1	−111.3
政府建立的中小企业发展基金	55.6	264.9	249.7	−0.9
其他	26.8	222.6	242.5	−47.9
企业依靠自有资金，无须融资	51.0	294.4	314.4	0.0

3　此表为扣除电力、燃气及水的生产和供应业企业的调查数据。

农业多功能性全面体现 农村经济社会持续发展

◆◇张　群　战冬娟

“十一五”时期，北京都市型现代农业和农村经济社会得到了全面发展。农业综合生产能力、社会服务能力和生态保障能力均显著提高，农业的多功能性得到全面体现；新农村建设扎实起步、深入推进，取得突破性进展；强农惠农政策体系基本形成，城乡一体化机制初步建立，农村在基础设施、公共服务、环境建设和农民生活质量方面的差距逐步缩小。

一、都市型现代农业加快发展，农业多功能性全面体现

“十一五”期间，我市按照“生态、安全、优质、集约、高效”的都市型现代农业发展方向，以服务城市、改善生态和增加农民收入为宗旨，以“221行动计划”为抓手，都市型现代农业取得了长足发展，农业的多功能性得到全面体现，农业综合生产能力、社会服务能力和生态保障能力均显著提高。

（一）农业综合生产能力显著提高，现代农业快速崛起

随着城市化进程的加快，农业发展在土地等资源上受到一定约束，我市积极调整农业结构、发展设施农业、提高农业科技水平，都市型现代农业的综合生产能力显著提高。2010 年，我市农林牧渔业总产值达 328 亿元，比 2005 年增长 37.1%，年均增长 6.5%；平均每个农业从业人员创造的产值由 2005 年的 4.1 万元提高到 5.5 万元，增长 33.6%，年均增长 6%。“十五”时期，市委、市政府明确了都市型现代农业作为北京农业的发展方向，“十一五”时期，都市型现代农业进入快速发展阶段。2010 年，我市设施农业收入、观光园经营总收入、民俗旅游总收入、种业收入共计达 80.4 亿元，是 2005 年的 2.3 倍，其中，计入一产总产值的部分为 61.5 亿元，占全市农林

牧渔业总产值的18.8%，比2005年[1]提高8.5个百分点。特色农产品发展迅速，先后建立了平谷大桃、房山磨盘柿、怀柔板栗、门头沟樱桃、大兴西瓜等一批规模大、有特色的优质果品基地。同时，食用农产品安全生产建设进程加快，安全标准化生产水平进一步提高，经过绿色、有机、无公害农产品认证的农产品比重不断加大。

（二）农业布局优化调整，优势主导产业积极发展

“十一五”期间，我市依靠科技优势，保持生态和品质安全，按照节约水资源和土地资源的要求，调整农业产业布局，优化农业内部结构，种养业布局和区域布局都朝着符合首都规划目标、可持续发展的方向迈进。养殖业主动从重要的水源区和人口稠密区退出，全市种养业结构由2005年的43.2∶54.1调整为2010年52.1∶46.1；各区县在调整结构的同时，积极培育、扶持优势主导产业，形成了花卉、干果、园林水果、生猪养殖、家禽养殖等农产品主产区；农业的规模化、市场化、组织化程度大大提升，畜禽养殖逐渐向规模化养殖发展，农民专业合作组织逐步壮大，2010年，我市共有农民专业合作组织 4461个，加入合作组织的农户达21.3万户。

（三）产业链逐渐延伸，乡村旅游促进城乡互动

“十一五”期间，农村第一产业和二、三产业之间相互融合，农产品加工业发展迅速。2010年，全市规模以上从事农副食品加工业、食品制造业、饮料制造业的企业493家，总产值达630.1亿元，比2005年增长66.5%。“十一五”期间，政府对农村的投入力度不断加大，郊区农村以崭新的面貌吸引着广大城市居民，到郊区观光、旅游，乡村旅游、休闲采摘成为城市居民的新时尚，沟域经济成为农业生产、旅游服务、生态治理等多产业融合，多功能并举的发展新模式，2010年，全市观光园个数为1303个，比2005年增加291个；实际经营的民俗旅游户7979户，比2005年增加711户；农业观光园和民俗旅游户总收入分别为17.8亿元和7.3亿元，分别比2005年同期增长1.26倍和1.34倍；接待人次分别为1774.9万人和1553.6万人，分别比2005年增长98.9%和1.05倍。

（四）促进宜居城市建设，生态服务价值得以实现

“十一五”规划以来，北京加快了城乡生态环境建设力度。五河十路、

1　2005年未统计观光园的出售农产品收入。

两道绿化隔离带、生态走廊、水源保护林、流域综合治理以及山区的植树造林等绿化建设，全市林木绿化率达到52.6%，比2005年提高2.1个百分点；北京联合周边省市开展了京津风沙源治理，累计造林营林501万亩、人工种草34万亩、水源和节水工程4742处、小流域综合治理1760平方公里；2007年，北京市政府在原有粮食补贴的基础上，增加了每亩40元的粮食生态补贴政策，越冬作物的种植有效覆盖了裸露耕地，减少了空气中的扬尘，提高了环境质量，2009年，北京农村地区绿色覆盖率达到68.5%；为确保首都生态环境的可持续发展，2007年，市政府制定了生态补偿政策；据测算，2009年，北京都市型现代农业生态服务价值达6496.2亿元，比2006年增长11.7%。农村良好的生态环境和的优美的景观效果，吸引了大量城市居民和外来人口到农村居住，2009年，13个郊区县常住人口，占全市人口的比重达84.5%。

二、农村经济社会全面发展，城乡一体化机制初步建立

（一）经济实力全面提升，产业结构优化升级

“十一五”期间，我市农村经济社会实现了大跨越、大发展。2009年，北京农村（乡镇及以下）地区生产总值达1024.6亿元，比2005年增长53%，年均增长8.9%。2010年，第一产业增加值124.4亿元，比2005年增长26.9%；农村经济总收入4277.2亿元，比2005年增长47.3%；农民人均纯收入达到13262元，比2005年增长68.7%，年均增长速度分别为4.9%、8.1%和11%。

随着农村经济社会全面发展和城乡一体化的进行，农村三次产业结构从“十一五”期初的二、三、一调整为三、二、一，二、三产业增加值占比重从2005年的85.4%增加到2009年88.5%。第三产业增加值比重逐年上升，2009年首次超过第二产业增加值比重，达到45.2%。农村就业结构的升级快于产业结构，第一产业劳动力比重一直处于下降趋势，二、三产业劳动力保持稳定和快速增长，三次产业结构由2005年的31.8∶27.8∶40.4调整到2010年的17.3∶30∶52.7。2006年，第二产业劳动力比重首次超过第一产业，就业结构最终优化调整为三、二、一，并在同年度，第三产业劳动力比重超过50%，成为农民就业增收的主要渠道。

（二）城乡统筹力度加大，农村生产生活条件明显改善

“十一五”时期是我市新农村建设大发展时期，借助北京筹备奥运整治农村环境的契机，市政府打破过去政府部门城乡分割的界限，由 30 多家职能部门联动参与支持新农村建设，农村面貌发生质的改观，农民生产生活条件得到极大改善，基础设施建设大力推进，“村村通公交”、“村村通邮”、“村村通有线电视”、“村村通光纤网络”已基本实现，文化信息共享工程基层服务点实现全覆盖，以轨道交通为重点的“大交通”、山区环线网络加快建设。农村全面实施“五项基础设施”工程和“三起来”工程等基础设施建设，累计投资 200 亿元，硬化街坊路 7600 万平方米；改造老化供水管网 9000 余公里，全面解决农村安全饮水问题；建设污水处理设施 600 余处，改造户厕 70 余万座；农村普遍安装太阳能路灯、节能灯；铺设卫生节能吊炕 38 万多个；实施大中型沼气和秸秆气化工程 266 个。2010 年，我市饮用自来水农户比重、使用清洁能源农户比重、享有卫生厕所农户比重和室外道路硬化农户比重分别达到 96.6%、85.8%、76.9%和 99.8%，分别比 2006 年提高 2.6 个、21.4 个、32.4 个和 6 个百分点；郊区垃圾处理率和污水无害化处理率达到 95.6%和 68.4%。

农村公共服务设施长足发展。农村体育健身场所、文化室、图书室和卫生室成为促进农民身心健康，提高农村生活质量的重要方面。2010 年，我市全部行政村中有体育健身场所的村 3732 个，有休闲公园（文化广场）的村 1728 个，有图书室、文化站的村 3705 个，分别占行政村总数的 94.6%、43.8%和 93.9%，比 2006 年提高 34.7 个、12 个和 31.7 个百分点。

（三）社会事业蓬勃发展，保障体系逐步完善

“十一五”以来，我市率先推进城乡公共服务均等化，长期滞后的农村教育、医疗卫生和社会保障等社会事业蓬勃发展，得到了显著改观。

文教卫生事业健康推进。“十一五”期间，我市农村免费义务教育全面落实，城乡教育资源互动不断加强，农村教育设施明显改善，教学水平持续提高，职业技术教育不断发展。93.9%的行政村建起了图书室、文化站。2009 年，我市农村人口平均受教育年限达到 10.8 年，比 2005 年增加 0.3 年。三级卫生服务网络逐步健全，农村医疗卫生人才队伍建设显著加强。2010 年，我市乡镇医院、卫生院 299 个，比 2005 年减少 85 个；医生数 17328 个，比 2005 年增加 213 个；病床数 22786 个，比 2005 年增加 5625 个。2010 年，全

市有卫生室的行政村 2939 个,比 2006 年增加 85 个,占行政村总数的 74.6%,比 2006 年提高 2.6 个百分点;行政村有行医资格证书的医生 6410 个,比 2006 年增加 813 人。

社会保障事业取得突破性进展。新型农村合作医疗制度全面建立，人均筹资标准达到 520 元，2010 年末，我市参加农村新型合作医疗的人数达到 278.5 万人,比 2005 年净增 29.5 万人,参合率为 96.7%,比 2005 年提高 16.4 个百分点。2006 年出台《北京市农村社会养老保险制度建设指导意见》,2010 年末农村居民参加养老保险人数为 159.3 万人，比 2005 年增长近 3 倍，参保率由 2005 年的 25.1%提高到 92%，居民养老保险、老年补助等政策基本实现城乡统一，2010 年，全市享受农村最低生活保障的农民为 8.2 万人，比 2005 年增加 0.4 万人;远郊区农村低保标准逐步从 2005 年的年人均收入 1580 元调整为目前的 2520 元，与城市居民的距离日益缩小，近郊区实现城乡并轨，实行了对 60 岁以上的农民每月给予 200 元的养老补助，极大地解决了农民的后顾之忧；建立城乡一体的就业失业管理制度，累计 35 万名农村劳动力实现转移就业。

（四）农村城镇化扎实推进，一体化进程初见成效

深入贯彻落实中央一号文件和十七届三中全会精神， 2006 年，市委、市政府出台了《关于统筹城乡经济社会发展，推进社会主义新农村建设的意见》；2008 年，出台了《关于率先形成城乡经济社会发展一体化新格局的意见》，形成了较为完备的城乡一体化发展政策体系。5 年来，不断完善公共投入机制，加大对“三农”的支持力度。2009 年，市级财政“三农”投入比 2005 年增长 2.54 倍，市政府固定资产投资投向郊区的比例保持在 50%以上；加大财政转移支付力度，市对区县年让渡财力 212 亿元。2010 年，农村固定资产投资达到 490.9 亿元，比 2005 年增长一倍多；占全社会固定资产投资的 8.9%，比 2005 年增加 0.7 个百分点。在各项强农惠农政策支持下，北京农村城镇化进程逐步加快。根据北京市统计局、国家统计局北京调查总队研究建立的农村城镇化进程监测评价指标体系，2009 年，北京农村城镇化综合实现程度达到 81.5%，比 2005 年提高 14.1 个百分点，经济发展、社会发展、人口素质、人民生活和基础设施五个子系统实现程度分别达到 78.2%、80.1%、89.7%、88%和 76%，其中，城镇人口占比重达到 52.7%，比 2005 年提高 22.6 个百分点。

都市型现代农业加快发展 农业多功能性潜力释放

◆◇张　群　刘金山　窦莉莉

“十一五”时期，是北京市新农村建设扎实起步、深入推进的5年，是城乡一体化谋篇布局、重点突破的5年。全市上下按照党中央、国务院要求，在市委、市政府正确领导下，深入贯彻落实科学发展观，不断深化城乡统筹方略，“以工促农、以城带乡”长效机制初步建立，强农惠农政策体系基本成型，城乡一体化发展格局加快形成，推动农业发生了功能性变化、农民发生了观念性变化、农村发生了由表及里的变化、体制发生了融合性变化，为首都经济社会又好又快发展做出了重要贡献。

2003年以来，特别是“十一五”时期，北京市都市型现代农业进行了全面探索和实践。大力开发农业的生产功能，发展籽种农业；大力开发农业的生态功能，发展循环农业；大力开发农业的生活功能，发展休闲农业；大力开发农业的示范功能，发展科技农业。全市都市型现代农业长足发展，农业多功能性得到全面体现，农业综合生产能力、社会服务能力和生态保障能力均显著提高，都市型现代农业产业体系基本确立。

一、北京发展都市型现代农业概念的提出

（一）都市型现代农业的内涵

都市型现代农业是指集农业生产和生态建设于一体，承载生物技术、工程技术和信息技术，市场化、集约化、科技化、信息化、产业化和人文化的新型农业，是现代化农业在大城市的表现形式。都市型现代农业有两个关键词：一个是现代农业，一个是都市型。和传统农业相比主要有六个特点：用现代的物质条件装备农业、用现代的科学技术改造农业、用现代的产业体系提升农业、用现代的经营形式推进农业、用现代的发展理念引领农业、用培养新型农民来发展农业。

（二）北京都市型现代农业概念的提出

北京市属于我国都市型现代农业的发源地之一和具有代表性的地区之一。上世纪 90 年代后期，在率先实现农业现代化的进程中，北京市提出了发展都市型农业的要求。21 世纪初，北京市正式将都市型现代农业作为农业发展方向。北京市国民经济和社会发展第十一个五年规划的重点专项规划“新农村建设发展规划”确定，按照“生态、安全、优质、集约、高效”的都市型现代农业发展方向，以服务城市、改善生态和增加农民收入为宗旨，提高农业综合生产能力、社会服务能力和生态保障能力，实现功能多样化、布局区域化、设施现代化、生产标准化、经营产业化、产品安全化、景观田园化、环境友好化。

二、“十一五”期间北京都市型现代农业发展状况

（一）农业多种功能全面开发，综合服务价值全面提升

“十一五”时期，北京大力开发农业的生产、生态、生活等多种功能，农业的综合服务价值全面提升，农业的多功能性得到了社会普遍认可。2010 年，北京市农林牧渔业总产值达 328 亿元，比 2005 年增长 37.1%，年均增长 6.5%；平均每个农业从业人员创造的产值由 2005 年的 4.1 万元提高到 2010 年的 5.5 万元，年均增长 6%，都市型现代农业进入快速发展阶段。

在稳步提升农业综合生产能力的同时，全面开发农业的生态功能。大力开展风沙源治理，在全国率先全面实施保护性耕作，覆盖率达到 90%；着力推进农业清洁生产和节能减排，强化农业面源污染防控，以大中型沼气、生物质气化、堆肥技术和秸秆还田技术为主，开发绿色能源，实现农业资源的综合利用；持续开展水生生物增殖放流，净化了密云水库等水源区的水质，美化了城市景观水域，水域荒漠化得到有效控制；持续增加农田作物与林果等植被的绿色覆盖，不断提升北京农业的生态服务功能。2009 年，农业的生态服务价值已达 6496.2 亿元（为农田、森林、草地三部分生态服务价值），有力地支撑了首都经济社会的可持续发展。

（二）都市型特色产业快速发展，农业布局优化调整

“十一五”时期，北京市大力发展籽种农业、观光农业、设施农业、农产品加工业等都市型现代农业特色产业，基本建立起都市型现代农业产业体系。

种养业稳步发展。粮食作物播种面积稳定在 330 万亩左右，蔬菜播种面积稳定在 100 万亩左右，不仅成为首都重要的菜篮子农产品生产基地，也构成了首都的生产性绿色空间。养殖业布局和结构更加合理，商品畜、禽、鱼生产比重下降，畜禽良种、水产种苗比重显著上升，并基本形成以标准化规模饲养为主的“三带多品群”格局，产业化水平进一步提高。

籽种产业加快发展。依托首都科技资源优势，北京市种业快速发展，成为都市型现代农业的重点产业。2010 年，种业生产性收入达 14.6 亿元，比 2005 年增长 1.47 倍。另外，编制并启动实施了以打造“种业之都”为目标的《北京种业发展规划》，成功申办了 2014 年世界种子大会。

大力发展设施农业。出台了《关于促进设施农业发展的意见》，2010 年末，设施农业面积达到 27.5 万亩，初步形成了“两区、两带、多群落”的新布局，销售收入达 40.7 亿元，比 2005 年增长了 118.8%，成为农民增收的支柱产业。

观光休闲农业快速发展。2010 年末，北京市观光园为 1303 个，比 2005 年末增加 291；实际经营的民俗旅游户 7979 户，比 2005 年末增加 711 户；农业观光园和民俗旅游总收入分别为 17.8 亿元和 7.3 亿元，均比 2005 年增长 1.3 倍；接待人次分别为 1774.9 万和 1553.6 万，分别比 2005 年增长 98.9%和 1 倍。实现了接待数量与效益双增长。

农产品加工业迅猛发展。2010 年，全市规模以上农副食品加工业、食品制造业、饮料制造业企业 493 家，总产值达 630.1 亿元，与农业总产值之比接近 2∶1，达到发达国家水平（2–4∶1）；积极开展首都农业品牌建设，推动龙头企业上市，顺鑫、三元、德青源、大发、华都等都已成为国家级龙头企业和全国知名品牌。

产业融合速度加快。休闲农业、创意农业、农产品流通业、会展农业等融合性产业得到发展，成功举办了第七届中国花卉博览会，成功申办并积极筹备 2012 年第七届世界草莓大会，融合性产业成为农业新的增

长点。

（三）农产品质量安全水平逐步提升，农业科技支撑作用更加明显

“十一五”期间，在保证农产品有效供给的前提下，北京市全面加强农产品质量安全监管，强化了无公害农产品、绿色食品、有机食品和地理标志农产品“三品一标”的认证。初步建立了农产品质量安全保障体系、从农田到餐桌全过程监管控制体系、食用农产品质量安全追溯系统，生产基地农产品合格率处于全国前列。“十一五”时期，圆满完成了奥运核心区农产品的有效供给和建国 60 周年大庆活动中农产品的保障任务，以“供应零中断、运行零投诉、安全零事故”的标准，实现了北京农业的完美亮相。

深入落实“221 行动计划”，充分发挥科技对农业的支撑作用，农业的可持续能力逐步增强。实施了 35 个重大农业科技项目，示范推广了设施育苗、环境友好栽培、健康养殖、病虫害综合控制、农业机械化作业等一批先进适用的技术，一批重点项目获得国家级、省部级奖励，不断推动北京农业向高端、高效、高辐射方向发展。围绕食用菌、西甜瓜、生猪、奶牛、鲟鱼等主导产业和特色产业，组织实施科技入户，促进了新品种与新技术的推广与应用。以果类蔬菜、生猪和观赏鱼三个产业为重点，推进了现代农业产业技术体系北京市创新团队建设。建立小汤山现代农业科技示范园升级为国家级农业科技园区，锦绣大地农业技术园、顺义三高农业示范区等 7 个科技部挂牌重点园区。同时，我市还陆续创办 480 多个高效农业园，极大地发挥了都市型现代农业的示范功能。

三、北京都市型现代农业发展中存在的问题

（一）农业发展所需的资源和空间受到的制约明显

北京市人均水资源占有量不足 300 立方米，仅为全国人均占有量的 1/6，世界人均占有量的 1/25；土地资源数量有限，质量不高，山地多，平地少，土地后备资源不足。随着城市化进程的不断加快，以及新城和小城镇的建设，农业发展空间及资源的刚性约束越发凸显，统筹安排农业大规模生产的难度越来越大，加快转变农业发展方式，推动农业的集约化、高端化发展，成为都市型现代农业发展十分紧迫的任务。

（二）农业管理和服务面临严峻挑战

一方面，食品安全受到前所未有的高度关注，特别是北京作为首都和世界城市，农产品的质量安全问题极为敏感。因此，农产品质量安全监管和动植物疫病的防控难度比较高，压力比较大。另一方面，与都市型现代农业相匹配的现代农业服务体系还不健全，农业产前、产中、产后的多元化服务体系还需进一步完善，农业技术推广、动植物疫病防控、农产品质量安全、农资、农机等服务体系建设不完备。

（三）观光农业功能开发不足，规划不够完善

目前，北京市观光园、民俗旅游接待户以及旅游景点等资源相对丰富，数量充足，但都各自为政，形不成合力。另外，观光园区经营不规范，规模小，档次低，周边配套服务设施不足，尤其是缺乏具有一定特色、一定服务能力的餐饮服务设施。

（四）农民组织化程度亟待提高

现阶段农业的规模化程度较低，加上农业生产的高成本，使得农业在国内外市场竞争的优势不明显；与发达国家相比，农民的素质还相对较低，产业化程度及合作组织所发挥的作用不够，需进一步加强农民专业合作组织建设，不断提高农民经营管理、科技运用、抵御市场风险等方面的能力和水平。

四、北京都市型现代农业发展的建议

（一）进一步调整优化农业产业布局和结构

要根据资源和市场需求两张底牌的实际情况，结合各区县功能定位，按照北京市都市型现代农业总体规划布局的要求，大力发展各自的优势产业，进一步调整和优化农业产业布局和结构，加快优势产业向优势区域集中，形成与本地资源和功能相适应的规模化、区域化产业格局，建设一批优势主导产业带，打造一批市场竞争力强的优质产品。

（二）大力发展观光休闲农业

按照城乡互动、产业融合的要求，结合本地资源和功能定位，大力开发郊区农业的生活服务功能，并完善与之相配套的设施建设。近郊区要凭借贴近城区、交通便利、经济实力强和科技资源雄厚的优势，重点发展集景观、科技和休闲为主的园区农业；远郊区县要积极鼓励发展融教育、体验、观光和生产于一体的旅游观光农业，要充分利用山区自然风光、自然景观和民风民俗优势，大力发展集农业生产、自然风光、历史文化、休闲旅游于一体的休闲观光农业。

（三）切实提高农业综合生产能力

进一步加强农业配套基础设施建设，改善农业生产条件，提高农业减灾、防灾能力；加快设施农业建设，继续鼓励发展日光温室、联栋温室、大棚、养殖小区、规模化养殖场等设施农业，推进农业集约化生产经营；加快农业机械化，突出抓好重点农时、重点作物和关键环节的农业机械以及先进实用农业机械化技术的推广应用，提高劳动生产效率。

（四）有效提高农业产业化组织化水平

各级政府要加快体制和机制创新，大力推进农业产业化。本着扶优扶强的原则，着力培育出一批生产规模大、经营机制好、科技含量高、加工产品精、辐射区域广的龙头加工企业，积极引导龙头企业和农户采取股份制、股份合作制等多种利益联结方式，建立健全平等互利、风险共担的一体化经营机制。积极培育和发展以农产品销售、农业生产资料采购和农业科技服务为主的各类专业协会和农民专业经济合作组织。

（五）创新都市型现代农业发展机制

紧紧围绕发展都市型现代农业，研究与之相适应的各项配套制度。进一步加快土地确权，完善土地流转制度，为推进农业规模化、集约化经营创造有利条件。建立和实施都市型现代农业评价指标体系，通过试行和进一步完善后，用于评估北京市都市型现代农业的发展。完善农业多元化投融资办法，充分吸引社会资金投资郊区农业，形成政府、农民和社会共同投资郊区农业的格局，实现投资主体多元化。

都市型现代农业的发展巩固了北京农业的基础地位，拓展了北京发展的新的战略空间，探索了新农村建设的新途径，在全国率先形成了城乡一体化的新格局。展望“十二五”，北京市现代农业建设将在原有基础上，树立新理念、发展新产业、建立新机制，顺应发展趋势、转变发展方式、创新发展模式，进一步推动我市新农村建设，加快推进城乡一体化进程。

北京全面建设小康社会进程统计监测报告

◆◇杜明翠

2010年，是北京市加快转变经济发展方式，建设中国特色世界城市，全面实施人文北京、科技北京、绿色北京战略的一年；是北京深入贯彻落实科学发展观，圆满完成“十一五”规划目标任务的一年；也是党和国家提出的本世纪头20年实现全面建设小康社会目标的中期年。为反映2010年及整个“十一五”规划期间北京全面建设小康社会的进展和成效，我们按照国家统计局制定的全面建设小康社会统计监测方案[1]的设计要求，对2000—2010年北京市全面建设小康社会进展情况进行测算和分析。监测结果显示，北京建设小康社会总体水平逐年提升、发展态势趋于平缓，优势领域持续向好、短板领域不断改善，多项指标基础稳固、个别指标有所波动。

一、进程及特点

2010年，北京市全面建设小康社会综合实现程度为93.5%，基本进入全面小康社会。从六大监测领域看，经济发展方面实现程度最高，100%达标；其次是文化教育、生活质量和社会和谐三方面，实现程度分别为98.1%、95.6%、92.1%；民主法制方面与资源环境方面实现程度稍低，分别为89.8%和74.1%。

从23项监测指标看，15项指标实现程度已达到100%，1项指标实现程度在90%−100%之间，6项指标实现程度在80%−90%之间，1项指标实现程度在80%以下。总体来看，北京市全面建设小康社会呈现出以下特点：

1 2008年6月18日国家统计局印发《全面建设小康社会统计监测方案》(国统字[2008]77号)，从经济发展、社会和谐、生活质量、民主法制、文化教育以及资源环境六大方面，共23项指标对全面建设小康社会进展情况进行统计监测，定量反映各地区全面建设小康社会的实现程度。

（一）总体水平逐年提升，发展态势趋于平缓

2000–2010 年北京市全面建设小康社会总体水平逐年提高，由 2000 年的 72.9%上升至 2010 年的 93.5%，提高 20.6 个百分点，高于全国平均水平 13.4 个百分点，自“十一五”初年，连续 5 年实现程度超过 90%，全面小康已经基本实现。从提升速度来看，发展水平呈现趋于平稳的态势。“十五”末期的 2003–2005 年，提升速度较快，年平均提高 4.5 个百分点；“十一五”时期，发展速度放缓，尤其 2008 年以来，提升幅度有限，年均提高 0.5 个百分点（见图 1）。

图 1　　2000–2010 年北京市及全国全面小康实现程度

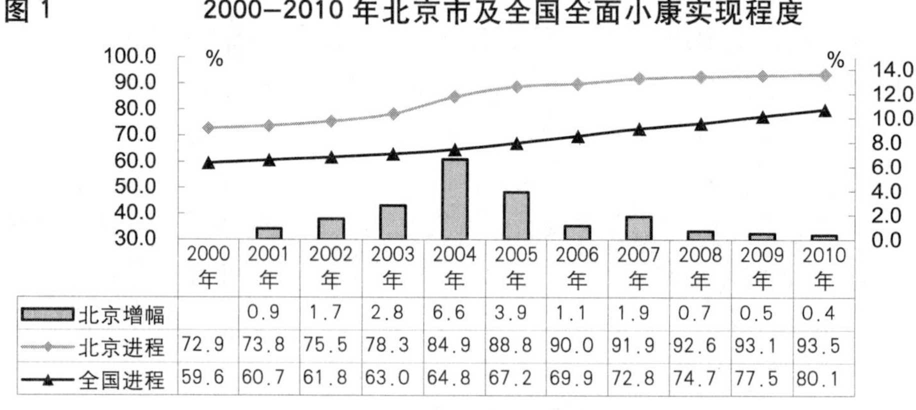

	2000年	2001年	2002年	2003年	2004年	2005年	2006年	2007年	2008年	2009年	2010年
北京增幅		0.9	1.7	2.8	6.6	3.9	1.1	1.9	0.7	0.5	0.4
北京进程	72.9	73.8	75.5	78.3	84.9	88.8	90.0	91.9	92.6	93.1	93.5
全国进程	59.6	60.7	61.8	63.0	64.8	67.2	69.9	72.8	74.7	77.5	80.1

（二）优势领域持续向好，短板领域不断改善

从经济发展、社会和谐、生活质量、民主法制、文化教育以及资源环境六大监测方面分析，“十五”期末实现程度高于 90%的领域是经济发展、生活质量、文化教育，上述三大优势领域的发展态势在“十一五”期间得以继续保持，实现程度均达到 95%以上，甚至 100%完全达标。“十五”期末实现程度未达 90%的社会和谐、民主法制、资源环境三大领域，在“十一五”时期也有了长足的发展。其中，社会和谐方面实现突破，实现程度达到 92.1%；民主法制方面的实现程度为 89.8%，接近 90%；资源环境方面的实现程度稍低，但在“十一五”期间提升幅度最大，提升了 13.9 个百分点，达到 74.1%（见图 2）。这表明，北京市全面小康社会向着水平更高、内容更丰富、发展更科学的目标逐步推进。

图 2　　“十一五”时期六大监测方面发展进程

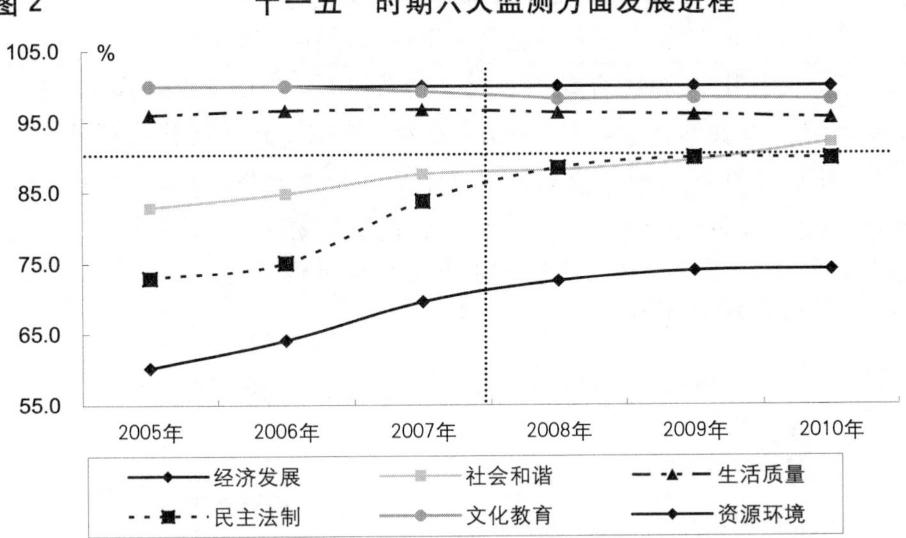

（三）多项指标基础稳固，个别指标有所波动

从 23 项监测指标分析，15 项指标基础好、水平高，历史实现程度与近期实现程度俱佳；基本社会保险覆盖率、公民自身民主权利满意度、环境质量指数 3 项指标上升趋势稳定，2010 年已经达到或接近基本小康水平；居民文教娱乐服务支出占家庭消费支出比重、社会安全指数、高中阶段毕业生性别差异系数和人均住房使用面积 4 项指标有所波动，实现程度小幅下降；尤其需要格外引起关注的是耕地面积指数，该指标改善不足，实现程度长期在低位徘徊（见表 1）。

二、发展与成效

结合历史数据，尤其是 2010 年的监测结果分析，北京市全面建设小康社会呈现出经济持续发展、社会和谐稳定、人民生活不断改善、科技教育蓬勃发展的良好局面，显示了在市委、市政府领导下，广大群众推动首都科学发展的积极性和创造性，为实现“十二五”高水平发展奠定了基础。

表 1　　2010 年 23 项监测指标实现程度

监测指标	实现程度（%）
人均 GDP、R&D 经费支出占 GDP 比重、第三产业增加值占 GDP 比重、城镇人口比重、失业率（城镇）、基尼系数、城乡居民收入比、地区经济发展差异系数、居民人均可支配收入、恩格尔系数、5 岁以下儿童死亡率、平均预期寿命、文化产业增加值占 GDP 比重、平均受教育年限、单位 GDP 能耗	100.0
公民自身民主权利满意度	91.1
社会安全指数	88.8
高中阶段毕业生性别差异系数	88.3
居民文教娱乐服务支出占家庭消费支出比重	87.0
基本社会保险覆盖率	86.1
人均住房使用面积	83.2
环境质量指数	81.6
耕地面积指数	0

（一）转方式调结构，经济平稳发展

2010 年，北京继续巩固应对金融危机影响的成果，进一步转方式、调结构，实现了经济平稳较快发展。2010 年，全市人均 GDP 按 2000 年不变价计算为 50196 元，超过小康目标值 59.9%；服务型经济主导地位进一步巩固，第三产业增加值占 GDP 比重达到 75.1%，比小康标准提高 25.1 个百分点，成为拉动经济增长的主要力量；城市化进程迅速推进，城镇人口比重由 2000 年的 77.6%上升到 2010 年的 86%，超过小康目标值 26 个百分点；同时，城镇登记失业率稳中有降，2010 年为 1.37 %，远低于失业率控制在 6%以下的全面小康建设要求。上述指标反映出的总量大、结构优的特点是北京加快转变经济发展方式、深度调整产业结构，不断提高经济整体素质与核心竞争力的必然。

（二）兼均衡顾协调，社会统筹和谐

2010 年，北京市在全面迈进小康社会进程中较好地兼顾了各阶层、各群体、各地区的协调发展，社会和谐有序的局面进一步巩固和加强。

反映贫富差距、收入差距、地区差异状况的三项指标自 2000 年起全部 100%达标；反映性别差异状况的高中阶段毕业生性别差异系数在“十一五”期间也保持了良好的发展水平，2010 年实现程度为 88.3%；反映社会财富再分配、缩小收入差距的基本社会保险覆盖率指标按常住人口计算实现程度进一步提升，达到 86.1%。

（三）保民生重福祉，生活质量提高

近年来，北京市以人为本、不断改善民生，提高人民群众的生活水平和生活质量。2010 年北京市居民人均可支配收入按 2000 年不变价计算达到 23574 元，为小康目标值的 1.57 倍；2010 年，反映居民消费结构的恩格尔系数下降到 31.9，优于小康目标值 8.1 个百分点；5 岁以下儿童死亡率稳步下降，由 2000 年的 6.78‰减少到 2010 年的 4.16‰；居民的平均预期寿命逐年增加，2010 年为 80.81 岁；人均住房使用面积，因为人口普查常住人口数目调整，2010 年数据较上年略有波动，但与 2000 年相比，由 19.5 平方米扩大到 22.5 平方米，北京大力度调整房地产业发展结构，努力解决群众住房需求的成果显现。

（四）讲民主抓安全，社会秩序稳定

北京市在全面建设小康社会进程中，始终重视群众民主权利建设，努力营造社会安定、百姓安宁的良好局面。2010 年，公民对自身民主权利满意度实现程度为 91.1%，比“十五”末期提高 10 个百分点，这是北京市不断扩大基层民主、完善政务公开、保证人民依法行使民主权利的必然结果。2010 年，北京市社会安全指数实现程度达到 88.8%，与全国平均水平的差距由2000年的19.3个百分点下降到2010年的3.7百分点，显示出北京加强城市运行安全保障，努力控制特大城市安全形势复杂局面的显著成效。

（五）以文教促产业，文化共识增强

作为首都，北京科技教育发达，文化实力雄厚。“十一五”期间，北京市文化创意产业增加值占 GDP 的比重始终保持在 9%以上，2010 年达到了 12.03%，文化产业地位不断巩固和提升；居民的平均受教育年限为 11.5 年，自“十五”初年以来，连续 10 年 100%达标。居民文教娱乐服务支出占家庭消费支出比重，近年来呈下降趋势，从全国情况来看，该指标的走势也呈现出类似特点。造成该指标大幅下降的原因，一方面是由于免收义务教育阶段学生杂费、教科书费，城乡居民接受义务教育成本降低；另一方面是由于近年来部分食品价格上涨推高了食品支出在居民消费中的比重，从而间接影响居民文教娱乐服务支出占家庭消费支出的比重。总体说来，北京市公共文化服务体系完善，全社会文化共识不断增强。

（六）节能源减排放，环境优美宜居

2010 年北京城乡环境更加宜居，生态涵养建设迈出新步伐。2010 年资源环境方面实现程度为 74.1%，与全国平均水平的差距缩小到 4.1 个百分点。从分指标看，全市单位 GDP 能耗自 2008 年起已经达到 0.84 吨标准煤/万元的小康目标，2010 年进一步下降到 0.72 吨标准煤/万元，实现程度 100%达标，反映出“十一五”时期能源综合利用效率的提升；由大气环境、水环境、绿化环境构成的环境质量指数逐年好转，尤其是 2008 年后，实现程度连续 3 年达到 70%以上。实践证明，第三产业比重高、现代服务业发展较快等为北京市节能减排完成情况继续走在全国前列打下了坚实的结构性基础；资源环境建设这一影响全面小康进程迅速推进的短板，如今有了切实的改善，为确保北京市全面建设小康社会向更高水平迈进注入了新动力。

三、存在问题及原因分析

北京市全面建设小康社会各方面的发展取得了一定的进展和成效，但同时也面临着一些困难和挑战。问题主要集中在耕地面积指数、社会安全指数、人均住房使用面积三项指标上，此三项指标的实现程度与目标值相比以及与全国平均水平相比还存在一定的差距。影响制约这些指标实现程度进一步提升的原因有过去发展中积累的遗留问题，也有大城市发展过程中暴露出的深层次矛盾。

（一）耕地后备资源相对紧张

耕地保护是经济社会可持续发展的基础和保障。“十一五”期间北京执行了最严格的土地管理和耕地保护制度，使耕地减少过多的状况得到有效控制，2010 年耕地面积相比于 2005 年减少了 0.73%；但由于“十五”期间耕地减少过快，2005 年耕地面积相比于 2000 年减少了 29.72%；

挤占了未来耕地开发的空间，拖累耕地面积指数长期未能达标。未来北京市人地矛盾突出、耕地后备资源不足的问题还将长期存在，该指标达到全面小康标准难度较大，对北京市高效利用土地资源、优化配置、盘活存量提出更高要求更大挑战。

（二）特大城市安全形势复杂

维护社会稳定、保持社会安定团结是全面建设小康社会的重要内容。由每万人刑事犯罪人数、交通事故死亡人数、火灾事故死亡人数和工矿商贸企业事故死亡人数合成的社会安全指数“十一五”后期实现程度接近或达到 90%，但长期低于全国平均水平。作为特大型城市，北京具有人口密集和经济社会情况复杂的特点，另外经济快速增长期往往是事故易发期，这也是工业化进程以及西方发达国家发展过程中呈现的普遍规律，这些因素使得短期内北京市刑事犯罪人数与全国平均水平相比还可能相对较高，成为北京市改善社会安全环境的不利因素。

（三）人口激增住房供应不足

与 2000 年相比，北京市居民的住房环境设施得到明显改善，人均住房使用面积提高 3 平方米。其中，“十五”期间及“十一五”初期，人均住房使用面积增加较快；2010 年由于人口普查常住人口总数的激增，北京市人均住房面积为 22.5 平方米，较上年有所下降，距小康标准还差 4.5 平方米。总体来说，“十一五”时期，住房供应量的增长速度未能超越人口增长速度，未来北京要在基数为 1961.9 万人、年均增长 3.7%（2000—2010 年平均增速）的人口规模下努力实现“居者有其屋”，需要花大力气加强住房保障建设。

四、对策与建议

北京市全面建设小康社会拥有良好的发展条件和充沛的内在动力，未来进一步提升全面小康社会建设的水平，要针对发展过程中面临的问题，着力抓好以下几点工作：

（一）保护耕地提升效益

保护耕地、实现土地集约利用是一个动态的概念，其过程是随着经济发展水平与科技进步动态发展的。未来对耕地的保护应以金融危机后调结构、转方式的经济发展策略为契机，走内涵式发展道路。合理布局、优化用地结构，通过增加存量土地投入、改善经营管理等途径，不断提高土地使用效率和经济效益；同时致力于耕地保护与管理的改革创新，实现从保护耕地数量向保护耕地数量和质量并重的制度转变。

（二）维护稳定加强综管

加强社会治安综合治理，落实城市运行安全和生产安全保障，不断提升北京的城市公共安全管理能力。继续执行以预防为主，预防、处置、救援、善后相结合的，高效务实的应急管理体系；切实维护社会安全稳定，强化安全生产综合监管，增强防灾减灾处理能力，提升突发事件防范水平；改善对流动人口的管理和服务，努力营造社会安定、百姓安宁的良好局面。

（三）合理调整住房保障

严格落实房地产市场调控措施，继续增加住房有效供给，保持土地供应平稳有序；进一步调整房地产投资结构，积极探索完善住房制度，在抓好保障住房建设的同时，着力调整住房供应结构；大力整顿房地产市场秩序，抑制投资投机需求，坚决遏制房价过快上涨，逐步形成符合首都实际的保障性住房体系和商品房体系，全面实现广大市民住有所居。

北京农村城镇化进程监测报告

◆◇孟素洁　战冬娟

“十一五”期间，北京城乡一体化体制机制基本建立，农村经济、社会等各领域得到了全面发展，城乡在公共服务、人口素质、生活质量、基础设施以及环境建设等方面的差距逐步缩小，农村城镇化进程进一步加快。北京市统计局、国家统计局北京调查总队根据自身研究建立的农村城镇化进程监测评价指标体系，对2010年北京农村城镇化进程进行了监测。

一、我市农村城镇化水平稳步提升

（一）核心指标显著提升

北京市农村城镇化进程监测结果表明，2010年北京农村城镇化综合实现程度为84%，比上年提高2.7个百分点。监测评价指标体系涉及的5个子系统17项指标中，二、三产业增加值占比重、农民人均可支配收入、家用电脑普及率和使用清洁能源普及率 4 项指标实现程度达到100%，其中后3项指标实现程度2010年首次达到100%；6项指标实现程度在 90%−100%之间；小城镇人口密度、每千人拥有医生数和有生活污水收集管网的村的比重3项指标实现程度在60%以下（见表1）。

（二）各子系统实现程度均有提高

2010年，农村城镇化进程监测评价指标体系涉及的5个子系统实现程度比上年均有不同程度的提高。其中，人民生活子系统实现程度最高，达到93.8%，比上年提高5.8个百分点，提升幅度最大；人口素质子系统实现程度达90%以上，比上年提高1个百分点；基础设施和社会发展子系统实现程度分别为80.8%和80.6%，分别比上年提高4.8个和1.2个百分点；经济发展子系统实现程度78.9%，比上年提高0.7个百分点，受城乡居民收入比指标的影响，该子系统实现程度最低、提升速度较慢。

表1　2009年和2010年北京市农村城镇化综合实现程度比较

	指标	单位	目标值	权重	实际值		实现程度	
					2009年	2010年	2009年	2010年
合　计							81.3	84
一、经济发展				15			78.2	78.9
	1.二、三产业增加值占比重	%	95	5	99	99.1	100	100
	2.城乡收入比例	N/C	1.5	10	2.2	2.2	67.2	68.4
二、社会发展				35			79.4	80.6
	3.小城镇人口密度	人/平方公里	1000	8	566.2	580.9	56.6	58.1
	4.城镇人口占比重	%	60	8	52.7	53.4	87.9	88.9
	5.非农产业从业人员占比重	%	85	8	82	82.7	96.5	97.3
	6.每千人拥有医生数	人	5	3	2	1.9	36.4	37.4
	7.养老保险覆盖率	%	100	4	90	92	90	92
	8.新型合作医疗覆盖率	%	100	4	95.7	96.7	95.7	96.7
三、人口素质				10			89.7	90.7
	9.农民劳均受教育年限	年	12	10	10.8	10.9	89.7	90.7
四、人民生活				20			88.0	93.8
	10.农民人均可支配收入	元	12000	6	11184	12520	93.2	100
	11.恩格尔系数	%	30	4	32.4	30.9	92.6	97.2
	12.文化、娱乐支出比重	%	10	4	7.1	7.2	70.7	71.8
	13.家用电脑普及率	%	60	6	54.7	60.1	91.2	100
五、基础设施				20			76	80.8
	14.使用清洁能源普及率	%	85	5	83.5	85.8	98.2	100
	15.卫生厕所覆盖率	%	85	5	70.6	76.9	83.1	90.5
	16.公路密度	公里/平方公里	1.5	6	1.2	1.2	77.2	78.2
	17.有生活污水收集管网的村的比重	%	70	4	26.3	33.9	37.6	48.4

（三）各区县综合实现程度全面提升

2010年，13个郊区县的城镇化综合实现程度均有不同程度的提高。延庆县综合实现程度为68.9%，比上年提升3.6个百分点，提升幅度最大；朝阳区实现程度比去年提升3.3个百分点，通州区和平谷区实现程度均比去年提高3.1个百分点。

从城镇化综合水平看，城市功能拓展区3个区县综合实现程度均达到90%以上；城市发展新区的通州、顺义、昌平和大兴4个区县综合实现程度在80%—90%之间，分别为85.3%、81.1%、84.2%和81.1%。按照农村城镇化监测评价判断标准[1]，上述7个区县进入了农村城镇化的高级阶段，其中，顺义和大兴区城镇化水平2011年从中级阶段进入了高级阶段；其他6个远郊区县依然处于农村城镇化中级阶段，其中，房山、门头沟、怀柔、平谷4个区县综合实现程度在70%—80%之间，密云和延庆2个区县综合实现程度在60%—70%之间。

二、我市农村城镇化发展特点

（一）农民生活显著改善，实现程度快速提升

“十六大”以来，是我市强农、惠农政策力度最大的时期，是农民的社会保障、国民待遇、生活质量、生产生活环境改善最为显著的时期，在中央“多予少取”方针的指引下，北京的农业、农村、农民享受了最良好的发展环境，享有了最宽松的发展空间。2010年，在人民生活子系统包含的指标中，农民人均可支配收入突破1.2万元，家用电脑普及率超过60%，两项指标实现程度首次达到100%，分别比上年提高8.8个和6.8个百分点；文化娱乐支出比重实现程度达到71.8%，比上年提高1.1个百分点。人民生活子系统实现程度达到93.8%，比上年提升5.8个百分点，拉动城镇化进程综合实现程度上升1.2个百分点，对综合实现程度提升的贡献率达到42.3%。

（二）基础设施不断发展，农村环境质量继续提高

“十一五”期间，我市新农村建设力度不断加大，在“五项基础设

1　农村城镇化监测评价判断标准：农村城镇化综合实现程度40分以下为初级阶段，40—80分为中级阶段，80分以上为高级阶段。

施”建设和“三起来”工程实施的带动下，农村投资显著增长。五年间，我市农村固定资产投资达到1860亿元，是“十五”期间总投资的2.5倍；占全社会总投资的8.6%，比“十五”期间提高1.7个百分点。农民的生产、生活条件得到极大改善，居住环境质量得到根本改观，农村面貌焕然一新。2010年，基础设施子系统实现程度达80.8%，比上年提高4.8个百分点，拉动城镇化进程综合实现程度提高1个百分点，对综合实现程度的贡献率为34.5%。该子系统包含的四项指标中，清洁能源普及率达到85.8%，实现程度达到100%；卫生厕所覆盖率为76.9%，实现程度达到90.5%，比上年提高7.4个百分点；公路密度实现程度为78.2%，比上年提高1个百分点；有生活污水收集管网的村的比重达33.9%，实现程度虽然只有48.4%，但比上年提高了10.8个百分点，提升幅度最大。

三、农村城镇化进程中值得关注的问题

（一）城乡居民收入差距是经济发展实现程度提升的难点

2010年，经济发展子系统实现程度相对较低，主要受城乡居民收入比指标的影响。2010年，我市农村居民人均纯收入达到13262元，比上年增长10.6%，高于城镇居民人均可支配收入增幅1.9个百分点；城乡居民收入比从上年的2.23降低到2.19，实现程度从67.2%上升到68.4%。近年来，城乡居民收入比扩大势头得到了有效抑制，主要得益于我市城乡统筹发展机制的建立，得益于“十六大”以来的惠农政策和新农村建设成果，但城乡居民收入差距绝对值扩大的趋势没有得到根本扭转。“十一五”期间农民人均纯收入年均实际增速为9%，仍低于城镇居民9.2%的增速。城乡居民收入差距问题成为反映城乡差距的核心内容，是农村城镇化监测中经济发展子系统实现程度提升的难点。

（二）远郊区县社会发展与基础设施子系统明显滞后

在农村城镇化监测体系中，远郊区县社会发展和基础设施子系统发展相对滞后于本区县其他子系统发展水平。如密云县社会发展子系统实现程度落后于经济发展子系统30.9个百分点，延庆县基础设施子系统实现程度落后于经济发展子系统21.7个百分点；从绝对水平看，怀柔和密

云的社会发展子系统实现程度分别为56.9%和50.7%，延庆的基础设施子系统实现程度为58.4%，均未达到60%。这说明我市在农村城镇化进程中还存在着区县内部发展不平衡问题。

北京市经济社会统计报告

Beijing Economic-Social Statistical Profile

区域监测与特色经济

北京总部经济发展势头良好

◆◇于立平

大力发展总部经济，是市委、市政府贯彻落实科学发展观、转变经济发展方式的重要举措。2010年，北京总部经济呈现良好发展势头，单位数和经济量稳步增长，从整体上有力地推动了全市经济规模的扩大和持续稳定发展。

一、总部经济运行情况

2010年，全市各类总部企业1110家，比上年增加225家；总部企业及其在京下属法人单位共实现增加值6469.2亿元，按现价同比增长26%，占全市地区生产总值的45.8%，比上年提高3.6个百分点；拥有资产54.4万亿元，增长12.2%，占全市资产的62.2%，比上年略有提高；实现收入5万亿元，增长38.9%，占全市收入的56.9%，提高了5.6个百分点；实现利润5833.2亿元，增长24.5%，占全市利润的49.9%，提高了10.1个百分点；吸纳从业人员280万人，增长19%（见表1）。

表1　总部企业主要经济指标

总部企业及其在京下属法人单位	增加值（亿元）		资产总计（万亿元）		主营业务收入（万亿元）		利润总额（亿元）	
	2010年	2009年	2010年	2009年	2010年	2009年	2010年	2009年
总量	6469.2	5132.8	54.4	48.5	5.0	3.6	5833.2	4686.6
占全市比重（%）	45.8	42.2	62.2	61.9	56.9	51.3	49.9	39.8

二、总部经济发展特点

（一）聚集能级高，区域特色明显

产业、行业集中度高。总部企业分布在二、三产业的主要行业，且不断向第三产业聚集。2010 年第二产业总部企业 224 家，比上年增加 36 家，占全部总部企业的 20.2%；第三产业总部企业 886 家，增加 189 家，占全部总部企业的 79.8%，第三产业成为吸纳总部企业、服务全市经济的主体。分行业来看，总部企业主要集中在租赁和商务服务业，信息传输、计算机服务和软件业，制造业，批发和零售业以及金融业，五个行业聚集了全市 775 家总部企业，占全部总部企业的近七成。

中心城区集聚度高。总部企业主要分布在中心城区，海淀、朝阳、新西城和新东城四个中心城区聚集了全市 77.1%的总部企业；创造的增加值占全市总部经济的 66.6%；拥有资产占 89.6%；实现收入和利润分别占 69%和 67%；提供就业岗位占 54.6%。朝阳区总部企业国际化特征明显，聚集了大量的世界 500 强企业和跨国公司地区总部，跨国公司 50 余家；海淀区在中关村科技园的带动下，聚集了大量信息传输、计算机服务和软件业总部企业，占该行业总部企业的 68.7%，成为全市高科技发展的重点领域；西城区是资产最密集的区域，拥有全市总部企业 61.4%的资产。

（二）经济效益佳，社会贡献突出

北京总部企业具有较强的竞争力，通过科学的管理理念、先进的营运能力，获得了良好的经济和社会效益。2010 年全市总部企业户均创造增加值近亿元；户均主营业务收入近 7 亿元，收入超过千万元的企业有 4368 家，占整体的 61%；户均实现利润 8000 万元；户均资产超过 75 亿元，有近一半的总部企业资产在亿元以上。

总部企业在促进经济发展的同时，也创造了大量的就业机会。2010 年总部企业吸纳从业人员 280 万人，同比增长 19%。分行业来看，租赁和商务服务业，建筑业，信息传输、计算机服务和软件业三个行业对全市总部企业新增从业人员的贡献率最大，分别达到 27.2%、21.6%和 10.8%，成为吸纳新就业人员的主力军。

（三）发展动力足，行业支撑带动作用明显

全市总部企业依托优越的产业发展环境和现代服务业等新兴产业发展的有力支撑，既实现自身的发展壮大，也推动全市经济的发展。2010年，全市第二产业、第三产业实现增加值中有59%和42.2%是由总部企业贡献，比2008年分别高出12.5个和3.9个百分点。第二产业中总部经济已近六成，全市经济中总部经济成分也已近半，总部企业成为推动经济发展的重要力量（见表2）。

表2　　分产业总部经济成分表（亿元，%）

增加值	2008年			2009年			2010年		
	全市	总部经济	总部经济比重	全市	总部经济	总部经济比重	全市	总部经济	总部经济比重
第二产业	2626.4	1221.6	46.5	2855.6	1473.3	51.6	3388.4	1997.9	59.0
第三产业	8375.8	3211.4	38.3	9179.2	3659.5	39.9	10600.8	4471.3	42.2

分行业看，总部经济分布在国民经济各行业，且对同行业的支撑带动作用明显。其中电力、采矿业总部企业对同行业支撑带动作用显著增强，总部企业创造了该行业97.9%和86.1%的增加值，分别比上年增加27.5个和37.6个百分点。金融业，交通运输、仓储和邮政业，制造业，科学研究、技术服务和地质勘察业等行业也是总部企业贡献较大的行业（见表3）。

三、总部经济带动效应

（一）辐射效应凸显，带动现代服务业向高端发展

总部企业占据产业链、价值链的高端，通过自身快速发展，带动了相关产业发展，与总部需求密切相关的金融、商务、会展、会计、法律、咨询和信息服务等行业强劲增长。2010年，全市新增现代服务业总部企业153家，占全部新增总部企业的68%，其中，尤以商务服务业，信息传输、计算机服务和软件业等高端服务业增加较快，分别增加61家和39家。现代服务业总部企业创造增加值3093亿元，现价同比增长19.1%，

占全市现代服务业增加值的 44%；实现利润 4091 亿元，增长 20.4%。

表 3　　总部经济成分较大的行业

行　业	2010 年		2009 年	
	总部经济增加值占全市该行业比重（%）	排名	总部经济增加值占全市该行业比重（%）	排名
电力、燃气及水的生产和供应业	97.9	1	70.4	2
采矿业	86.1	2	48.5	6
金融业	76.7	3	74.8	1
交通运输、仓储和邮政业	63.8	4	62.2	3
制造业	52.2	5	47.6	7
科学研究、技术服务和地质勘察业	51.4	6	48.9	5
建筑业	45.2	7	53.5	4
批发和零售业	44.7	8	43.2	9
租赁和商务服务业	42.2	9	43.4	8

（二）利用外资规模扩大，投资领域高端化

跨国公司地区总部是总部经济的主要载体之一。在京的跨国公司地区总部、投资性公司集中管理着跨国公司在华的投资企业，改变了过去分散投资、分散管理而带来的高成本、低效率，有效提高了跨国公司的投资规模和效益。2010 年，经北京市商务委员会认定的跨国公司地区总部达到 80 多家，其中 70%以上属于世界 500 强企业；90%以上属于投资性公司，在华投资总额超百亿美元，主要集中在电子、通信、生物医药和汽车等投资领域。

（三）人均收入高于全市平均水平

2010 年，总部及其下属二级法人单位人均年收入约为 9.7 万元，比 2008 年增长 34.7%；其中一级总部企业人均年收入超过 11.7 万元，比 2008 年增长 32.9%。总部企业从业人员收入水平远高于全市平均水平。

四、北京与上海总部经济发展的比较

目前，国内关注“总部经济”建设的城市逐步增多，全国有 20 多个城市明确提出了“大力发展总部经济”，并出台了相关配套措施。一线城市优势明显,其中北京和上海是当前中国最具总部经济发展实力的城市。

（一）北京与上海总部经济发展的相同点

1. 发展总部经济的资源禀赋优势明显

北京作为国家首都，是全国的政治中心、文化中心和对外交往中心，经济高度发达，信息资源丰富，人才资源集聚，2008 年奥运会的成功举办亦提升了北京的世界知名度和美誉度。上海具有众多的高素质人才和强大的研发能力，具备完善的产业链条和雄厚的制造业基础，拥有较为成熟的金融市场(如证券交易所、期货交易所、黄金交易所三大金融市场)。

北京、上海发展总部经济的资源禀赋优势明显，能够为总部经济发展提供强大动力支撑。

2. 总部经济空间集聚特征明显

北京总部经济的空间集聚特征明显，初步形成了朝阳商务中心区(CBD)、金融街、中关村科技园区海淀园、丰台总部基地等几大特色总部经济聚集区。CBD 依托朝阳区丰富的涉外资源和浓厚的国际化氛围，吸引了大量跨国公司地区总部入驻，初步形成综合性企业总部聚集区；金融街是全国金融资产密集区域，初步形成金融企业总部聚集区；海淀园拥有丰富的技术和人才优势，初步形成以 IT 产业为主的高新技术产业企业总部及企业研发总部聚集区。

上海比较有代表性的总部经济聚集区包括陆家嘴、徐家汇、静安区、浦东新区等。其中，陆家嘴是金融总部区，徐家汇是上海起步较早的总部楼宇区，静安区以南京西路跨国公司总部区蜚声国内，浦东新区则以民营企业上海总部的聚集为特色。

（二）北京与上海总部经济发展的不同点

1. 综合发展能力北京略优于上海

北京、上海的综合发展能力在全国均处于领先地位，但北京略胜于上海。研究表明，近 5 年来北京总部经济综合发展能力在全国一直居于首位。2009-2010 年，北京和上海在基础条件、商务设施、研发能力、专业服务、政府服务和开放程度六个方面均处于全国前列。其中在基础条件、商务设施、研发能力、专业服务方面，北京优于上海；在政府服务和开放程度方面，上海优于北京（见表 4）。

表 4　　北京和上海总部经济综合发展能力排名

年　份	综合实力		基础条件		商务设施		研发能力		专业服务		政府服务		开放程度	
	北京	上海	北京	上海	北京	上海	北京	上海	北京	上海	北京	上海	北京	上海
2005-2006	1	2	3	1	2	1	1	2	1	2	3	1	1	2
2006-2007	1	2	3	2	2	1	1	2	1	2	9	2	1	2
2007-2008	1	2	3	2	1	2	1	2	1	2	8	2	1	2
2008-2009	1	2	3	2	1	2	1	2	1	2	8	5	2	1
2009-2010	1	2	1	2	1	2	1	2	1	2	3	1	3	1

资料来源：《中国总部经济发展报告》。

2. 北京跨国公司高科技特点突出，而制造业跨国公司更多选择上海

落户北京和上海的跨国公司类型不同。北京凭借优越的人才、教育、科技资源优势，加上中央政府所在地得天独厚的优越条件，吸引了众多 IT 产业类和通信类的跨国公司。上海地处长江三角洲，其周围拥有完整的上下游产业链条，为制造业的发展提供了有力支撑，因此，在上海设立地区总部的跨国公司四成以上是制造业。

北京四大功能区经济发展情况分析

◆◇王　滨　吴　恒

2011 年，北京市四大功能区经济运行平稳，增长速度稳中趋缓，功能区经济发展各具特色。其中，首都功能核心区生产性服务业引领区域经济发展；城市功能拓展区高技术和现代服务性行业发展势头良好；城市发展新区工业经济实现快速增长，利用外资呈上升趋势；生态涵养发展区都市型现代农业增势较好，旅游休闲收入进一步提高。但是，功能区经济发展面临的一些问题仍需要关注，比如，首都功能核心区经济增速有所放缓，完成投资年度计划存在一定压力；城市功能拓展区外商投资和消费增长的拉动作用稍显不足；城市发展新区高技术制造企业获利能力相对减弱；生态涵养发展区产业布局有待进一步优化。

一、四大功能区经济发展总体情况

（一）功能区经济运行较为平稳，但增速呈小幅放缓态势

1-3 季度，全市实现地区生产总值 11404.3 亿元，比上年同期增长 8%[1]，增速与上半年持平，比一季度回落 0.6 个百分点。

分功能区看，1-3 季度城市功能拓展区实现地区生产总值 5294.4 亿元，同比增长 9.0%，增速比一季度和上半年分别提高 1.2 个和 0.9 个百分点，占全市经济的比重达到 46.4%，仍居四大功能区首位。首都功能核心区、城市发展新区和生态涵养发展区分别实现地区生产总值 2731.3 亿、2362.3 亿和 447.8 亿元，同比分别增长 5.8%、7.9%和 8%，增速分别比一季度回落 2.5 个、2.7 个和 1.7 个百分点，比上半年均回落 1 个百分点（见图 1）。

1　北京市及四大功能区地区生产总值、主要行业增加值增速均按不变价（以 2010 年为基期）计算，下同。

图 1　　2011 年 1–3 季度全市及功能区地区生产总值及增速

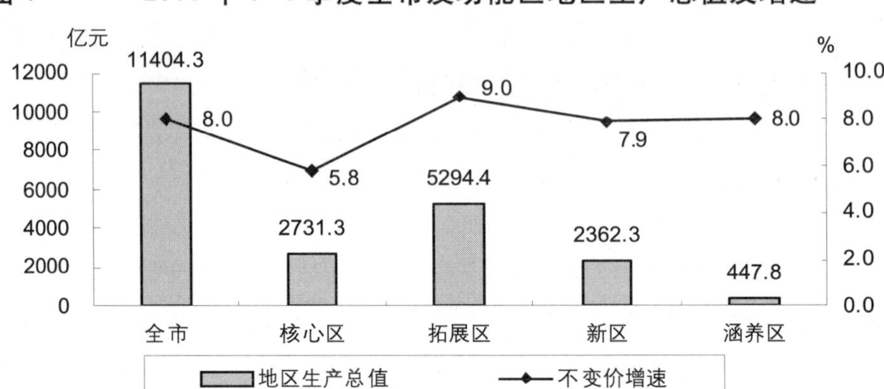

（二）功能区财政收入增长明显，各区收入均已完成年度预算

1–10 月，全市实现财政一般预算收入 2630 亿元，同比增长 25.2%，增速比上年同期提高 6.4 个百分点。各功能区地方财政一般预算收入均完成年度预算，同比增速都达到 24%以上。其中，城市功能拓展区地方财政一般预算收入规模最大，达到 553.9 亿元，占功能区财政一般预算收入合计的 46.3%；生态涵养发展区一般预算收入增长最快，达到 31.9%，高于全市平均增速 6.7 个百分点（见表 1）。

表 1　　2011 年 1–10 月全市及功能地方财政一般预算收入

区　域	收入（亿元）	同比增长(%)	占年度预算的比重(%)
全　市	2630.0	25.2	102.5
首都功能核心区	360.4	24.1	105.3
城市功能拓展区	553.9	28.4	105.1
城市发展新区	211.0	28.2	102.2
生态涵养发展区	71.6	31.9	100.3

（三）功能区固定资产投资平稳增长，房地产开发投资变动趋势各异

1–10 月，全市实现全社会固定资产投资 4761.3 亿元，同比增长 15%，增速比上年同期提高 3.4 个百分点，已完成年度投资任务的 79.4%。其

中，城市发展新区、城市功能拓展区分别完成固定资产投资 2046.5 亿和 1955.9 亿元，同比增长 21.2%和 7.6%，分别占全市固定资产投资总额的 43.0%和 41.1%；生态涵养发展区完成固定资产投资 482.4 亿元，同比增速和年度任务完成率分别为 30.3%和 93.7%，均明显高于其他三个功能区；首都功能核心区固定资产投资规模最小，为 276.4 亿元，在四个功能区中增速最低。

1—10 月，全市完成房地产开发投资 2584.7 亿元，同比增长 12.8%，占全社会固定资产投资总额的 54.3%，比重比上年同期下降 0.9 个百分点。四大功能区房地产开发投资变动趋势各异，其中，城市发展新区和城市功能拓展区房地产开发投资规模较大，分别为 1174.2 亿和 1147.4 亿元，均占本功能区固定资产投资总额的一半以上；生态涵养发展区房地产开发投资规模明显扩大，同比增长 53.5%，比重比上年同期提高 4.4 个百分点；首都功能核心区房地产开发投资规模最小，且呈明显下降趋势（见表 2）。

表 2　2011 年 1—10 月全市及功能区投资情况

区 域	固定资产投资			房地产开发投资		
	投资额（亿元）	同比增长（%）	年度任务进度完成比率（%）	投资额（亿元）	同比增长（%）	占功能区固定资产投资的比重（%）
全 市	4761.3	15.0	79.4	2584.7	12.8	54.3
首都功能核心区	276.4	5.0	67.3	123.5	−13.2	44.7
城市功能拓展区	1955.9	7.6	75.3	1147.4	−0.3	58.7
城市发展新区	2046.5	21.2	82.6	1174.2	29.5	57.4
生态涵养发展区	482.4	30.3	93.7	139.6	53.5	28.9

（四）功能区消费品市场运行稳定，增长幅度差异明显

1—10 月，全市实现社会消费品零售额 5608.9 亿元，同比增长 11.2%，增速比上年同期回落 5.3 个百分点。

分功能区看，1—10 月城市功能拓展区社会消费品零售额最高，达到

3165.4 亿元，占全市社会消费品零售总额的 56.4%，同比增长 6.2%，但增速低于上年同期 9.7 个百分点；首都功能核心区社会消费品零售额增长最快，同比增长 20.5%，增速高于上年同期 2.4 个百分点；城市发展新区、生态涵养发展区消费市场规模相对较小，合计占全市消费品零售总额的 23.4%，但保持了两位数增长，增速分别为 17.2%和 15.8%，对全市消费市场平稳运行具有积极的拉动作用（见表 3）。

表 3　　2011 年 1—10 月全市及功能区社会消费品零售额

区　域	社会消费品零售额（亿元）	同比增长（%）	占全市社会消费品零售额的比重（%）
全　市	5608.9	11.2	100.0
首都功能核心区	1131.8	20.5	20.2
城市功能拓展区	3165.4	6.2	56.4
城市发展新区	1030.0	17.2	18.4
生态涵养发展区	281.6	15.8	5.0

（五）功能区城乡居民收入稳步提高，消费支出增长放缓

1—10 月，全市城镇居民人均可支配收入 27100 元，消费支出 17982 元，同比分别增长 11.5%和 8.9%；农民人均现金收入 14438 元，消费支出 8789 元，同比分别增长 13%和 7%。

1—10 月，四大功能区城镇居民人均可支配收入同比增长均在 11%以上，增速比上年同期有不同程度的扩大；各功能区城镇居民人均消费支出占可支配收入的比重都达到了 60%以上，但增速和上年同期相比均有所回落（见图 2）。

1—10 月，城市功能拓展区、城市发展新区和生态涵养发展区农民人均现金收入同比分别增长 13.9%、11.2%和 13.8%，高于本地区城镇居民人均可支配收入增速 2.4 个、0.2 个和 1.9 个百分点；各功能区农民人均消费支出分别占人均现金收入的 76.1%、57%和 53.9%，其中，生态涵养发展区人均消费支出增速比上年同期提高 5.9 个百分点，但城市功能拓展区和城市发展新区人均消费支出增速分别下降了 4.1 个和 9.9 个百分点（见图 3）。

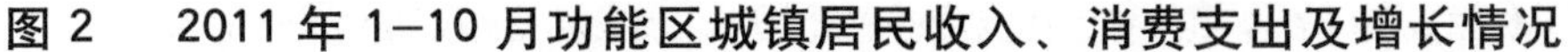

图 2　2011 年 1–10 月功能区城镇居民收入、消费支出及增长情况

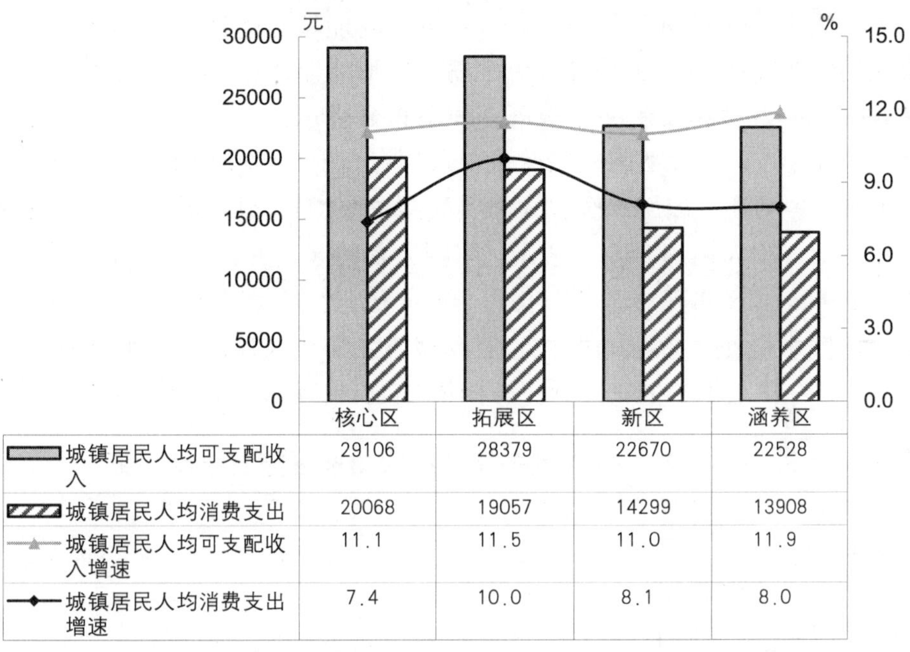

	核心区	拓展区	新区	涵养区
城镇居民人均可支配收入	29106	28379	22670	22528
城镇居民人均消费支出	20068	19057	14299	13908
城镇居民人均可支配收入增速	11.1	11.5	11.0	11.9
城镇居民人均消费支出增速	7.4	10.0	8.1	8.0

图 3　2011 年 1–10 月功能区农村居民收入、消费支出及增长情况

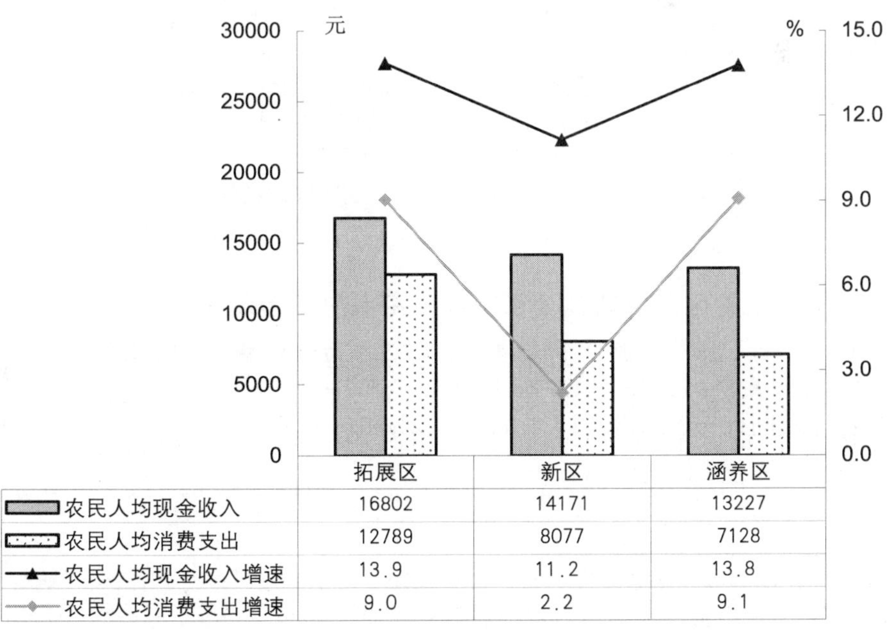

	拓展区	新区	涵养区
农民人均现金收入	16802	14171	13227
农民人均消费支出	12789	8077	7128
农民人均现金收入增速	13.9	11.2	13.8
农民人均消费支出增速	9.0	2.2	9.1

（六）功能区旅游接待人数持续增长，旅游收入实现较快增长

1–3 季度，全市共接待旅游总人数 1.57 亿人次，同比增长 16.8%，增速比上半年提高 4 个百分点。旅游综合收入[2]达到 2388.6 亿元，同比增长 16.5%，增速比上半年提高 5.1 个百分点。

1–3 季度，四大功能区旅游接待人数均高于上年同期水平，呈持续增长态势。各功能区旅游综合收入均实现两位数增长，其中，城市功能拓展区旅游综合收入达到 858.3 亿元，居四大功能区之首，同比增长 14.2%；生态涵养发展区实现旅游综合收入 108.4 亿元，同比增长 19%，增速在四大功能区中最快；首都功能核心区和城市发展新区旅游综合收入分别为 625.8 亿元和 151.5 亿元，同比分别增长 18.2%和 15.4%（见图 4）。

图 4　　2011 年 1–3 季度各季度四大功能区旅游接待人数

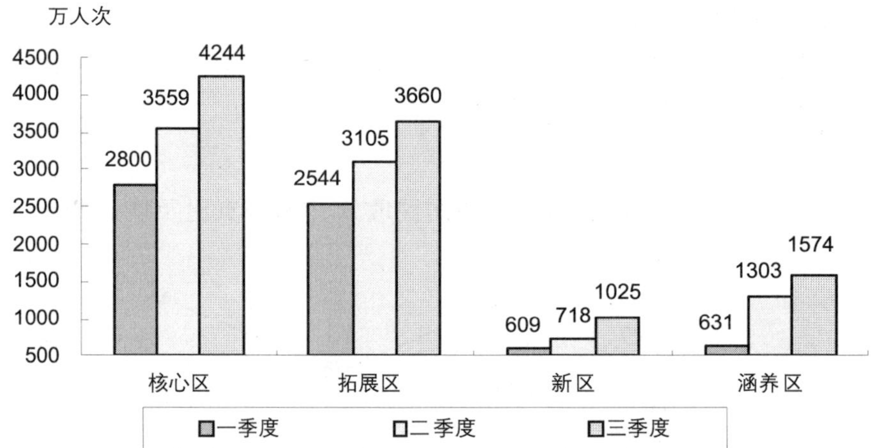

（七）功能区单位能耗全面下降，用电总量增速放缓

1–3 季度，全市能源消费总量为 5022.1 万吨标煤，同比下降 0.87%；单位地区生产总值能耗[3]0.44 吨标煤/万元，同比下降 8.19%，降幅比上半年扩大 1.84 个百分点。全市用电总量达到 608 亿千瓦时，同比增长 0.9%；单位GDP电耗为 533.1 千瓦时/万元，同比下降 6.57%（见表 4）。

2　全市旅游综合收入指游客在旅行、游览过程中用于交通、住宿、餐饮、购物、邮电通讯、景点门票、文化娱乐等全部花费，其中，交通费用未分到区县，因此区县旅游综合收入合计不等于全市旅游总收入。

3　文中单位地区生产总值能耗和电耗按现价计算，增速按不变价计算。

表 4　　2011 年 1–3 季度全市及四大功能区值能耗及增长

	能源消费总量（万吨标煤）		单位 GDP 能耗(吨标煤/万元)	
	1–3 季度	同比增长（%）	1–3 季度	同比增长（%）
全　市	5022.1	−0.87	0.44	−8.19
首都功能核心区	517.4	0.85	0.19	−4.66
城市功能拓展区	1880.8	−9.63	0.36	−17.06
城市发展新区	2090.5	2.99	0.88	−4.57
生态涵养发展区	304.2	0.91	0.68	−6.54

分功能区看，1–3 季度，城市功能拓展区能源消费总量同比下降 9.63%,单位地区生产总值能耗为 0.36 吨标煤,比上年同期下降 17.06%，高于全市平均降幅 8.87 个百分点，为全市节能降耗工作做出了积极贡献；首都功能核心区、城市发展新区和生态涵养发展区能源消费总量呈小幅增长趋势，但单位地区生产总值能耗同比分别下降 4.66%、4.57% 和 6.54%，降幅比上半年扩大了 0.52 个、2.41 个和 2.23 个百分点。

1–3 季度，城市功能拓展区用电量[4]最高，为 252.4 亿千瓦时，但和上年同期相比下降 2%；首都功能核心区、城市发展新区和生态涵养发展区用电量分别为 71.4 亿、201.2 亿和 40.1 亿千瓦时，同比分别增长 3.3%、7.3%和 3.1%，但用电量增速较上年同期有不同程度的回落，且均低于本功能区地区生产总值不变价增速。

二、四大功能区经济发展特点

（一）生产性服务业主导首都功能核心区发展，五大支柱行业运行良好

1–3 季度，首都功能核心区生产性服务业保持较快增长，金融、流通、商务、信息、科技五大行业增加值合计达到 1924.3 亿元，占功能区

4　全市输变电线路电耗损失部分未分解到区县，因此全市用电量不等于功能区用电量合计。

经济总量的70.5%，发挥了重要的支柱作用。其中，金融业实现增加值936.1亿元，同比增长4.8%，占核心区地区生产总值的34.3%，占全市金融业增加值的62.2%，比重比上半年上升1.1个百分点；批发零售、信息服务、商务服务等行业增加值均实现两位数增长。功能区主要行业中，金融业区位商[5]为2.6，具有明显的比较优势，能够在较长时间内支撑、带动区域经济发展（见表5）。

表5　2011年1–3季度首都功能核心区主要行业增加值及增速

	增加值（亿元）	同比增长（%）	占功能区GDP的比重（%）	区位商
第三产业	2526.4	6.1	92.5	1.2
信息传输、计算机服务和软件业	186.5	11.7	6.8	0.7
批发和零售业	353.3	14.1	12.9	0.9
金融业	936.1	4.8	34.3	2.6
租赁与商务服务业	263.2	11.3	9.6	1.3
科学研究、技术服务和地质勘察业	185.1	5.3	6.8	0.9

（二）城市功能拓展区第三产业举足轻重，高技术和现代服务业发展势头良好

1–3季度，城市功能拓展区第三产业实现增加值4551.9亿元，同比增长10.2%，增速快于其他功能区。第三产业已占到拓展区经济总量的86%，在全市第三产业中比重也达到了52.3%，对全市第三产业增长的拉动作用达五成以上，成为推动功能区乃至全市产业结构优化升级的重要力量。

分行业看，高技术服务领域的信息传输、计算机服务和软件业，科学研究、技术服务和地质勘察业增长较快，分别实现增加值747.6亿和569.7亿元，同比增长24.8%和9.3%；现代服务业中的租赁商务服务业、

5　区位商是产业效率与效益分析的定量工具，用来衡量某一产业的某一方面在一特定区域的相对集中程度或专业化率。本文中，区位商是指功能区特定产业产值在该功能区地区生产总值中所占的比重与全市该产业产值在全市地区生产总值中所占比重的比率，以此判断某一地区的优势产业（比率值大于1，表明具有比较优势）。

金融业分别实现增加值509.4亿元和443.4亿元，同比增长17.2%和6%。四个行业增加值合计占功能区地区生产总值的42.9%，对区域经济增长发挥了重要的拉动作用。

（三）城市发展新区工业经济保持增长，利用外资呈上升趋势

1–3季度，城市发展新区实现工业增加值1070亿元，占全市工业经济总量的49.0%，同比增长10.9%，高于全市工业增速3.6个百分点。从企业效益看，1–10月，功能区规模以上工业企业实现主营业务收入6070.8亿元，实现利润370亿元，均占全市规模以上工业企业主营业务收入和利润总额的四成以上，与上年同期相比，分别增长了9%和2.6%。

1–10月，城市发展新区实际利用外商直接投资13.3亿美元，占全市实际利用外资总额的20.3%，比重比上年同期提高5.6个百分点。从增长走势看，功能区实际利用外资同比增长57.8%，增速分别高于上年同期和今年上半年45.8个和40.2个百分点，呈快速增长趋势，对全市实际利用外资增长的贡献率达到61%。

（四）生态涵养发展区都市型现代农业增势较好，旅游休闲业收入较快增长

受农产品生产价格上涨、农产品结构调整等因素的积极拉动，1–3季度，生态涵养发展区实现农林牧渔业总产值71.7亿元，同比增长15.1%，实际增长2.3%。其中，设施农业和种业实现收入6.6亿元和4.5亿元，同比增长6%和59.3%，分别拉动总产值提高0.6个和2.7个百分点（见表6）。

表6　　1–3季度生态涵养发展区都市型现代农业发展情况

	收入（亿元）	同比增长（%）	拉动功能区总产值增长（百分点）
设施农业收入	6.6	6.0	0.6
种业收入	4.5	59.3	2.7
观光休闲农业收入	5.0	39.6	2.3
民俗旅游收入	4.9	15.6	1.1

2011年以来，涵养区加大项目投资规模，大力扶植沟域经济，有效

带动了旅游休闲产业的发展。1-3 季度，涵养区 678 个农业观光园累计接待游客 567.3 万人次，9606 户民俗旅游户累计接待游客 948.4 万人次，分别实现收入 5 亿元和 4.9 亿元，同比增长 39.6%和 15.6%，占全市观光休闲农业和民俗旅游总收入的比重达到 35.6%和 77%。

三、需要关注的问题

2011 年，全市四大功能区经济总体平稳运行，区域经济特色进一步显现。但需要关注的是，各功能区发展仍存在不同的制约因素，主要表现为：

（一）首都功能核心区经济增速放缓，完成投资年度计划存在一定压力

1-3 季度，首都功能核心区地区生产总值增速为 5.8%，比一季度回落 2.5 个百分点，比上半年回落 1 个百分点，且低于全市及其他功能区经济增长水平。1-10 月，全区固定资产投资仅完成年度计划的 67.3%；在房地产开发投资明显回落的影响下，固定资产投资同比增长较慢，增速为 5%，低于全市平均水平 10 个百分点，占全市投资总额的比重由上年同期的 6.4%降至 5.8%。

（二）城市功能拓展区外商投资带动不够，消费拉动稍显不足

1-10 月，城市功能拓展区实际利用外商直接投资 38.8 亿美元，同比增长 4.2%，增速在四大功能区中较低，占全市利用外资总额的比重为 59.2%，同比下降 5.5 个百分点，对全市外商投资增长的带动作用有所放缓，外向服务功能有待进一步提升。此外，城市功能拓展区累计实现社会消费品零售额 3165.4 亿元，同比增长 6.2%，增速居四大功能区末位，且低于上年同期增速 9.7 个百分点，占全市销售总额的比重同比下降了 5.7 个百分点。

（三）城市发展新区高技术制造企业收入和利润收缩，对工业经济的带动作用减缓

1-10 月，城市发展新区规模以上现代制造业企业主营业务收入和利润均呈上升趋势，同比分别增长 4.6%和 18.3%。但是，高技术制造业企业获利能力继续下降，发展优势逐步减弱，规模以上高技术制造业企业

实现主营业务收入1470.3亿元，同比下降6.6%，占全市规模以上高技术制造业企业主营业务收入的56.6%，比上年同期回落4.6个百分点，占功能区工业企业主营业务收入的比重也下降了4个百分点；实现利润总额58.8亿元，同比下降4.9%，低于功能区工业企业利润增速7.5个百分点；亏损企业亏损额高达28.2亿元，增长48.1%，占功能区工业企业亏损额的44.7%，比重比上半年扩大3.6个百分点（见图5）。

图5　　2011年1–10月城市发展新区规上工业企业效益增长情况

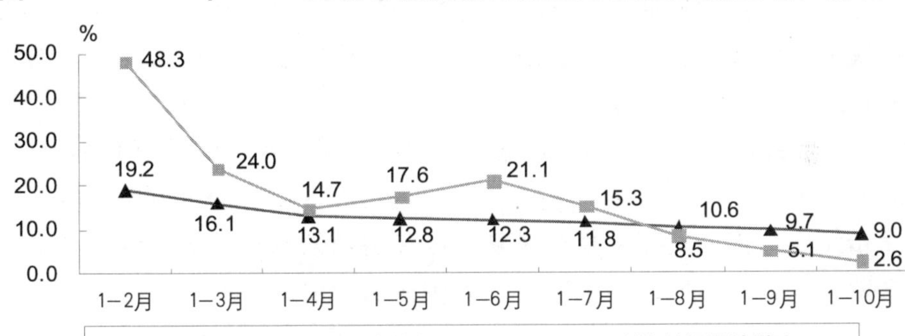

受此影响，1–10月，城市发展新区规模以上工业企业主营业务收入和利润总额增速分别比上半年回落3.3个和18.5个百分点；亏损企业亏损额达到63亿元，同比增亏22亿元。

（四）生态涵养发展区产业布局有待进一步优化

1–3季度，生态涵养发展区第一、二、三产业增加值比重为6%、50%和44%，第二产业仍处于区域经济主导地位。分行业看，1–3季度，生态涵养区工业增加值为190.5亿元，占全区地区生产总值的42.5%，同比增长10.5%，是全区经济增长的主要带动因素。第三产业中，房地产业增加值比重最高，为20.9%，同比增长14.1%，在当前宏观调控加大、贷款收紧和房地产市场低迷的环境下，房地产发展对经济拉动的稳定性与持久性值得关注；以高新技术产业、现代服务业、文化创意产业等为代表的新兴产业所占比重仍较低，对区域经济增长发挥实质性的带动作用尚需时日。从目前看，优化生态涵养发展区的经济结构和产业布局、提升产业内涵仍是一个相对长期的过程。

近年来，随着人均GDP突破万美元，北京经济在高端化发展格局初步形成之后，面临着发展动力转换、产业结构深度调整和升级的新任务，全市及各功能区在经济发展过程中更加注重产业结构的优化升级、科技创新的带动作用和增长的可持续性等方面，经济增长的质量和效益得到提升。2011年是“十二五”开局之年，全市在延续“十一五”时期“调结构、转方式”各项有力措施的基础上，进一步落实房市、车市调控政策，强化钢铁行业调整优化，加快战略性新兴产业发展。从增长态势看，尽管与“十一五”时期年均11.4%的增速相比，全市前三季度经济增长有所放缓，区域经济发展中也还存在上述一些问题，但这是北京市着眼经济长远发展，缓解资源环境压力，在经济结构和发展方式上主动调整的结果，是首都经济实现重大跨越的阶段性过程。“十二五”时期，首都发展还要牢牢把握经济增长方式转变的主线，进一步加快调整区域产业布局和经济结构，发挥主要产业功能区经济引领作用，协调城区和郊区经济发展重心，实现中心城区带动外围区域发展、区域差异逐步缩小的目标。

北京六大高端产业功能区经济增长稳中趋缓

◆◇王 滨 周 琮

2011 年 1—8 月，北京六大高端产业功能区经济增长稳中趋缓，其中，功能区重点行业支撑作用突出，生产性服务业等重点产业对全市经济影响显著，内资单位经营效益稳步提高，大企业发展态势良好。分园区看，各园区主导行业突出，但经济运行存在较大差异，金融街、临空经济区、奥林匹克中心区规模以上法人单位实现稳步增长，中关村示范区、北京商务中心区和北京经济技术开发区经营效益低于六大高端产业功能区平均水平。六大高端产业功能区应进一步发挥中关村示范区的创新驱动作用，提升高技术和现代制造业发展水平，为全市转变经济发展方式、提升发展质量发挥更大的作用。

一、六大高端产业功能区经济发展总体情况

（一）功能区发展对全市经济影响显著

在宏观经济政策趋紧的背景下，六大高端产业功能区经济增长有所放缓，但对全市经济的支撑作用仍然突出。截至 2011 年 8 月底，全市六大高端产业功能区共有规模以上法人单位 9073 家[1]，占全市规模以上法人单位总数的 24.4%；从业人员平均人数为 186 万人，资产总额达到 35.2 万亿元，分别比上年同期增长 8.6%和 6.6%，占全市规模以上法人单位的 32.1%和 40%。

1—8 月，六大高端产业功能区规模以上法人单位收入总额达到 20932.1 亿元，同比增长 16.7%，占全市规模以上法人单位收入总额的 37.7%，比重比上年同期提高 0.6 个百分点；实现利润和税金总额分别

1 本文中全市、六大高端产业功能区规模以上法人单位 1—8 月数据均不包括农业和建筑业数据。

为 2720.4 亿元和 1361.1 亿元，同比增长 27.3%和 32.6%，占全市利润和税金总额的 37.2%和 49.4%，比上年同期提高 0.5 个和 1.1 个百分点；六大高端产业功能区对全市规模以上法人单位收入、利润、税金总额的贡献率分别达到 44.2%、51.6%和 56.1%。

（二）功能区重点行业支撑作用明显

分行业看，工业、批发零售业、金融业、信息服务业、科技服务业、商务服务业、运输邮政业仍是六大高端产业功能区的支柱行业。1—8 月，上述 7 个行业规模以上法人单位数和从业人员平均人数均占功能区的八成以上；资产、收入、利润和税金均占功能区的 95%以上。其中，金融业实现利润总额 1297.9 亿元，税金 686.7 亿元，分别占功能区利润和税金总额的 47.7%和 50.5%，居各行业之首，比重同比上升 9.7 个和 4.4 个百分点；批发零售业收入最高，达 6641.2 亿元，占功能区收入总额的 31.7%，比重同比上升 2.2 个百分点。

（三）功能区生产性服务业实现较快发展

生产性服务业是六大高端产业功能区的主导产业。1—8 月，六大高端产业功能区共有规模以上生产性服务业法人单位 5894 家，实现收入 14450.7 亿元，同比增长 18.6%；实现利润和税金 2208.5 亿元和 1026.9 亿元，同比分别增长 29.4%和 37%，占六大高端产业功能区收入、利润和税金总额的 69%、81.2%和 75.4%，比上年同期提高 1.1 个、1.3 个和 2.4 个百分点。与全市相比，六大高端产业功能区规模以上生产性服务业收入占全市生产性服务业的 38.5%，增速高于全市生产性服务业 2 个百分点。

（四）内资单位经营效益稳步提高，大企业发展态势良好

六大高端产业功能区内资单位经营效益稳步提高，带动功能区资产收益能力进一步增强。截至 8 月底，六大高端产业功能区共有规模以上内资法人单位 7250 家，资产合计 33.3 万亿元，分别占功能区规模以上法人单位的 79.9%和 94.6%；1—8 月，实现收入 13352.2 亿元，利润 2058.6 亿元，分别比上年同期增长 19.7%和 36.6%，增速高于功能区港澳台资和外资法人单位水平，占功能区收入、利润总额的比重达到 63.8%和 75.7%，比上年同期提高 1.6 个和 5.1 个百分点。

同期，大企业发展态势良好，对经济增长的拉动作用日益突出。8 月底，六大高端产业功能区共有总收入上亿元的法人单位 1646 家，比

2010年同期增加208家，其中，超10亿元的企业有291家，比2010年同期增加40家，超百亿元的企业有34家，比上年同期增加6家。1－8月，上亿元企业实现总收入19392.1亿元，同比增长20.8%，高于功能区平均增速4个百分点；上10亿元的企业和上百亿元的企业收入分别增长22.8%和25%，高于平均增速6个和8.3个百分点；上亿元企业实现利润总额2453.7亿元，增长39.5%，高于功能区平均增速12.2个百分点，对功能区法人单位利润增长的贡献率达到119.1%。

二、各园区主导行业突出，经济运行各具特色

（一）中关村示范区位居六大高端产业功能区龙头地位

截至8月底，中关村国家自主创新示范区共有规模以上法人单位4871家，从业人员平均人数100.7万人，分别占六大高端产业功能区规模以上法人单位的53.7%和54.1%；1－8月，示范区实现收入9969亿元，占功能区总收入的47.6%；实现利润总额674.1亿元，实现税金总额365.7亿元，分别占功能区利润、税金总额的24.8%和26.9%，区域经济仍保持龙头地位。1－8月，示范区规模以上法人单位收入比上年同期增长16.5%，利润和税金分别比上年同期增长8.5%和15.7%。其中，工业、批发零售业、信息服务业、科技服务业4个行业规模以上企业收入、利润和税金均占示范区规模以上企业的九成左右，收入比重比上年同期提高0.4个百分点。

（二）金融业集聚发展带动金融街经营效益快速增长

金融街在六大高端产业功能区中资产总额最高、利润和税金总额占比最大，是带动六大高端产业功能区经营效益增长的主要因素。截至8月底，金融街共有规模以上法人单位583家，仅占六大高端产业功能区的6.4%，但资产总额达到30.3万亿元，占功能区的86.2%；1－8月，金融街实现利润1478.1亿元，实现税金691.2亿元，同比分别增长44.6%和49%，占六大高端产业功能区的54.3%和50.8%，比上年同期提高6.5个和5.6个百分点，对六大高端产业功能区利润和税金增长的贡献率达到78.1%和68%。其中，金融业是金融街的主导行业，规模以上金融业收入和利润分别占金融街的67.5%和77.3%，比上年同期提高2.3个和

9.7 个百分点；与全市金融业相比，其收入和利润分别占全市规模以上金融业的 39.6%和 28.5%，比上年同期提高 0.2 个和 6.6 个百分点，集聚态势更加明显。

（三）批发零售、商务服务、金融等主导产业比重下降影响北京商务中心区增速放缓

1-8 月，北京商务中心区共有规模以上法人单位 1830 家，实现收入 2965.2 亿元，比上年同期增长 8.6%；分别实现利润和税金总额 261.5 亿元和 136.2 亿元，同比增长 4.5%和 14%，增速均有所放缓。其中，批发零售业、商务服务业、金融业、房地产业是区域的主要行业，上述四个行业规模以上法人单位收入和利润分别占功能区的 83.5%和 94.9%，比重比上年同期下降 1.4 个和 1.2 个百分点。

（四）港澳台、外资主导北京经济技术开发区发展

1-8 月，北京经济技术开发区规模以上港澳台、外资法人单位收入、利润、税金均占北京经济技术开发区的八成以上，但分别比上年同期下降 1.9 个、1.7 个和 3.6 个百分点。受此影响，1-8 月北京经济技术开发区规模以上法人单位实现利润 169.3 亿元，同比下降 15.1%；实现收入 2190.6 亿元，实现税金 106.3 亿元，同比分别增长 6.5%和 1.6%。工业和以电子类产品销售为特征的批发零售业是开发区的主导行业，其规模以上企业收入合计占开发区收入的 92%；1-8 月，规模以上工业收入同比上升 3.6%，利润和税金同比上升 21%和 17.5%；批发零售业效益下滑明显，利润和税金分别比上年同期下降 45.9%和 19.5%。

（五）现代制造业拉动临空经济区实现平稳发展

1-8 月，临空经济区规模以上法人单位收入总额达到 2132 亿元，比上年同期增长 16.8%；利润和税金总额分别为 223.8 亿元和 126.9 亿元，同比增长 29.6%和 34.2%。运输邮政业和以现代制造为主体的工业是临空经济区的主导行业，规模以上法人单位收入和利润均占八成左右。其中现代制造业的拉动作用明显，1-8 月，临空经济区规模以上现代制造业利润、税金同比增速均高于临空经济区平均水平，贡献率分别达到 33.1%、33.2%和 56%。

（六）奥林匹克中心区经济总量偏小但保持稳步增长

奥林匹克中心区在六大高端产业功能区中经济总量仍然偏小，但整体经济保持稳步增长。1–8 月，奥林匹克中心区规模以上法人单位收入总额为 1728.2 亿元，实现利润和税金总额 87 亿和 39.9 亿元，分别占六大高端产业功能区的 8.3%、3.2%和 2.9%，均居末位；与上年同期相比，分别增长 45.2%、23.8%和 20.4%。其中，批发零售业、运输邮政业、金融业等是奥林匹克中心区的主导行业，规模以上单位收入占八成以上，利润和税金占七成左右（见表 1）。

表 1　2011 年 1–8 月六大高端产业功能区主要指标情况

	单位个数（个）	资产总额		收入合计		利润总额		税金总额	
		绝对值（亿元）	增速（%）	绝对值（亿元）	增速（%）	绝对值（亿元）	增速（%）	绝对值（亿元）	增速（%）
合　计	9073	352060.0	6.6	20932.1	16.7	2720.4	27.3	1361.1	32.6
中关村国家自主创新示范区	4871	19835.4	21.1	9969.0	16.5	674.1	8.5	365.7	15.7
金融街	583	303440.1	6.4	4229.9	12.6	1478.1	44.6	691.2	49.0
北京商务中心区	1830	16492.2	-6.6	2965.2	8.6	261.5	4.5	136.2	14.0
北京经济技术开发区	601	3705.0	15.1	2190.6	6.5	169.3	-15.1	106.3	1.6
临空经济区	614	5069.5	12.4	2132.0	16.8	223.8	29.6	126.9	34.2
奥林匹克中心区	991	6385.2	8.9	1728.2	45.2	87.0	23.8	39.9	20.4

注：中关村国家自主创新示范区按注册地原则统计，部分单位在其他功能区内经营，与按经营地原则统计的其他五个功能区中部分单位重复，六大高端产业功能区合计对这部分数据进行了扣减。

三、六大高端产业功能区经济发展中需要关注的主要问题

2011 年以来，北京“调结构、转方式”取得积极成效，全市经济发展步伐整体放缓，但经济结构和发展方式实现深度调整，综合发展水平得到稳步提升。六大高端产业功能区作为北京的创新引领区、高端要素

聚合区和全市经济发展的重要带动区，为充分发挥高端产业的引领和带动作用，还需在以下几方面予以更多关注。

（一）功能区经济增速放缓

目前，受欧债危机等因素影响，外部环境不稳定性、不确定性加大，国内经济继续深度调整，国内外市场需求进一步萎缩。在此背景下，六大高端产业功能区经济增速有所放缓。2010 年以来，六大高端产业功能区规模以上法人单位收入增速呈现稳中趋缓态势，由 2010 年 1—8 月的 27.3%逐步下降为 2011 年 1—8 月的 16.7%。2011 年以来，六大高端产业功能区规模以上法人单位的利润和税收增速也呈回落趋势（见图 1）。

图 1　六大高端产业功能区规模以上法人单位收入、利润、税金增速

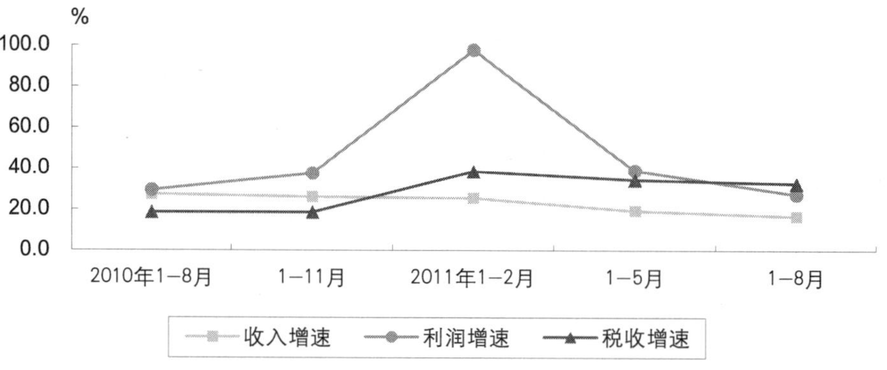

（二）现代制造业、高技术产业经济贡献率有所下降

1—8 月，六大高端产业功能区规模以上现代制造业、高技术产业收入均占功能区的 10%以上，是功能区的主要产业；但其收入、利润和税金增速均低于功能区平均水平，对功能区经济增长的拉动作用尚未得到有效发挥。与全市相比，六大高端产业功能区规模以上法人单位现代制造业收入占全市规模以上现代制造业收入的 72.9%，比重比上年同期下降 0.5 个百分点；高技术产业收入占全市高技术产业收入 94%，比重比上年同期下降 0.6 个百分点。分园区来看，中关村国家自主创新示范区、北京经济技术开发区是全市现代制造业、高技术产业的主要区域，上述两个功能区的两大产业收入增速均低于六大高端产业功能区平均水平。

表 2　2011 年 1–8 月六大高端产业功能区主要产业效益指标情况

	收入合计		利润总额		税金总额	
	绝对值（亿元）	增速（%）	绝对值（亿元）	增速（%）	绝对值（亿元）	增速（%）
六大高端产业功能区合计	20932.1	16.7	2720.4	27.3	1361.1	32.6
现代制造业	3042.7	6.2	215.8	16.9	146.8	24.9
高技术产业	2622.6	4.6	133.8	2.9	91.6	4.8

（三）中关村示范区、北京商务中心区和北京经济技术开发区经营效益低于六大高端产业功能区平均水平

1–8 月，中关村国家自主创新示范区经营效益指标增速呈现稳中趋缓态势，规模以上法人单位收入、利润和税金增速分别低于六大高端产业功能区收入、利润和税金增速 0.2 个、18.8 个和 16.9 个百分点。同期，北京商务中心区规模以上法人单位收入、利润和税金增速均居于六大高端产业功能区第五位，三项指标占六大高端产业功能区的比重分别同比下降 1.1 个、2.1 个和 1.6 个百分点。受诺基亚（中国）投资有限公司市场份额下降等因素影响，1–8 月，北京经济技术开发区规模以上法人单位利润同比下降 15.1%，是六大高端产业功能区中唯一一个利润下降的区域；收入和税金增速也均低于其他五个功能区水平。上述三大功能区增长趋缓态势需要引起更多关注。

四、发展对策建议

（一）进一步发挥中关村示范区的创新驱动作用

中关村国家自主创新示范区是全市科学发展的动力源泉，2010 年底国务院同意在中关村开展“1+6”系列新政策试点[2]，2011 年 1 月，《中关村国家自主创新示范区发展规划纲要(2011–2020 年)》出台，3 月《关

2　“1+6”系列新政策试点：“1”即搭建中关村创新平台，“6”即支持科技成果转化和企业创新发展的六项改革政策，分别是：科技成果处置权和收益权改革、股权激励个人所得税改革、股权激励试点方案审批、科研项目经费分配管理体制改革、完善高新技术企业认定、建立统一监管下的全国场外交易市场。

于中关村国家自主创新示范区建设人才特区的若干意见》发布，为示范区发展提供了密集的政策资源。示范区要进一步激活高端创新要素活力，加大体制机制创新和先行先试力度，加快推动重大科技成果转化和产业化，积极支持科技金融和人才集聚，支持企业创新发展和做强做大，促进高端产业集群发展，为全市经济转变发展方式、提高经济发展质量提供强大的科技支撑。使六大高端产业功能区不仅成为全市高端要素的聚合区，更要成为全市发展的创新集聚区。

（二）进一步提升高技术和现代制造业发展水平

受国内外市场需求减弱和原材料、人力成本上升等多重因素影响，六大高端产业功能区高技术和现代制造业增速均有所放缓，占六大高端产业功能区的比重和全市相应产业的比重均有所下降。六大高端产业功能区应坚持高端发展方向，积极实施大项目、大企业带动战略，重点推进京东方八代线、北京现代三工厂等重大项目建设，延伸制造业产业链，积极促进工业化与信息化、制造业与服务业的产业融合，提升电子信息、汽车、装备制造等产业发展水平。

中关村经济运行趋缓　创新依然活跃

◆◇宋晓梅　姜　虹　金　钊

在全球经济增速趋缓，国内经济发展方式转变的大背景下，随着建设国家自主创新示范区各项优惠政策的稳步推进，2011 年，中关村示范区经济增速有所放缓，但创新驱动作用有所显现，对全市经济发展的示范作用也在加大。

一、总体情况及创新驱动特点

1—10 月，中关村规模（限额）以上企业整体运行继续保持稳中趋缓的增长态势，实现总收入 13732 亿元，比上年同期增长 14.4%；利润总额 925.6 亿元，比上年同期增长 6.8%；出口总额 181.3 亿美元，比上年同期增长 8.3%，增幅均低于上年同期水平。

尽管经济增速有所放缓，但收入结构呈现积极变化，企业创新活动依然活跃。1—10 月实现技术收入所占比重为 13.9%，比上年同期提高 0.6 个百分点。截至 10 月末，共有 3382 家企业开展科技活动，所占比重为 67.5%，比上年同期提高 1.1 个百分点。创新驱动效果有所显现，呈现出以下特点：

（一）内资企业创新驱动效果突出

内资企业创新保持平稳水平，经济快速增长。1—10 月开展科技活动的企业比重为 67.5%，与中关村平均水平持平；创新驱动产生效果，实现总收入比上年同期增长 19.9%，增幅高于中关村 5.5 个百分点。

港澳台商投资企业创新最活跃，经济受影响大。1—10 月中关村开展科技活动的港澳台商投资企业比重为 78.7%，高出中关村平均水平 11.2 个百分点；外商投资企业比重略低，为 66.3%，低于中关村 1.2 个百分点。但港澳台商及外商投资企业受国际经济低迷影响较大，总收入增速仅为 5.4%。

（二）新兴高新技术领域创新驱动作用明显

在重点监测的六大高新技术领域中，创新活跃程度与上年相比普遍提高，同时多数新兴高新技术领域还表现出较快的发展势头（见表 1）。

表 1　　中关村总收入及开展科技活动情况表（亿元、%）

2011 年 1—10 月	总收入	总收入增速	开展科技活动企业比重	同期比重	比重增减
合　计	13732.0	14.4	67.5	66.4	1.1
其中：电子与信息	5991.3	10.3	69.8	68.8	1.0
先进制造技术	1773.6	15.1	69.5	68.6	0.9
新能源与高效节能	1405.3	8.4	69.8	67.6	2.2
新材料及应用技术	1120.5	24.2	62.0	60.5	1.5
生物工程和新医药	583.2	23.0	73.8	72.1	1.7
环境保护技术	176.6	24.9	72.6	69.8	2.8

生物工程和新医药领域创新活跃。1—10 月，该领域开展科技活动的企业比重为 73.8%，比上年同期提高 1.7 个百分点，所占比重最高；实现总收入比上年同期增长 23%，增幅高于中关村 8.6 个百分点。

环境保护技术领域蕴藏发展潜力。1—10 月，环境保护技术领域有科技活动的企业所占比重为 72.6%，比上年同期提高 2.8 个百分点，提升幅度最大；实现总收入比上年同期增长 24.9%，增幅高于中关村 10.5 个百分点。

先进制造技术领域均衡发展。先进制造技术领域是中关村第二大领域，1—10 月实现总收入比上年同期增长 15.1%，增幅高于中关村 0.7 个百分点，利润总额、实缴税费和出口总额分别增长 25.2%、15.3%和 13.2%，均高出中关村平均水平。从企业开展科技活动比重来看，该领域有科技活动的企业比重为 69.5%，比上年同期提高 0.9 个百分点，高于中关村 2 个百分点。

电子信息技术领域持续低迷。电子信息技术领域是示范区传统优势领域，占示范区经济总量近一半，但随着全球 IT 产品不断升级换代，以及全球金融危机等因素的影响，该领域总收入增速一直在较低水平徘徊，1–10月实现总收入5991.3亿元，同比增长10.3%，低于示范区4.1个百分点。但从企业科技活动情况来看，创新活动依然活跃，开展科技活动的企业所占比重为69.8%，比上年同期提高1个百分点，高出中关村2.3个百分点。

（三）“瞪羚”企业创新驱动潜力巨大

在重点监测的高新技术企业中，“国高新”、“十百千”和“瞪羚”企业创新活跃，开展科技活动的企业比重均大大高出中关村平均水平。其中“瞪羚”企业最高，为91.7%，高出中关村24.2个百分点；实现总收入比上年同期增长20.8%，也高出中关村6.4个百分点（见表2）。

“国高新”和“十百千”企业开展科技活动的比重分别为90%和84.8%，远高出中关村平均水平，但总收入增速均低于平均水平，为12%和7.2%。

表2　中关村重点企业总收入及开展科技活动情况表　（亿元、%）

2011年1–10月	总收入	增速	开展科技活动企业比重	比重增减
合　计	13732.0	14.4	67.5	1.1
其中：国高新	7576.7	12.0	90.0	1.6
十百千	4308.2	7.2	84.8	2.2
瞪羚	553.2	20.8	91.7	1.9

二、中关村在全市的示范作用有所显现

中关村发展不仅在依靠创新驱动方面取得初步成效，而且对全市经济发展的带动作用也日益突出。

（一）总量贡献大

经济总量占全市比重上升。近年来，中关村经济总量占全市比重逐年上升，2011年1–9月，中关村实现增加值2234.3亿元，占全市生产总值的19.6%，比上年初步统计数提高0.4个百分点。

（二）结构高端化

高技术制造业比重大于全市。1—10 月，中关村高技术制造业实现总收入占中关村制造业比重为 48%，高出全市高技术制造业比重 27 个百分点。

文化创意产业比重大于全市。中关村文化创意产业发展较快，1—8 月，中关村文化创意产业实现总收入占中关村比重为 25.3%，高出全市文化创意产业比重 15.4 个百分点。

（三）创新起点高

从创新投入看，科技人才集聚。科技活动人员是开展科技活动的主体，1—6 月，中关村科技活动人员占从业人员比重为 27%，比全市大中型工业高 18.2 个百分点。

从创新产出看，新品大量涌现。新产品是企业的创新成果之一，1—6 月，中关村实现新产品销售收入占产品销售收入的比重为 43.8%，比全市大中型工业高 23 个百分点。

从创新环境看，企业家认同度高。2011 年全市规模以上工业企业家创新调查结果显示：全市企业家对创新重要性的认同度为 58.6%，其中，中关村企业家认同度为 75.6%，明显高于全市平均水平。

（四）辐射能力强

流向京外的技术交易成交额比重高于全市。北京技术市场管理办公室统计结果显示，1—11 月，中关村技术合同成交总额流向外省市的比重达 36.7%，比全市高 0.7 个百分点；技术出口比重达 41.4%，比全市高 0.4 个百分点。技术成交额的外流，在一定程度上反映了中关村的科技辐射能力。

出口交货值比重高于全市。1—10 月，中关村规模以上工业实现出口交货值 763.7 亿元，出口交货值占工业销售产值的比重达 19.2%，比全市规模以上工业高 8.2 个百分点。

三、中关村与部分国家高新区比较

中关村作为首个获批的国家自主创新示范区，其优势不仅体现在引领全市经济发展，还应关注其对全国的辐射效应如何。通过与上海张江和武汉东湖国家自主创新示范区以及深圳高新区的比较，有助于分析当前中关村的优势和不足，对未来发展有所启示。

（一）经济总量全国居首，发展质量尚不同步

从产业规模看，2010 年中关村实现总收入、净利润和上缴税费占全国 56 个国家高新区总量的比重分别为 16.4%、17.7%和 15.4%，均位居首位（见图 1）。

图 1　　2010 年各高新区主要经济指标占全国总量的比重

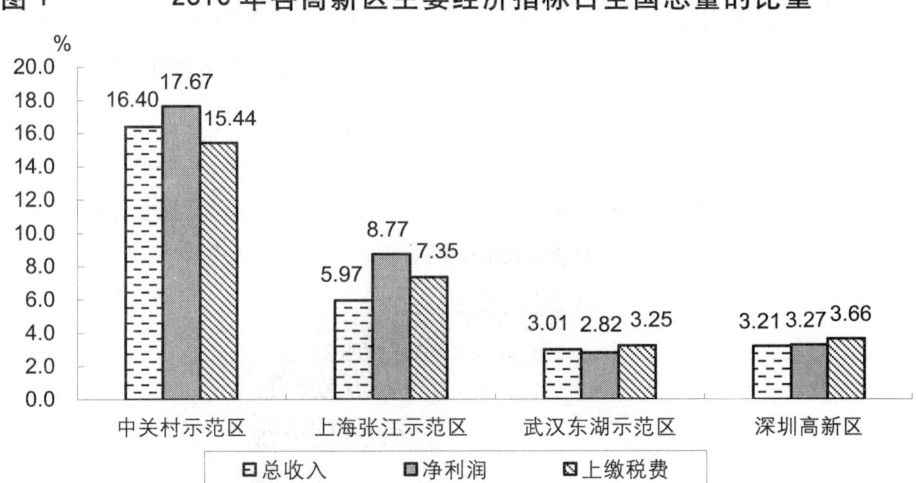

从企业平均水平看，2010 年中关村企业户均实现总收入、净利润和上缴税费分别为 101.39 万元、7.04 万元和 4.88 万元，与其他高新区相比排名均靠后（见表 3）。

表 3　　2010 年各高新区企业户均总收入、净利润、上缴税费情况

2010 年	总收入（万元）	净利润（万元）	上缴税费（万元）
中关村国家自主创新示范区	101.39	7.04	4.88
上海张江国家自主创新示范区	523.96	49.58	32.94
武汉东湖国家自主创新示范区	118.56	7.16	6.54
深圳高新技术产业园区	617.25	40.59	35.96

中关村作为全国规模最大的区域创新体系，应进一步完善高新技术企业认定政策，在优化企业质量上下工夫，大力鼓励企业创新，释放创新活力，从而提高经济增长质量。

（二）收入构成独具特色，产业结构多元发展

从总收入构成情况看，2010 年中关村实现技术收入 2478.1 亿元，占总收入比重的 15.6%（见表 4），在四个高新区中比重最高。表明中关村发展不断向高端升级。

此外，中关村实现产品销售收入占总收入的比重为 43.2%，其他高新区均在 80%以上。相比其他主要依靠工业生产拉动经济增长的高新区，中关村发展更具多元化。

中关村应保持现有企业创新水平，进一步提升产品技术含量。同时，在各个产业群中，依托龙头企业带动上下游产业链，加快创新成果的产业化，引领全国高新技术产业加速发展。

表 4　　2010 年各高新区总收入构成情况（%）

比　例	中关村示范区	上海张江示范区	武汉东湖示范区	深圳高新区
技术收入	15.5	7.6	9.1	0.7
产品销售收入	43.2	83.2	84.5	94.8
其他收入	41.2	9.2	6.4	4.6

（三）智力资源彰显优势，研发投入仍需加大

从人才数量和结构看，2010 年中关村共吸纳科技活动人员 30.7 万人，其他高新区拥有人员均不足 10 万人。其中，科技活动人员、中高级职称人员占从业人员的比重分别为 26.5%和 15.9%，排名均靠前。示范区人才聚集优势较强（见表 5）。

同时，中关村作为最具创新特色和活力的区域，研发投入不断加大，2010 年企业共投入 R&D 经费 260.4 亿元，远高于其他高新区。但 R&D 投入强度（R&D 经费占总收入的比重）仅为 1.63%，与其他高新区相比差距较大（见图 2）。

表 5　　2010 年高新区各种人力资源占从业人员比重

2010 年	科技活动人员（人）	科技活动人员占从业人员比重（%）	中高级职称人员占从业人员比重（%）
中关村国家自主创新示范区	307370	26.5	15.9
上海张江国家自主创新示范区	91840	27.8	10.2
武汉东湖国家自主创新示范区	83755	25.5	20.6
深圳高新技术产业园区	74094	24.8	13.2

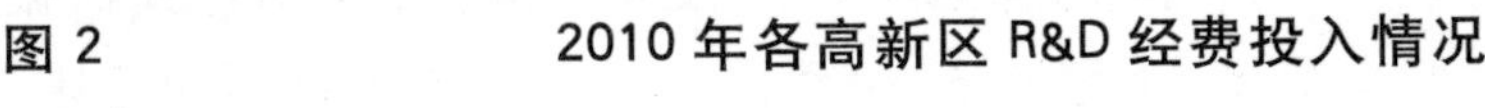

图 2　　2010 年各高新区 R&D 经费投入情况

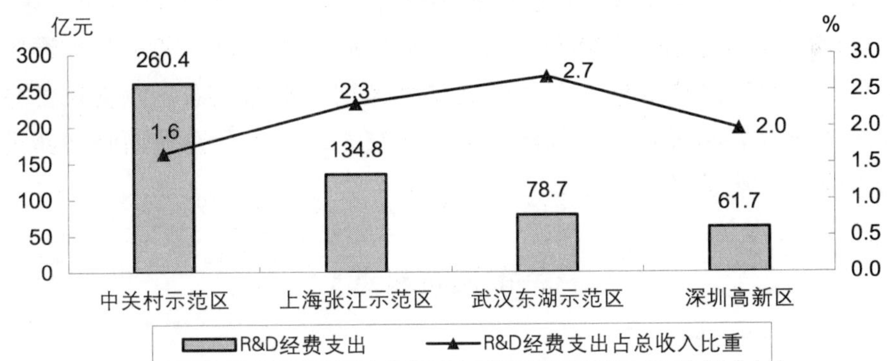

研发投入力度的加大，除外源性政策支持外，更有赖于企业自我创新意识。在国内外新一轮创新竞争中，企业应主动进行创新战略调整，加强同业间竞争与合作，以核心技术优势吸引更多研发投资和人才并降低成本消耗，提高管理效率，通过政策支持和市场竞争力的双重驱动，提升企业可持续创新能力。

抢抓机遇　以文化优势引领东城新发展

◆◇周　静

文化是经济发展的核心因素，是首都经济的重要支柱，也是实现可持续发展的生命力所在。与北京市其他区县相比，东城区最大的优势就是文化资源优势，同时，首都功能核心区行政区划调整后东城区所涵盖的地域空间有了重大变化，全区经济社会发展步入了一个新的历史阶段。又恰逢两个五年规划的交替点，无论是从空间范围而言，还是从长远展望来说，东城区经济都处于重要的战略机遇期。抢抓机遇，以文化优势引领东城新发展不仅是区域经济发展的客观要求，也是东城面临崭新机遇与挑战的必然选择。

一、审视新起点

（一）经济总量迈上新台阶

1. 地区生产总值进入超千亿元水平

2010年是“十一五”收官之年，东城区实现地区生产总值1223.6亿元，比上年增长9%，人均GDP突破2万美元。全区经济总量进入超千亿元行列，占全市经济总量的8.7%，总量低于朝阳、海淀和西城，在六城区中排第四位，与“十五”末期相比增长96.8%，年均增长14.5%。地均生产总值为29.24亿元/平方公里，仅次于西城，居六城区第二。

2. 财政收入突破百亿元大关

2010年，东城区实现财政收入102.8亿元，比上年增长10.1%，首次突破百亿元大关。从主要税种来看，营业税、土地增值税、增值税和房产税是拉动财政收入增长的主要力量，四大税种拉动全区财政收入增长9.3个百分点。从城区对比情况来看，我区财政收入的绝对量位于城六区第四位，低于朝阳区、西城区和海淀区。“十一五”期间，东城区累计实现财政收入404.9亿元，“十一五”末期比“十五”末期增长1.1

倍，年均增长15.9%。

（二）经济结构呈现新特点

1. 四大行业成为重要支撑

从行业构成来看，2010年增加值占地区生产总值比重超过10%的行业为金融业，租赁和商务服务业，批发和零售业，信息传输、计算机服务和软件业等四个行业，四大行业共实现增加值682.4亿元，占全区GDP的55.8%，对区域经济增长的贡献显著。其中，批发和零售业，租赁和商务服务业，信息传输、计算机服务和软件业等三个主要行业均实现两位数增长，金融业受宏观调控影响增幅回落。

2. 重点产业领跑全区经济

产业发展是全区经济的重要增长点，也是实现东城区总体战略定位的有力支撑。2010年，文化创意产业、商业服务业、旅游业、金融业、商务服务业和信息服务业六大重点产业[1]合计实现增加值773.2亿元，同比增长11.8%，增速较全区平均水平快2.8个百分点，对全区GDP增长贡献率为80.6%。从比重看，六大重点产业增加值比重占到全区经济总量的63.2%，其中金融业比重最高，达19.1%。

3. 中央单位经济贡献显著

东城区作为实现“四个服务”的重要载体，中央单位的聚集对全区经济的影响举足轻重，并一直是全区经济的稳定器。2010年，驻区中央单位实现增加值524.3亿元，占全区GDP的42.9%，对区域经济贡献超过四成；市属单位实现增加值67.4亿元，占全区GDP的5.5%；区属单位实现增加值60.1亿元，占全区GDP的4.9%；其他及无主管单位共实现增加值571.8亿元，占全区GDP的46.7%。

4. 功能街区实现特色发展

作为全市确定的新兴产业金融功能区，东二环交通商务区产业调整进一步深化，以总部企业为特点，以金融、商务服务和信息服务为主要业态的产业发展格局初步成型，区域内已入驻总部型企业33家，现有金融业法人单位60家，被北京市确定为“绿色金融商务区”。中关村科技

---

1 《北京市东城区总体发展战略规划（2011—2030年）》通过综合考虑区域产业发展基础、资源条件，结合未来东城区适宜发展的潜力产业分析，提出做强文化创意产业和商业服务业两大优势产业，做优旅游业、金融业、商务服务业和信息服务业四大支柱产业。

园区雍和园发展态势良好，国际版权交易中心实现交易额近5亿元，新增3个区级文化创意产业示范基地，64家文化创意企业获得区财政扶持资金3146万元。

二、抢抓新机遇

（一）优越的区位及交通条件为东城经济发展打造了良好的硬件基础

东城区作为中心城区，是首都功能最主要的载体之一，是国家和北京市行政、事业机构的主要集中地，集中体现北京作为国家首都的政治、文化中心和国际交往中心功能。辖区内拥有全国重要铁路枢纽北京站和全市重要的综合换乘枢纽东直门交通枢纽；南部毗邻亚洲最大的火车站——北京南站；已建成的地铁1、2、5、13号线、机场线和即将建成的6、7、8、14号线贯穿东城或有节点相连。东城区完备的城市基础设施，为各种企业经营发展提供了可靠的硬件环境保障。

（二）丰厚的多元文化资源为东城经济发展提供了多样化的软件基础

东城区有着丰富的以皇家文化、民俗文化为代表的历史文化资源，是全市历史文化遗存、胡同四合院和非物质文化遗产最为密集的地区。旧城仅有的两处世界文化遗产——故宫、天坛均坐落在东城，从永定门到钟鼓楼7.8公里的传统中轴线“文脉”纵贯南北；拥有历史文化街区18.5片，三级文物保护单位165处，挂牌保护院落413处，国家级及北京市非物质文化遗产54项；区域内融合了皇室、佛教、儒家、国学、会馆等传统文化，荟萃了奥运文化、演艺博览文化、出版文化、商业文化、体育文化等近现代文化。深厚的文化底蕴、丰富的文化资源是东城区未来发展最独特、最突出的优势。

多元文化资源对经济最直接的带动作用就体现在旅游业的发展方面。2010年，东城区旅游业共接待国内外游客6951万人次，占全市接待总人数的18.7%；旅游收入315.9亿元，占全市旅游收入的22.8%，接待人数和旅游收入在全市各区县中均仅次于朝阳区，排名第二。全区旅游业具有高星级饭店聚集和大型国际旅行社带动作用显著的特点。截至2010年底，全区共有星级饭店81家，其中五星级饭店15家，四星级饭店15家，三星级23家，合计占全区星级饭店数量的65.4%；旅行社

157家，占全市旅行社总数的19.2%，其中，国际旅行社72家，拥有出境经营许可权的国际旅行社43家。

（三）产业结构高端化为东城经济发展奠定了较高起点

1. 三产比重全市居首

从产业构成来看，全区第二产业实现增加值55.8亿元，较“十五”末期增长16.3%，年均增长3.1%，占全区经济总量的4.6%；第三产业实现增加值1167.8亿元，较“十五”末期增长1倍，年均增长15.3%，占全区经济总量的95.4%，三产比重在全市各区县中最高，较“十五”末期提高3.1个百分点。

2. 生产性服务业蓬勃发展

生产性服务业作为近些年新兴的服务业发展业态，在优化区域经济结构、推动全区第三产业发展等方面发挥了重大作用，成为东城区加快转变经济发展方式的重要抓手。2010年，全区生产性服务业实现增加值778.7亿元，比上年增长11.9%，占全区第三产业的66.7%，占全区经济总量的63.6%；对全区第三产业增长的贡献率达84%，对全区经济增长的贡献率达81.7%。

三、面临新挑战

近年来，东城区在市委、市政府的正确领导下，面对复杂多变的国内外经济环境，借助首都功能核心区行政区划调整的有利契机，全区经济保持了良好的发展态势，产业结构进一步优化，经济发展方式积极转变。同时，也面临着一些制约经济发展的矛盾和问题。

（一）GDP占全市比重较低，区域综合竞争力有待提升

2010年，东城区实现地区生产总值1223.6亿元，已进入超千亿元行列，总量位居全市各区县第四位，比排名第五的顺义区高出355.7亿元，但与排名靠前的城区差距较大。排名前三位的朝阳区、海淀区和西城区的经济总量均在2000亿以上，东城区与其分别相差1580.6亿元、1548亿元和834.1亿元，且差距较2009年均有所加大。从地区生产总值占全市GDP比重来看，东城区比重仅为8.7%，较2009年略有下降，与排名靠前城区相比也处于偏低的水平。

（二）可持续发展动力不足，新的经济增长点亟待培育

从拉动经济增长的行业看，目前东城经济发展依赖于少数行业，可持续发展的动力不足。2010 年，增加值占全区 GDP 比重超过 10%的行业共有四个：金融业（19.1%），租赁与商务服务业（12.5%），批发和零售业（12.3%），信息传输、计算机服务和软件业（11.9%）。这四大行业合计实现增加值 682.4 亿元，占全区经济总量的 55.8%，对全区经济增长的贡献率达 83.6 个百分点，是全区经济保持稳定的重要力量。随着相关产业由高速增长期向成熟期迈进，信息传输、计算机服务和软件业，批发和零售业等主要行业发展速度有所减缓。同时，金融业、信息传输、计算机服务和软件业、租赁与商务服务业等行业受宏观经济政策和外部环境影响较大。目前能够拉动全区经济快速增长的行业较少，新的经济增长点亟待培育。

（三）空间资源约束未明显缓解，对经济发展制约应引起关注

在行政区划调整之后，东城区在北京市 16 个区县中面积最为狭小。土地资源有限，其中，文保区总面积约占全区总面积的 1/4，人口过度聚集，常住人口密度超过 2 万人/平方公里，普遍高于纽约、东京和伦敦等世界城市中心城区，使得东城区的经济社会发展面临空间约束；土地利用结构不尽合理，居住用地比重高达 33.1%，土地利用率和集约化水平有待进一步提高，也在一定程度上加剧了空间资源的紧张局面。

四、谋划新发展

文化是经济发展的核心因素，也是实现可持续发展的生命力所在。与其他区县相比，东城区最大的优势就是文化资源优势，旧城仅有的两处世界文化遗产——故宫、天坛都位于东城，从永定门到钟鼓楼 7.8 公里的传统中轴线纵贯全区，天坛、地坛交相辉映，特别是旧城 33 片历史文化保护区中有 18.5 片位于东城区，是全市历史文化遗存和胡同四合院最为密集的地区，也是“首都文化”最为集中的区域。面对新的机遇与挑战，只有以丰富的历史文化资源为依托，才能将资源优势转化为竞争优势，实现区域综合竞争力新提升。

（一）加强旧城风貌整体保护

对以18.5片历史文化街区为核心的旧城进行整体规划，逐步恢复传统历史风貌，充分挖掘展示传统历史文化。在此基础上，因地制宜积极发展适合旧城传统空间特征的产业、公共服务等功能，或依托文化资源发展旅游，或利用四合院发展商务休闲，以形成各自发展特色，促进历史文化街区全面复兴。

（二）确立“文化经济”重要地位

以挖掘特色文化资源潜力为主线，以体现文化价值为核心，加快文化经济融合发展，大力发展文化旅游、文化演艺、文化版权等文化创意产业，加快推进“天坛演艺区”建设；增强文化对其他产业的渗透能力，提升产业的文化内涵、附加价值；营造具有丰富的文化底蕴和开放多元文化氛围的高品质发展环境，吸引各类高端要素聚集，助推经济发展。

（三）积极拓展发展新空间

以“彰显特色文化、聚集特色产业、实现特色化发展”为目标，打造一批特色文化产业街区，使之成为东城文化经济发展的重要空间载体。同时，以古都风貌保护为前提，以地铁网络为骨架，以重点功能区为重点，分层开发，构建系统化、现代化的地下空间体系；积极发展地下商业设施、地下交通、地下公共服务设施等，拓展区域发展新空间。

世界城市视野下的西城总部经济

◆◇马雅男

行政区划调整后的西城区，作为首都北京的功能核心区，是承担首都功能的主要载体，在发展首都经济的过程中占有独特的区位优势。在北京市市委、市政府建设世界城市的战略目标下，区划调整后的新西城在优势互补、资源整合的基础上，如何按照建设世界城市的标准和要求，明确发展定位和方向，实现区域繁荣与和谐，成为十二五规划发展的重要课题。

纵观全球主要世界城市，由于地域、历史条件等因素的差异，其发展模式也不尽相同。但在许多方面有着较为突出的共同特点，具体表现之一为具备较为高端的经济结构，其中，总部经济的发展起着举足轻重的作用。总部经济，作为区域经济的一种独特的经济形态，因其国际影响力大、经济带动力强、知识含量高等特征，已成为目前世界城市经济发展的重要构成部分。

一、什么是总部经济

（一）总部经济的概念

总部经济是指某区域由于特有的资源优势吸引企业将总部在该区域集群布局，将生产制造基地布局在具有比较优势的其他地区，而使企业价值链与区域资源实现最优空间耦合，以及由此对该区域经济发展产生重要影响的一种经济形态，其主要特点为具有知识性、集约性、层次性、延展性、辐射性和共赢性。

（二）总部经济的效应

总部经济通过跨国公司、国内大型企业总部在区域中心或中心城市高度聚集，调度资本、技术和人才等资源，对周边甚至全球产生强烈的经济效应。国内外经验表明，发展总部经济，有利于提升中心城市的集聚辐射和综合服务能力；有利于汇集高端产业，进一步优化升级产业结构；有利于增强城市综合竞争力，提升城市形象。

税收贡献效应。一方面是企业的税收贡献，即总部向所在地上缴的税收；另一方面是个人的税收贡献，即在总部工作的员工因其较为丰厚的收入所缴纳的个人所得税。

产业乘数效应。总部经济的发展必然会带动相关服务产业的发展，形成总部经济发展的产业链，提升区域内第三产业结构水平和经济竞争力。

消费带动效应。总部经济对于所在区域的消费带动包括有关的商务活动和员工带动的个人消费。

劳动就业效应。总部经济及其相关配套产业的发展可以提供大量的劳动岗位，特别是高端就业职位。

社会资本外部效应。总部经济的发展对所在区域产生较大的正外部性，提升地区知名度和国际影响力，加快城市的国际化步伐。

二、北京市总部经济的区域分布

在《中国总部经济发展报告（2009-2010 年）》（蓝皮书）中，北京市总部经济发展能力综合得分在全国 35 个城市中排名第一，其中，跨国公司地区总部和国内企业集团总部成为北京市总部经济发展的重要力量。从空间区域分布来看，北京市总部经济的空间聚集特征显著，初步形成了朝阳区的商务中心区（CBD）、西城区的金融街、海淀区的中关村科技园区海淀园、首都机场附近的临空经济区和丰台区的丰台总部基地等几大特色总部经济聚集区。

以上特色总部经济聚集区定位准确、特色鲜明。中关村科技园区海淀园是以 IT 产业为主的高新技术及研发总部聚集区；金融街汇集了众多金融总部和央企总部，是北京市资产最密集的区域；商务中心区（CBD）是北京市跨国公司最集中的总部经济聚集区；而位于北京首都国际机场附近的临空经济区，则是较为典型的航空和物流业总部经济聚集区。总部经济的集聚在成为北京市经济发展重要增长极的同时，也已经成为了城市发展水平的重要标志。

三、西城区总部经济概况

根据北京市统计局、国家统计局北京调查总队、北京市政府研究室共同制定的北京总部企业标准，2010年，西城区共有总部企业232家[1]，占全区法人单位的0.7%。截至2009年末，拥有资产18.1万亿元，占全区的35.9%；实现收入4445.6亿元，占全区的37.8%；吸纳从业人员13.8万人，占全区的16.9%（见图1）。

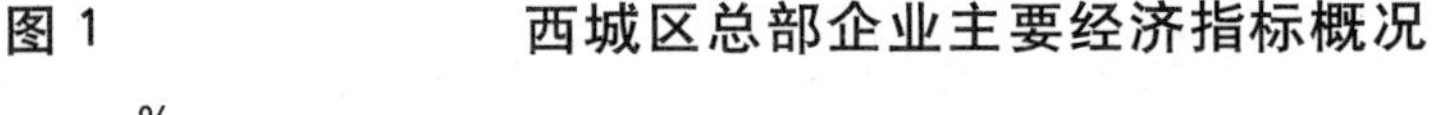
图1　西城区总部企业主要经济指标概况

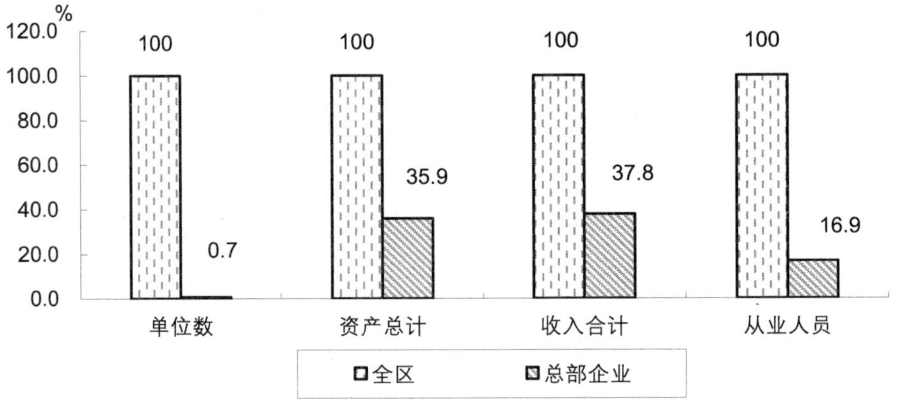

（一）区域分布情况

按街道分布划分，西城区总部企业主要集中在金融街街道、展览路街道、德胜街道和月坛街道。四个街道共有总部企业166家，占全区总部企业的71.6%。其中，金融街街道62家，占26.7%；展览路街道55家，占23.7%；德胜街道25家，占10.8%；月坛街道24家，占10.3%。

按功能街区划分，西城区总部企业位于功能街区的有114家，占全区总部企业的49.1%，主要集中在中关村德胜科技园、北京金融街和广安产业园。三个功能街区共有总部企业97家，占全部入驻功能街区总部企业的85.1%。其中中关村德胜科技园40家，北京金融街33家，广安

1 根据北京市统计局、国家统计局北京调查总队、北京市政府研究室共同制定的《北京总部企业标准》，西城区 232 家总部企业中不包括中国人民银行、国家开发银行等资产总计数额较大的中央银行和其他政策性银行。

产业园 24 家。

（二）行业分布情况

西城区 232 家总部企业有近 80%的企业集中于服务业、金融业和商业。其中行业为服务业的有 97 家，主要经营活动为投资与资产管理、企业管理和咨询服务；金融业 42 家，主要经营活动为存贷款结算、证券期货业务和各类保险业务；商业 42 家，主要经营活动为各类产品的批发和零售。

（三）资产分布情况

从隶属关系看，西城区总部企业资产主要隶属于中央，为 17.1 万亿元，占全部总部企业资产的 94.5%。隶属关系为市属的总部资产为 0.6 万亿元，占 3.3%；隶书关系为区属和其他的资产总计相对较小。

四、世界城市视野下的西城总部经济

世界城市是城市发展的高级阶段，是国际城市的高端形态，是对国际政治、经济和文化生活具有广泛影响力、控制力的城市，其具体特征表现为国际金融中心、决策控制中心、人才聚集中心和信息发布中心四个方面。北京市市委、市政府提出建设世界城市的发展目标，既是对新形势下首都科学发展做出的重要决策，也是为了更好落实首都功能定位、推动城市战略转型和经济结构转化的重要工作要求。立足西城区经济发展现状，一方面总部经济的繁荣发展与其独特的经济特点为建设世界城市奠定了扎实的经济基础，另一方面世界城市的规划与建立也为西城区总部经济的进一步优化发展带来了难得的机遇。

（一）以总部经济促进建立国际金融中心

国际金融中心，作为世界城市的具体特征之一，主要是指具备为企业和市场提供服务、管理和融资的能力，能够通过金融资本和资产运作对世界经济产生重大影响。在西城区的产业结构中，金融业在起着主导产业的作用，并具有鲜明的总部经济特征和区域聚集特征。2009 年末，西城区共有金融业法人单位 226 家，其中总部企业有 42 家，占全部金融业法人单位的 18.6%。此外，总部经济对西城区金融业的发展起到了至关重要的作用，西城区金融业总部资产总计为 16.2 万亿元，占全部总部企业资产总计的 89.5%，占全部金融业法人单位资产总计的 35.2%。

西城金融业总部企业地域分布相对集中，主要集中在金融街地区和以金融街为核心的周边区域，42 家金融业总部位于金融街功能街区的有 22 家，占到一半以上。根据 2008 年出台的《关于促进首都金融业发展的意见》中的“一主一副三新四后台”的金融业空间布局规划的要求，金融街作为首都金融主中心区，要进一步聚集国家级金融机构总部，提高金融街的金融聚集度和辐射力。围绕建设世界城市和“三区战略”，金融街的建设和发展应该是区域经济发展的重要核心内容，是建立国际金融中心的重要载体。从服务职能来看，金融街是具有绝对核心地位的国家金融管理中心，具有信息和政策发布的绝对优势。但与世界上成熟的国际金融中心相比，从金融市场结构来看，金融街还缺乏金融中心的辐射深度与广度。

综合北京市金融业发展的整体状况和总体规划，立足区划调整后的新西城区域特点，建立国际金融中心应考虑从聚集金融业总部经济入手。根据金融业总部的行业分类，金融街地区银行业的总部有 5 家，证券业 8 家，保险业 8 家，从事其他金融活动的 1 家；细分行业小类，证券经纪与交易、商业银行和保险业行业占了比较大的比重，说明存在经营同质化的现象，一方面同质化经营能够形成规模效应并吸引同类企业入驻，另一方面也说明金融街总部经济的发展还有较大潜力，行业分布缺乏发展中间业务的金融中介机构、证券咨询分析服务机构和金融信托与管理机构，行业辐射广度还有待于进一步拓宽。

根据资产总额情况，金融街地区行业为银行业的总部企业资产总额达到 10.6 万亿元，证券业 0.07 万亿元，保险业 0.4 万亿元，其他金融活动 0.2 万亿元。银行业在金融街的发展中具有绝对的龙头地位，同时也说明其他行业的辐射深度有待于进一步加强。

根据控股情况分析，金融街地区金融业总部控股情况为国有的有 12 家，集体控股 1 家，外商控股 2 家，港澳台商控股仅 1 家。可见金融业总部企业国际化发展存在很大空间。

进一步分析，除去发展深度、广度和国际化因素，国际金融中心的建立和成长主要可以从规模经济、区位经济和金融产品创新与流动三个方面进行分析。考虑到西城已经具备的区位优势和受国内政策影响较大的金融产品流动性的制约，规模经济就成为西城区发展国际金融中心的重要支点。大力发展金融业总部经济将有利于金融街地区规模经济做强做大，推动国际金融中心的加速形成。

（二）以总部经济带动发展决策控制中心

决策控制中心主要是指世界高端企业总部聚集，国际组织云集，能够协调国际资本流动和生产活动，对世界经济乃至政治格局的发展产生深刻影响。在《财富》杂志公布的2009年世界500强排行榜中，中国企业（包括中国香港和中国台湾）上榜数量达到54家，其中位于北京市的有30家，区划调整后的西城区共有13家企业上榜（见表1），数量上已经达到了世界城市水平。

表1　2009年《财富》杂志世界500强北京市西城区总部企业（按营业收入排名）

公司名称	2009年世界排名	2008年世界排名
中国国家电网	8	15
中国石油天然气集团公司	10	13
中国移动通信集团公司	77	99
中国工商银行	87	92
中国建设银行	116	125
中国人寿保险股份有限公司	118	133
中国银行	143	145
中国中化集团公司	203	170
中国电信集团公司	204	263
中国北方工业(集团)总公司	348	
中国联合网络通信集团有限公司	368	419
中国大唐集团公司	412	
中国国电集团公司	477	

从国内看，全国一流的企业总部聚集西城区，增强了西城区对于全国的经济影响力，也提高了西城区对于全国经济的决策控制能力；但是站在全球的角度，考虑在全球经济一体化的背景下，西城区总部经济的国际影响力还远远不够。在总部企业中，控股情况为外商控股或港澳台商控股的仅有36家，占全区总部不到两成。

（三）以总部经济推动构建人才聚集中心

人才聚集中心主要是指能够在全球范围内，吸引经济活动所需要的大量专业性高端人才，能够引领各种潮流发展。人才是世界城市的灵魂所在，总部经济则成为人才聚集的重要载体。总部经济的发展提供了大量高技术就业岗位，有13.8万人，占全区的16.9%。按行业分类主要集中在金融业和服务业，占到了全区期末从业人员总数的近六成，其中金融业4.9万人、服务业3.1万人。

总部经济有利于吸引高端人才。根据第二次全国经济普查数据显示，西城区总部企业从业人员中大本以上学历人员占45.2%，其中金融业总部企业从业人员大本以上学历人员的比例为71.4%，明显高于全区34.8%的平均水平。

此外，总部经济福利高、待遇丰厚，有利于中产阶层的形成，带动区域消费。2009年末，西城区总部企业从业人员平均工资为120878元，远高于全区平均水平。

对比世界主要发达城市，西城区专业高端人才数量还偏低，就业结构仍需完善和调整。与纽约40万人、伦敦30万人的金融从业人员数量相比，我区还有很大差距。在就业结构上，还缺乏支撑金融中介服务业发展的高端人才，配套服务产业链所需的大量专业人才也亟待补充。应加大人才吸引力度，创新人才引进模式和渠道，例如引进国际猎头公司、创办国际金融人才培训机构，着力引进一流的金融和商务人才，以人才吸引人才，以人才促进创新，将高端人才聚集转化为区域的竞争优势，从而为区域发展提供有力的智力支撑。

（四）以总部经济打造特色信息文化中心

信息发布中心主要是指全球性的各类信息、咨询云集汇聚，经过加工处理后通过各种形式流向世界各地，对全球经济的管理和控制产生广泛影响。在西城区坐落着新华通讯社、中央人民广播电台和国家广播电影电视总局等权威信息发布机构和媒介中心，为全国乃至全球提供各类新闻与信息服务。“一行三会”是全国重要的经济政策发布的出口，牵一发而动全局。与主要世界城市相比，西城区在信息服务方面独具特色但仍有很大的潜力。

西城区有着深厚的历史文化底蕴，聚集了大量的国家级的现代文化设施，应充分弘扬我们独特的区域文化特色，首先做到“文化搭台、经济唱戏”，通过繁荣的民族文化增强区域的特有魅力，把文化作为吸引总部企业入驻和产业发展的重要因素，大力宣传西城区的文化魅力；其次做到“资源整合、文化唱戏”，把文化发展成带动区域发展的重要产业，加大促进各类老字号企业的发展，提高文化产业的规模化程度，放开眼界提升视角，扩大其在全国的影响力。在保护好传统历史的基础上，实现文化、经济双丰收。西城有着广袤的文化沃土，应当在这片沃土上培植出绚丽的经济之花。

五、对于西城区发展总部经济的几点思考

总部经济的发展离不开政府的宏观引导，在总部经济的发展过程中，结合新西城的区域功能定位，政府应准确角色定位，充分发挥西城区显著的区位优势，通过总部经济的发展推动西城区在建设世界城市的进程中走在前列。

（一）发展总部经济，应以西城特色为本

立足北京市总部经济的整体发展状况可以看到，西城最大的优势在于国家政治经济决策资源分布集中。“一行三会”及各大国有集团总部的落户，是西城区发展总部经济的根本和基础性资源。在未来的发展过程中，应牢牢把握我区的比较优势资源，树立新思维，把我区特有的这部分总部资源优势最大化，综合利用，深度开发。要在北京市的整体发展中起重要作用，就必须打出自己的特色牌。相比朝阳区已形成较大规模的 CBD 地区、海淀区具有高科技特色的中关村科技园区，西城区总部经济的发展应该考虑我们的特色在哪里，短板是什么，如何利用好优势，怎样避免短板。

同时也应该看到，西城区在调控职能方面的局限性，在发展总部经

济方面，应争取更多的国家支持。2010年，习近平、刘淇等重要国家、市领导人先后来到金融街进行调研，并对金融街的发展提出了更高的要求。我们应该趁热打铁，加强与有关部门的沟通，在金融街的基本建设、规划方面争取政策上更大的支持。

（二）发展总部经济，应以规划布局为先

从发展规模和区域分布来看，西城区总部经济已经初步形成了聚集效应。科学的规划和合理的布局是一个总部经济聚集区持续、有序发展的必要条件。例如纽约的曼哈顿地区通过功能分区，在中心城区依托中央公园形成高档住宅区和商业中心区，在老城区则引导发展写字楼经济，为总部经济的持续繁荣奠定了重要基础。在北京市建设世界城市和总部经济蓬勃发展的大环境下，在对西城总部经济未来发展的规划中，应着力突出金融街的核心地位，准确把握西城区在地理位置、政治资源和基础设施方面的比较优势，拓宽思路，从空间布局入手，对总部经济的产业升级、功能划分、公共配套和服务设施建设等方面进行新的规划和定位，进一步提高总部经济对全区经济发展的示范效应和总部经济聚集产生的规模效益。

（三）发展总部经济，应以引导整合为重

良好的政策环境是总部经济建设和发展的重要保证，西城总部经济的发展应牢牢抓住金融业，进一步完善以金融业为基础的高端产业链。在伦敦的金融城，不仅拥有大量的商业银行和投资银行的前台机构，背后大量的数据中心、灾备中心也遍布其中，辅以全球最大的金融交易所和各类期货市场，从而形成了一个完整的金融产业链。发展总部经济，在依托市场的同时，也应同时加大相关政策的制定和投入，引导资源聚集和整合。一是制定有效的税收和财政补贴政策，降低企业总部的经济活动成本；二是调整高端人才就业政策，调节高端人力资源的流向，更好地推动总部经济的发展；三是制定相关产业政策有效支撑现代服务业发展，为总部经济提供完善的法律、会计、咨询等专业服务。

（四）发展总部经济，应兼顾软硬两个环境

一方面是加快区域基础设施建设，合理规划西城区的发展空间，引导企业总部向特定区域聚集，从总部经济提供一个良好的载体。在纽约的曼哈顿，生活配套极为完善，还有36家百老汇剧院、几百家演出场所和数万家的饭店酒吧，完善的配套环境为企业的商务活动和员工的生活带来了极大的便利；另一方面是通过各种软环境的营造，例如体制机制环境、政策环境、政府服务环境、各种专业服务体系的建设等，来提升为企业总部服务的水平和能力，加强对企业总部的需求调研，积极推进各类服务平台的搭建，充分释放政府服务效能。

朝阳区生产性服务业发展状况及与纽约、东京的对比和启示

◆◇褚雪霏　杨作毅　刘狄菲　郑晓光

加快发展生产性服务业，是贯彻落实科学发展观，积极转变经济发展方式的重要突破口，是促进经济增长和产业结构优化升级的重要推动力，是深入推进“新四区”建设，全面提升区域竞争力的重要途径。依托政策、资源等方面的巨大优势，朝阳区生产性服务业发展迅速，已经成为北京市发展生产性服务业的重要领地。

一、朝阳区发展生产性服务业的基础和优势

生产性服务业是指以市场化的中间投入服务为主导的行业，具有经营性和可贸易性的特点。根据《北京市生产性服务业统计分类标准》，生产性服务业根据业务活动特点划分为流通服务、信息服务、金融服务、商务服务、科技服务五大领域。

朝阳区凭借丰富的资源禀赋和良好的区位优势，区域经济实现又好又快发展，第三产业比重稳步提高，产业结构不断优化升级，在北京市率先实现服务业为主导的产业格局，服务业发展基础好和服务业人才聚集的优势为朝阳区发展生产性服务业奠定了坚实基础。从政策、资源方面看，朝阳区具有发展生产性服务业的巨大优势。

（一）政策优势

国务院于 2007 年下发了《关于加快发展服务业的若干意见》，在这之前，朝阳区就已将优化发展现代服务业写进“十一五”规划纲要，并在 2008 年提出“朝阳区四大重点产业发展三年行动计划”，受政府政策的鼓励和支持，朝阳区的产业结构不断优化升级，服务业比重稳步提升，为服务业中生产性服务业比例增加奠定基础。在奥运经济、总部经济和 CBD 功能区的带动下，商务服务业和金融业等生产性服务业发展活跃，

未来发展空间巨大。

（二）CBD 品牌优势

CBD 经过多年的发展，基础设施日趋完善，已经成为跨国公司总部和国际金融机构的聚集地；商务氛围成熟浓厚，已经成为首都发展商务服务等生产性服务业的聚集地；涉外资源最具优势，已经成为首都对外开放和与国际接轨的重要窗口。CBD 品牌在国内外的知名度和影响力不断提升，其品牌效应在吸纳总部企业入驻、吸收外资等方面得到充分彰显。

（三）国际化优势

朝阳区是北京市涉外资源最丰富的区县，聚集了全市近 80 个国际组织和地区组织代表机构，90%的外国驻京传媒机构和绝大多数驻华使馆，着力提升了朝阳国际化水平，承接了国内外生产性服务业转移，为朝阳区生产性服务业的发展搭建更广阔的平台。

（四）总部优势

总部经济的聚集和快速发展会产生大量金融、会计审计、信息咨询等生产性服务业的需求。朝阳区具有北京市独有的总部经济优势，云集了全市 24.4%的总部企业，80%的跨国公司总部，势必对朝阳区生产性服务业的发展产生巨大推动作用。

（五）资本优势

朝阳区聚集了纽约交易所、德意志交易所、韩国交易所、日本东京交易所等国际要素代表机构，培育了国贸、华贸、环球金融中心三大国际金融聚集区，积极促进了要素市场的发展，为朝阳区生产性服务业发展提供了资本优势。

二、朝阳区生产性服务业在全市的地位

（一）朝阳区生产性服务业对经济发展的引领作用高于北京市

据相关数据推算，2009 年，朝阳区生产性服务业实现增加值约为 1300 亿元，占全区 GDP 比重在 55%左右，高于全市 46.7%的平均水平 8.3 个百分点。

（二）朝阳是北京发展生产性服务业的重要领地

2009 年，全市生产性服务业实现增加值 5676.1 亿元，其中 22.9%

的经济量来自朝阳区，这一比重较全区 GDP 总量占全市比重（19.6%）高出 3.3 个百分点。

（三）“商务和流通”是朝阳区的优势领域

朝阳区商务服务领域实现增加值占全市的比重已达到 40.8%，流通服务占全市的比重也达到 34.9%，均高于全区生产性服务业增加值占全市的总体比重（22.9%）。

三、朝阳区生产性服务业总体运行情况

近年来，朝阳区生产性服务业发展迅速，经济规模连年攀升，优势领域增势强劲，产业集聚特征明显，已经发展成为第三产业乃至全区经济增长、产业结构调整、转变经济发展方式的重要推动力。

（一）主要经济指标增势良好

生产性服务业规模总量三年实现三段跨域，2008 年实现收入超过 8000 亿元，2009 年跨入 9000 亿元阶段，2010 年仅 1—11 月便已跨越万亿关口；占全区第三产业收入近八成；实现利润 1731.1 亿元，同比增长 33%；拥有资产 41430.6 亿元，同比增长 14%；吸纳从业人员 54.2 万人，同比增长 6.5%。各项指标数据表明全区生产性服务业正逐步进入快速发展通道。

（二）内部行业结构优势领域凸显

从生产性服务业内部结构看，2009 年五大领域按收入占总体的比重排序依次为流通服务（62.9%）、商务服务（18.2%）、金融服务（10.8%）、科技服务（4.9%）和信息服务（3.1%）（见表 1）。

流通服务积极发挥引领带动作用。以批发业为主体的流通服务实现收入近年来在全区生产性服务业中比重均保持在六成以上，2010 年 1—11 月，该领域实现收入 6812.8 亿元，占全区生产性服务业总量的 62.9%；同比增长 51.7%，增速高于整体平均水平（40.9%）10.8 个百分点，对全区生产性服务业收入增长的贡献率达到 73.8%。

商务服务全市领先优势显著。2010 年商务服务领域继续保持快速增长，1—11 月实现收入 1970.3 亿元，同比增长 41.5%，实现收入占到全市总量的四成以上，对全市商务服务领域收入增长的贡献率约为 37.4%。

金融服务增速有所放缓。受投资环境以及基期数据的双重影响，2010年金融服务领域增速较上年有所放缓。1—11 月实现收入 1169.7 亿元，同比增长 14.3%，增速较 2009 年全年水平回落 27.5 个百分点。

信息服务较快发展。2010 年 1—11 月，朝阳区信息服务领域在软件业、计算机服务业的带动下，保持了较快发展，实现收入 337.4 亿元，同比增长 25.2%，增速明显高于 2009 年全年水平 14.6 个百分点。

科技服务稳中有升。2010 年 1—11 月，全区科技服务实现收入 534.1 亿元，同比增长了 6.5%，与 2009 年全年增速 4.2%相比，保持了稳中有升态势。

表 1　　2010 年 1—11 月朝阳区生产性服务业各领域实现收入情况（亿元、%）

类别	收入	增速	比重
生产性服务业合计	10824.2	40.9	100
流通服务	6812.8	51.7	62.9
商务服务	1970.3	41.5	18.2
金融服务	1169.7	14.3	10.8
信息服务	337.4	25.2	3.1
科技服务	534.1	6.5	4.9

注：由于四舍五入原则造成合计和分项相加尾数不等，在此处不再调整。

（三）CBD 集聚特征明显

CBD 核心区对全区生产性服务业发展贡献突出。CBD 核心区（东扩后）面积仅占朝阳区域总体面积的 1.5%，却聚集了全区 22.5%的规模以上生产性服务业单位；2010 年 1—11 月实现收入 2689.3 亿元，占全区生产性服务业总量的 24.8%，对生产性服务业收入增长的贡献率接近 25%。内部结构呈现三个特点：

1. 产业内部结构趋于高端

商务服务、金融服务等科技含量较高的行业增长较快，2010 年 1—11 月实现收入同比增长均在 40%以上，两者收入合计占 CBD 核心区生产性服务业的 43.3%，高于全区 29%的比重。其中，商务服务领域在三星(中国)投资有限公司、壳牌（中国）有限公司等总部型单位的带动下，实现收入 873.3 亿元，占全区商务服务总量的 44.3%，增速与全区总体水平基本一致，均保持在 40%以上的快速增长区间。金融服务领域实现收入 292.6 亿元，占全区总量的 1/4；与去年同期相比增长 41.9%，增速高于全区平均水平 27.6 个百分点；对全区金融服务领域收入增长的贡献率接近 60%（见表 2）。

表 2　　2010 年 1—11 月 CBD 核心区生产性服务业各领域与全区对比（亿元、%）

类别	朝阳区		CBD 核心区		CBD 核心区占朝阳区比重	CBD 核心区对朝阳区贡献率
	收入	增速	收入	增速		
生产性服务业合计	10824.2	40.9	2689.3	39.6	24.8	24.3
流通服务	6812.8	51.7	1380.6	42.2	20.3	17.6
商务服务	1970.3	41.5	873.3	40.9	44.3	43.9
金融服务	1169.7	14.3	292.6	41.9	25.0	59.0
信息服务	337.4	25.2	113.4	12.2	33.6	18.1
科技服务	534.1	6.5	29.4	4.6	5.5	4.0

2. 流通领域继续保持支柱地位

2010 年 1—11 月，CBD 核心区内流通服务实现收入 1380.6 亿元，占全区该领域收入总量的 20.3%，对全区该领域增长的贡献率为 17.6%。

3. 信息、科技领域具有较大发展空间

2010 年 1—11 月，CBD 核心区信息服务领域实现收入 113.4 亿元，占全区该领域总量的 33.6%；科技领域实现收入 29.4 亿元，占全区该领域总量的 5.5%。虽然目前两个领域的发展暂不突出，但在各类政策措施的支持和促进下，未来仍有较大发展空间。

四、朝阳区生产性服务业与纽约州、东京市的对比分析

（一）美国纽约州

通过分析 1997 年至 2009 年美国纽约州的数据，得到其发展生产性服务业的三个特点：一是生产性服务业在州地区生产总值中所占比重稳定在40%–42%；二是金融服务和商务服务在生产性服务业中所占比重超过60%；三是信息服务、商务服务发展较快，流通服务增速低于整体水平。

（二）日本东京市

东京经济发展方式的转变轨迹与朝阳相似，都是由制造业为主体的发展模式转变为以流通服务和商务服务为主导的生产性服务业为主体的发展模式。通过数据分析，东京生产性服务业呈现的三个特点：一是制造业产业升级对生产性服务业促进作用显著；二是生产性服务业实现增加值、吸纳就业均在 40%以上；三是流通服务为第一大行业，商务服务和金融服务比重达五成。

通过与纽约、东京的对比分析可以发现朝阳区生产服务业发展整体水平已达到或超过国际先进标准，但在内部结构上，金融服务、商务服务和信息服务所占比重偏低。

五、朝阳区加快发展生产性服务业的对策建议

基于《中共中央关于制定国民经济和社会发展第十二个五年规划的建议》把“推动服务业大发展作为‘十二五’时期我国产业结构优化升级的战略重点”及“要推动特大城市形成以服务经济为主的产业结构”等总体背景，立足《北京市国民经济和社会发展第十二个五年规划的建议》中明确提出“要提高服务业的带动能力，集中力量塑造北京服务品牌，建立辐射全国、辐射全世界的现代服务业产业体系”，结合朝阳区“国际商务中心”的总体定位，朝阳区的生产性服务业还要继续向前发展，并对北京市发展生产性服务业起到更大的带动和引领作用。为此提出三点对策建议：

（一）积极争取，寻求支持，先行先试，扩大优势

建议北京市政府及国家相关部门把北京 CBD 摆在对推动生产性服务业发展的国家战略层面来考虑，对朝阳区给予一定的产业政策支持，扩大发展成果，创新机制，先行先试。

（二）发挥区位优势，走微型集聚区发展模式

以伦敦、纽约、东京为代表的世界城市都经历了单个 CBD 到微型 CBD 网络初步建立的过程，朝阳区地域范围辽阔，区域特色鲜明，并正在“凸显大商务中心区”的思路下进行功能细分，推进“十大发展基地建设工作”，具备了一定的条件。

（三）调整内部结构，做强商务服务业，做活商贸流通业，做大金融业，做实信息服务业

做强商务服务业，顺应世界产业战略转移大趋势，从生产外包转向服务外包，并从管理流程、人员培训，到设备融资租赁、产品测试等每一个环节拓展新兴商务服务领域。做活商贸流通业，抓住北京加快国际商贸中心建设的契机，着力提升区域国际流通交易功能，提高批发总部企业的聚集度，并以此带动各类中小型批发企业及物流产业的发展。做大金融业，充分发挥朝阳区外资银行量多的优势，坚持走国际化道路，积极推动国际金融咨询中心、期货和金融衍生品中心及国际保险中心的建设，打造“国际金融主聚集区”，进一步发挥金融业对整体经济和生产性服务企业的资金支持和融资保障作用。做实信息服务业，应加大在人才、科技、技术改造、高技术产业化、知识产权保护等方面的政策扶持力度，推进新一代移动通信、信息服务的发展，大力发展电子商务、社区网络、数据库服务、数字出版等新兴内容产业。

“十二五”时期丰台区主要指标发展趋势研究

◆◇牛春凤　薛俊玲　常　鹏

“十一五”时期，丰台区经济保持了持续健康快速发展的势头，五年间累计实现地区生产总值2868.7亿元，年均增长14.1%，比计划目标高4.1个百分点；累计实现财政收入175.5亿元，年均增长21.3%，比计划目标高6.3个百分点；累计完成固定资产投资1816.7亿元，年均增长16.6%；累计实现社会消费品零售额2651.3亿元，年均增长17.6%；2010年末，城镇居民人均可支配收入为27081元，年均增长11.4%；农民人均纯收入14544元，年均增长10.1%。上述各主要指标无论增量还是增速均是历史发展最快的时期之一，为丰台未来的发展奠定了坚实的基础。

一、地区生产总值的分析预测

通过分析2001—2010年间丰台区经济发展情况，对2011-2016年全区经济发展规模建立模型进行预测（见图1）。

图1　　2001-2010年丰台区GDP及趋势预测

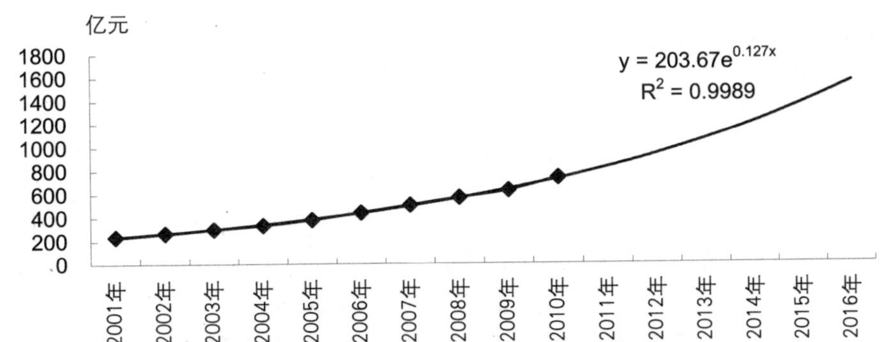

从图 1 可以看出，在 2001—2010 年十年间，我区经济呈现平稳并加速增长的态势，对 GDP 建立指数分析模型（$y=203.67e^{0.127X}$）进行预测，拟合度达到 99.9%。通过对 GDP 走势的预测显示，到 2016 年，全区地区生产总值有望达到 1759.9 亿元，2011−2016 年年均增长将达 14.4%。

分产业对 GDP 预测。从图 2 可以看出，在 2001—2010 年十年间，我区第一产业发展平稳，第二产业较快增长，第三产业呈现加速上升的趋势，充分反映出第三产业的主导作用。对 GDP 分产业建立多项式分析模型如下：

第一产业 $y=0.0246x^2-0.3366x+1.9866$；

第二产业 $y=0.6968x^2+2.0938x+79.76$；

第三产业 $y=131.18e^{0.1455X}$

对三次产业进行预测，拟合度分别达到 89.5%、95.6%、99.5%。通过对 GDP 分产业的预测显示：到 2016 年，第一产业实现增加值 2.9 亿元，年均增长约 17.5%；第二产业实现增加值 334.4 亿元，年均增长 11.2%；第三产业实现增加值 1345.6 亿元，年均增长 14.5%。分别预测的三次产业增加值之和为 1682.9 亿元，比 GDP 总量的预测值低 76.9 亿元，误差率为 4.6%。总体来看，因为分产业预测的拟合度均低于 GDP 总量预测的拟合度，造成两者之间存在误差。从产业看，GDP 的发展趋势与第三产业一致，拟合度最好，说明第三产业是我区未来经济发展的支柱，将会引领全区发展。

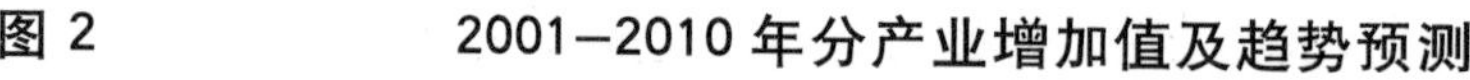
图 2　2001−2010 年分产业增加值及趋势预测

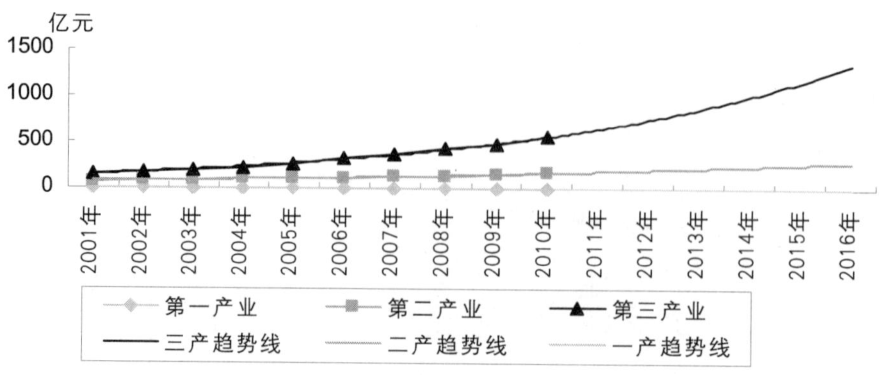

通过对 GDP 分产业的预测，到 2016 年，全区经济总量有望达到 1682.9 亿元，年均增长 13.7%，比 GDP 增速预测低 0.7 个百分点。从三次产业所占比重看，第三产业占 GDP 比重将达到 80%，比 2010 年底增加 4.5 个百分点。从产业内部结构看，“十一五”时期累计增加值所占比重最大的五个行业是：工业 15.7%，科学研究、技术服务和地质勘察业 13.2%，批发和零售业 11.6%，房地产业 10.7%，建筑业 9.3%。这五大行业构成我区 GDP 和财政收入的主体，是经济发展的支柱行业。与全市发展对比来看，差距最明显的是金融业，“十一五”末该行业占我区 GDP 的比重为 9.2%，低于全市平均水平 4 个百分点。2011–2016 年将是丰台区大力发展第三产业特别是文化创意产业、生产性服务业、金融业的黄金时期，未来 5 年的发展将会延续“十一五”时期的发展态势。

二、财政收入的预测分析

“十一五”时期末，我区财政收入达到 47.3 亿元，5 年间增加 29.3 亿元，年均增长 21.3%。从图 3 可以看出，在 2001—2010 年十年间，我区财政收入呈现平稳增长并加速前行的态势，有力地推进了城市基础设施建设和环境改善，保障了社会各项事业全面发展。对地区财政收入建立指数分析模型（$y=7.3728e^{0.1892X}$）进行预测，拟合度达到 99.2%。通过预测显示：到 2016 年，全区财政收入有望达到 152.2 亿元，2011–2016 年年均增长 21.5%。

图 3　　2001–2010 年财政收入及趋势预测

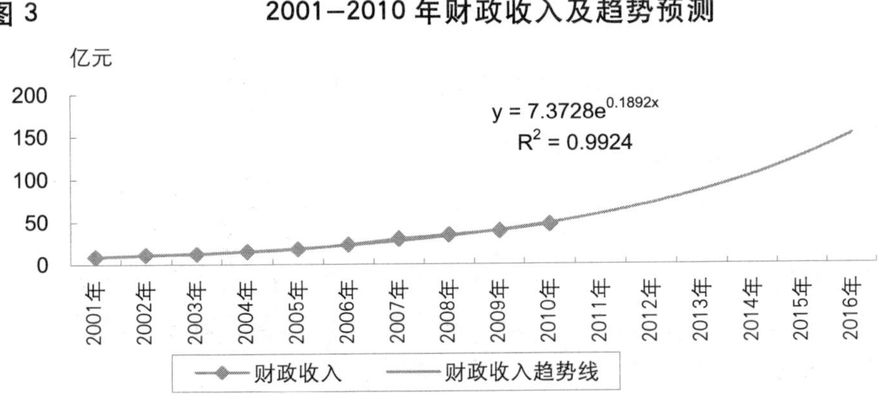

三、工业总产值的预测分析

“十一五”时期末，我区工业总产值达到 433.5 亿元，5 年间增加 164.6 亿元，年均增长 10%。2001 年申办奥运会后，按照全市统一规划，关闭了长辛店地区工矿生产企业并搬迁红狮涂料厂；2008 年底受金融危机影响，工业生产出现下滑；2010 年，受首钢搬迁影响，为首钢生产配套产品的两家企业停产。从图 4 可以看出，在 2001—2010 年十年间，全区工业克服各种困难后呈现小幅波动并平稳增长的趋势。对工业总产值建立多项式分析模型（$y=0.2886X^2+28.863X+113.14$）进行预测，拟合度达到 99.4%。通过预测显示：到 2016 年，全区工业总产值有望达到 648.8 亿元，2011−2016 年年均增长 7%。

图 4　　2001−2010 年工业总产值及趋势预测

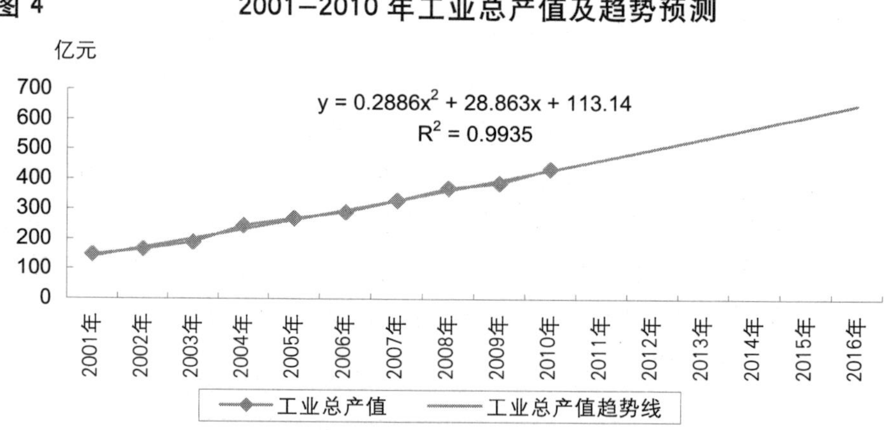

四、固定资产投资的预测分析

“十一五”时期末，我区固定资产投资达到 504.6 亿元，五年间增加 272.4 亿元，年均增长 16.8%。从图 5 可以看出，在 2001—2010 年十年间，我区固定资产投资呈现较快增长的趋势，特别是北京市城南行动计划实施以来，加大铁路、公路和城市轨道交通等基础设施建设，我区投资势头良好。建立多项式分析模型进行预测：

$$y = 0.3983X^3 - 5.9636X^2 + 68.072X - 3.1167$$

拟合度达到 97.7%。通过预测显示：到 2016 年，全区固定资产投资有望达到 1190.7 亿元，2011–2016 年有望年均增长 15.4%。

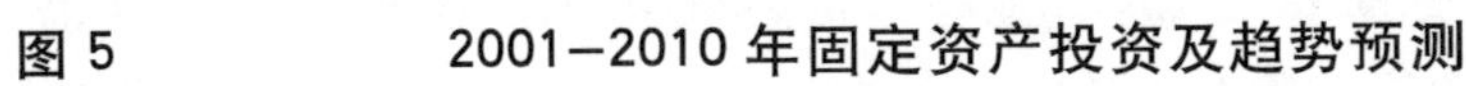
图 5　　2001–2010 年固定资产投资及趋势预测

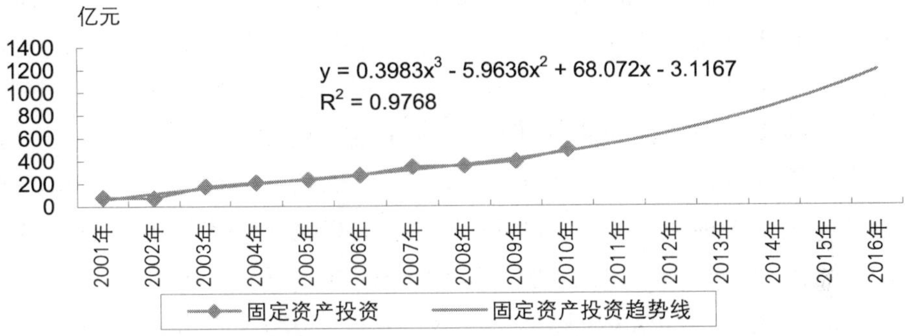

五、社会消费品零售额的预测分析

“十一五”时期末，社会消费品零售额达到 722 亿元，在汽车销售旺盛的有力带动下，五年间增加 400.6 亿元，保持了年均 17.6%的较高增速。从图 6 可以看出，在 2001—2010 年十年间，我区社会消费品零售额呈现小幅加快增长的趋势，对社会消费品零售额建立多项式分析模型（$y = 5.5686X^2 - 6.043X + 218.24$）进行预测，拟合度达到 97.8%。

图 6　　2001–2010 年社会消费品零售额及趋势预测

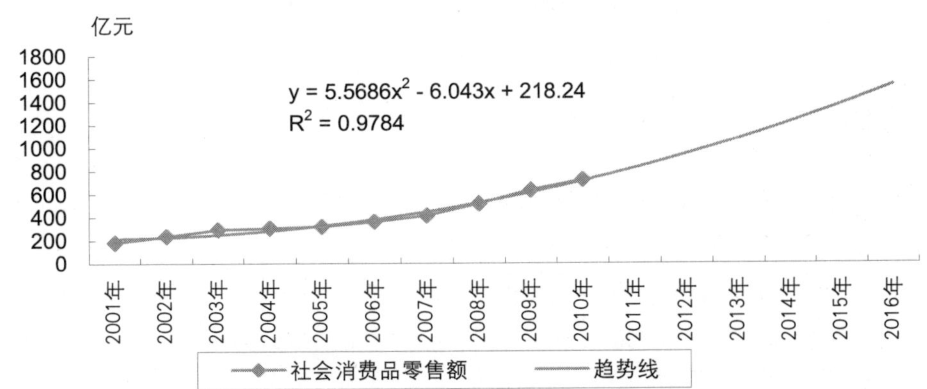

通过预测显示：到 2016 年，社会消费品零售额有望达到 1547.1 亿元，2011−2016 年年均增长 13.5%。由于北京市实施限车政策，出现不可抗拒因素，对我区汽车销售产生较大影响，从 2011 年社会消费品零售额完成情况看，实现 13.5%的增长是不现实的，这是纯模型预测的结果。从 2012 年的形势看，将与 2011 年发展一样，统计口径可比，有望恢复正常年份水平。

六、城乡居民收入的分析预测

“十一五”时期末，城镇居民人均可支配收入 27081 元，农村居民人均纯收入 14544 元，五年间分别增加 11286 元和 5549 元，年均增长 11.4%和 10.0%。从图 7 可以看出，在 2001—2010 年十年间，我区城乡居民收入呈现平稳较快增长的趋势，城镇居民人均可支配收入增速略高于农村居民人均纯收入。对城镇居民人均可支配收入建立指数分析模型（$y=9234.1e^{0.1102X}$）进行预测，拟合度达到 99%，预计到 2016 年，全区城镇居民人均可支配收入有望达到 53844.7 元，年均增长 12.1%。对农村居民人均纯收入建立二次多项式分析模型（$y=59.121X^2+212.3X+6337.3$）进行预测，拟合度达到 99.1%。通过预测显示：预计到 2016 年，全区农村居民人均纯收入有望达到 24869.1 元，年均增长 9.4%。

图 7　　2001−2016 年城乡居民收入及趋势预测

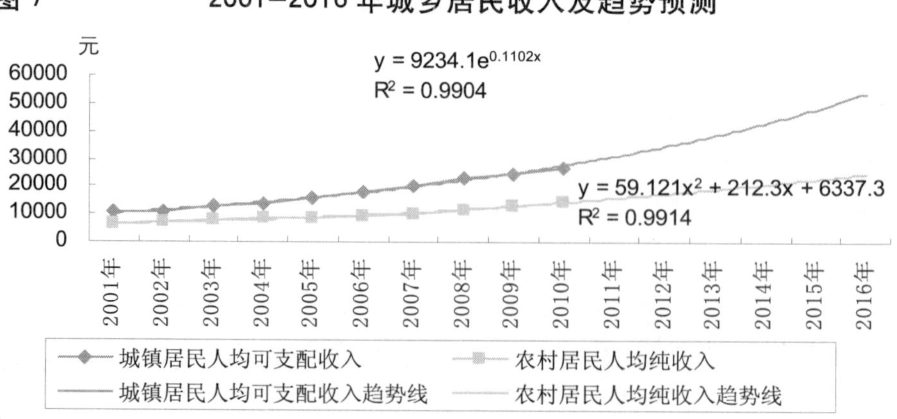

七、2011-2016年发展机遇和挑战

“十一五”时期，我区经济总体运行良好，为2011-2016年发展打下了坚实的基础，城南行动计划、城市西部地区加快发展、北京丽泽金融商务区、科技园区东区三期和西区、园博会以及世界种子大会、两带四区建设都为丰台区今后发展带来了难得的机遇。“十二五”时期及以后一段时间丰台经济发展方式加快转变，世界城市建设纵深推动、城南行动计划全面实施、城乡一体化深入推进、京津冀都市圈加速形成，都将给丰台破解历史难题、改变城乡面貌、释放发展潜力、实现跨越发展提供难得的历史机遇。

从全市看，新东城、新西城行政区划的调整是北京市整合资源，挖掘新的增长极的重大举措，合并后的区域实力进一步增强，未来丰台的崛起机遇与挑战并存。同时，“十一五”时期其他区县发挥各自区域产业特色，各项指标取得较快发展，对我区发展形成新的挑战，GDP年均增速和地方一般预算收入均高于我区的发展新区有：昌平、通州、顺义和大兴。丰台区要审视新起点，面临新挑战，抢抓新机遇，实现新跨越，打造成北京建设中国特色世界城市的新空间、新名片。

打造新首钢高端产业综合服务区问题研究

◆◇陈　伟　杨金忠　徐毅娟

“十一五”以来，石景山区经济逐渐步入稳定向好的发展轨道。然而，在首钢涉钢产业搬迁调整等因素影响下，原有支撑经济增长的力量，有些不能适应新形势、新要求，也不能有效化解各种新矛盾、新制约。建设新首钢高端产业综合服务区（以下简称“首钢新区”），是北京市“十二五”规划做出的战略部署，是加快转变经济发展方式，进一步优化首都高端产业发展空间布局的重要举措。本文试就如何适应新形势，加大创新力度，突破发展瓶颈，全力打造首钢新区作初步探讨。

一、建设首钢新区的战略意义

建设首钢新区，对于提升首都城市功能，推进石景山区转型发展，具有十分深远的影响和重要的战略意义。

（一）从全市层面看，首钢新区是北京高端产业发展的重要载体

首钢新区作为北京市“十二五”规划明确提出的“四新”之一，与通州高端商务服务区、丽泽金融商务区、怀柔文化科技高端产业新区等相关功能区一并被纳入到了北京城市经济高地范畴，成为促进全市高端产业发展的重要载体和重要力量，在拓展首都经济发展空间、提升首都经济总体规模和综合竞争力方面将发挥重要作用。

（二）从区域层面看，首钢新区是石景山区加快地区转型发展的重要引擎

近年来，石景山区提出了由传统工业石景山向绿色生态石景山转型的总方向，首钢新区作为区域转型发展可利用的核心空间，是加快经济转型升级的新空间，是培育大产业、大项目的新载体，对于加快石景山区战略转型与发展必将产生深远影响。

二、打造首钢新区的现实基础

近年来，石景山区经济发展逐步形成增长速度稳中加快、运行质量好中提升、发展动力强中趋活的良好局面，目前正进入转型发展的战略新阶段，这为首钢新区发展奠定了良好基础。

（一）从经济规模看，GDP 总量扩张明显，投资总额快速增加，财政实力大大增强，为打造首钢新区奠定了经济基础

石景山区地区生产总值 2006 年突破 200 亿元，因首钢限产而于 2009 年产生波动，但整体态势稳步向上；投资总量由 2004 年的 39.7 亿元增加到 2010 年的 154.4 亿元，总量占全市比例也由 1.6%提高到 2.8%；区级财政收入从 2004 年的 9 亿元增加到 2010 年的 19 亿元；财政支出从 2004 年的 13.7 亿元增加到 2010 年的 47.8 亿元。这表明，全区综合经济实力明显增强，保持经济平稳较快发展和社会和谐进步的物质基础更为坚实。

（二）从经济结构看，产业结构与就业结构升级明显，经济结构高级化趋势增强，为打造首钢新区奠定了空间基础

产业结构中，三次产业增加值比例从 2005 年的 70.8：29.2 调整为 2010 年的 43.9：56.1。2010 年现代服务业、文化创意产业和高技术产业分别实现增加值 113.4 亿元、47.4 亿元和 25.2 亿元，2006－2010 年的年均增速分别达到 30.3%、63.7%和 74.8%。就业结构中，三次产业城镇法人单位从业人员比例由 2005 年的 51.6：48.4 调整为 2010 年的 44.1：55.9，二产从业人员比例下降，三产从业人员比例稳步上升。

（三）从发展机遇看，在“三区”建设全面建设实施的大环境下，为打造首钢新区奠定了平台基础

2010 年以来，石景山区先后获批“国家服务业综合改革试点区”、“国家可持续发展实验区”、“中关村国家自主创新示范区特色园区”。“三区”建设的相继启动，有利于争取更多市级优惠政策和资金支持，促进文化创意产业、生产性服务业和战略性新兴产业发展壮大，将为首钢新区建设注入强大动力。

（四）从发展潜力看，难得的区位优势、空间优势，良好的生态环境提供了前所未有的动力保障

长安街西延线、阜石路、五环路、地铁1号线等多条线路抵达新区，建设中的城铁S1线、规划中的轨道交通M11、R1、M6线也将贯穿新区，便利的交通条件使首钢新区与主城区近在咫尺。首钢新区包括首钢涉钢产业停产后腾退出的8.63平方公里核心区、北边13.67平方公里围合区域以及周边20.7平方公里的协作发展区，是北京西部地区最大的产业发展空间，是城区少有的可大规模、联片开发的区域，具有难以复制的空间资源优势，石景山区绿化覆盖率达48.6%，是北京绿化率最高的城区。这些都将对首钢新区未来高端产业入驻和集聚产生强大的吸引力，也为承接优质产业资源转移、加快培育新兴主导产业奠定了坚实基础。

三、各高端综合区现状及经验分析

以走高端产业发展之路为战略重点，充分学习和借鉴其他高端产业功能区的成功经验，对于将首钢新区打造成为高端、高效、高辐射的国内外优质资本聚集区，具有重要意义。

（一）部分高端综合区现状

北京CBD。CBD属于密集商务区，产业定位在总部经济、国际金融、高端商务，世界500强和跨国公司总部高度聚集。截至2010年底，CBD共有法人单位11350家，其中外资法人企业1887家，世界500强173家（见表1）。

2010年，规模以上现代服务业法人单位1206家，实现收入1655.6亿元，对全区现代服务业收入增长贡献率44.3%；规模以上文化创意产业法人单位499家，实现收入540.5亿元，实现利润17.1亿元。

北京金融街。金融街聚集了众多中资金融机构、外资金融机构、电信集团总部、企业集团总部，是西城区乃至北京市资金、技术、知识密集度最高的地区。

2010年，北京金融街共有法人单位807家；法人单位资产总计16.26万亿元，比2006年增长95.4%；主营业务收入1916.2亿元，比2006年增长一倍多。金融街的主导产业金融业共有法人单位81家，资产总计占金融街第三产业的90%以上，占北京市金融业的40%左右；实现收入合计占金融街第三产业的72.4%；金融街地区金融业年平均从业人员占西城区金融业年平均从业人员的70%以上。

表1　　部分功能区情况对比表

功能区	面积（平方公里）	法人单位数（个）	资产总计（亿元）	主营业务收入（亿元）	从业人员（人）（2010年9月）	发展到现在所经历的时间	特色
CBD	6.99	11350	–	7535.2	241460	10年（综合规划方案确立后）	总部经济、国际金融、高端商务、世界500强企业和跨国公司集聚
北京金融街	2.59	807	162572.2	1916.2	62673	18年	金融业、大集团总部
德胜科技园	6.0	4980	6724.7	824.7	91263	8年	研发设计、金融后台、文化创意和高端交易中心
西单商业区	0.8	541	2803.8	590.3	19937	18年（整体规划建设期）	购物、餐饮、休闲、娱乐
广安产业园	1.9	4414	1761.9	808.4	111268	2年	电力、印刷、造币、贵金属商业
雍和文化创意集聚区（2010年1-11月）	2.9	95（投产开业单位数）	–	228.4（总收入）	17184	5年	文化创意、网络动漫、版权交易、数字内容产业
首钢新区	43	–	–	–	–	–	–

德胜科技园。2010年，共有法人单位4980家，比2006年增长20.2%；资产总计6724.7亿元，比2006年增长1倍；主营业务收入824.7亿元，比2006年增长60.5%。

西单现代商业中心区。2010年，西单商业区内共有各类企业、商家共计541家；主营业务收入590.3亿元。

广安产业园。2010年，广安产业园共有法人单位4414个；主营业务收入808.4亿元，同比增长47.5%。

雍和文化创意集聚区。2010年新增3个区级文化创意产业示范基地，

64家文化创意企业获得区财政扶持资金3000余万元。

（二）横向对比分析

在参与对比的功能区中，首钢新区面积最大，内涵最为丰富（见图1，图2，图3）。

图1　各功能区每平方公里法人单位数对比图

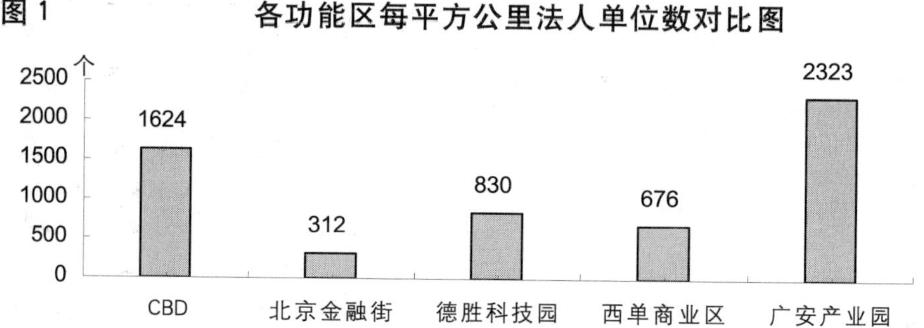

图2　各功能区每平方公里资产总计对比图

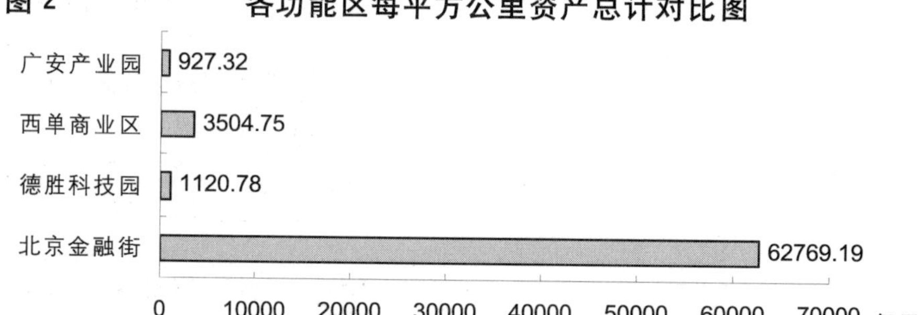

注：因CBD入驻企业有法人、产业活动单位、代表处等多种形式，无法计算资产总计，故不参与本图对比。

图3　各功能区每平方公里从业人员对比图

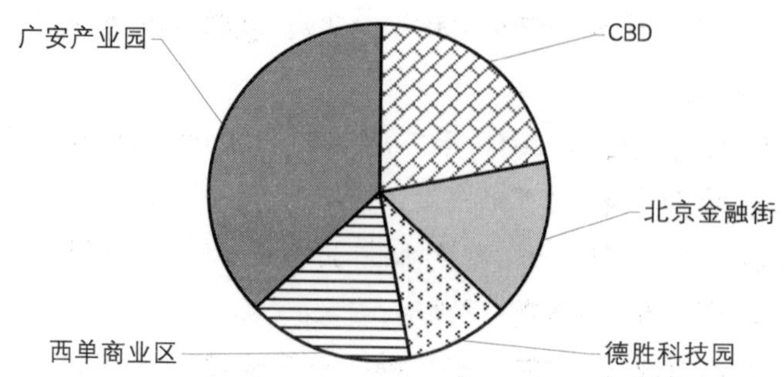

（三）经验借鉴

综观各功能园区的建设和发展进程，可见功能园区是各地区资源优势最突出、经济功能、社会功能和城市综合功能最强的区域；各区县内部的园区之间注重强化功能的协调和互补，形成区域的整体特色和优势。

1. 特色明显

各功能街区都十分注重明确核心定位，打造不同重点的品牌，如北京金融街的金融产业、德胜科技园的自主研发、西单商业区的现代商贸、雍和园的文化创意产业，特色鲜明，各园区功能都围绕各自核心产业进行规划布局，并辅以上下游产业链以及相关配套产业，促进和保证优势产业健康快速发展。

2. 协调互补

以西城区为例，其重点打造的金融产业，以北京金融街这一金融中心为空间战略布局的中心：在广安产业园发展各类金融中介机构、私募股权基金；在德胜科技园发展金融数据系统与数据技术服务，做好金融后台服务。前者借助后二者实现集团式发展，后二者依托前者强大的辐射力实现再发展，三者协调互补，形成品牌和联动优势，促进区域经济发展。

3. 作用突出

各功能区的主要作用是放大支柱产业优势，培育各种新兴产业，全面提升区域产业整体竞争力。西城区：2010 年功能区拥有法人单位数、资产、收入、利润等指标均占到全区总体水平的三成以上。丰台区：2011 年 1–5 月，中关村科技园区丰台园 497 家规模以上企业，实现的总收入、利润总额和工业总产值都同比增速超过 25%。朝阳区：2010 年，CBD 以不到全区 15%的法人单位数，集聚了全区近 40%的企业总部，35%的世界 500 强企业在 CBD 落户。

上述数据表明，各功能区经济发展态势稳定，总体均保持高位运行，对全区经济发展起到了较大的带动作用，是促进经济发展的重要动力引擎。

四、加快推进首钢新区建设的建议

从各功能区发展的历程看，发展壮大主要取决于以下几个因素：是否有立足长远、前瞻思考好的规划；是否能够提供高品质、高效率的配套服务；是否有强有力的政策支持，促进相关政策的落实与推进。为此，建议从以下几方面给予重视。

（一）坚持高标准定位，明确首钢新区的发展目标

首钢新区的建设，应瞄准北京建设中国特色世界城市的战略目标，结合市委市政府加快北京西部地区转型发展的战略部署，以及石景山区CRD发展定位，坚持高标准、高站位，着力提升该区域的建设发展层级。

（二）坚持科学高效、集中统一的原则，着力创新首钢开发建设的体制机制

首钢新区的建设是一项长期而又重要的战略任务，完善的体制机制是推进开发建设的重要保障，按照科学高效、集中统一的原则，探索建立一套全新的推进机制是当前急迫需要解决的问题。

（三）坚持高端、高效、高辐射的发展方向，做好区域重点产业细分

首钢新区作为北京“六高四新”之一，应充分利用首都科技、文化、金融和总部的优势和自身区域优势，重视差异化竞争，避免低水平重复竞争，避免与其他区县产业发展同质化，全力构建以文化创意产业为特色，以生产性服务业为主体、以高新技术产业为支撑的现代产业体系。

（四）坚持发挥科技引领作用，提高区域自主创新能力

要坚持自主创新、重点跨越、支撑发展、引领未来的方针，抓住首钢核心区将整体纳入中关村示范区范围的有利契机，依托“中关村国家自主创新示范区”的品牌效应，充分发挥示范区先行先试政策引领带动作用，积极引入和聚集创新资源，完善自主创新服务体系，提高新区自主创新能力。

海淀区城镇低收入居民收支情况分析

◆◇刘启贤

随着科学发展观在大都市建设中的深入落实，低收入群体越来越受到关注。国家十二五规划明确的把改善民生问题作为政府工作的重要目标，各级政府都将提高居民收入，特别是提高低收入居民的收入水平作为重要的工作目标。大都市低收入群体的经济生活，是反映都市居民生活总体水平的一面镜子，是政府制定改善民生政策的重要参考依据。本文收集了从2001−2010年海淀区城镇居民按收入五等分数据，重点研究了低收入居民从2001年至2011年10月的收支结构和特点，并在此基础上探讨了低收入居民增收空间和如何进一步促进消费。

一、海淀城镇低收入居民的收入情况分析

21世纪前10年是我国经济快速发展的10年，低收入家庭分享了经济发展的成果，可支配收入稳定增长，但也呈现出一些问题，影响了其增收的态势。

（一）海淀区城镇低收入居民的收入特点分析

1. 低收入家庭可支配收入稳步增长，增幅略高于平均增幅

2001−2010年，海淀区城镇低收入家庭收入均呈现稳定增长的态势，但与高收入家庭的收入差距仍在不断扩大。2001年，20%低收入家庭人均可支配收入6459.8元，低收入家庭人均可支配收入15502.3元，10年平均增速10.2%，略高于平均增幅9.6%，但不及高收入人群11.4%的增幅，2011年1−10月，低收入家庭人均可支配收入13104.43元（见图1）。

2. 新《劳动法》对低收入群体的保障作用显著

2008年新《劳动法》明确规定了最低工资制度、企业必须给职工缴纳社会保险等。新《劳动法》的实施对居民收入产生了重要影响。低收入居民家庭可支配收入的增幅以2008年为节点呈现两个阶段，低收入人

群的可支配收入增速以新《劳动法》为分界点呈现前低后高的态势，而中高收入人群的可支配收入增速则呈现前高后低的态势。2001-2008 年，低收入居民的人均可支配收入 8 年平均增速为 8.1%，低于 10 年平均增速 2.1%个百分点。2008-2010 年，随着新《劳动法》的实施，一方面，职工的各项社保得以落实，客观上增加了税前工资；另一方面，最低工资的限定使得低收入居民的收入得到保障。低收入居民的人均可支配收入平均增长 17.9%，高于 10 年的平均增速 7.7 个百分点（见图 2）。

图 1　　高、低收入家庭人均可支配收入对比图

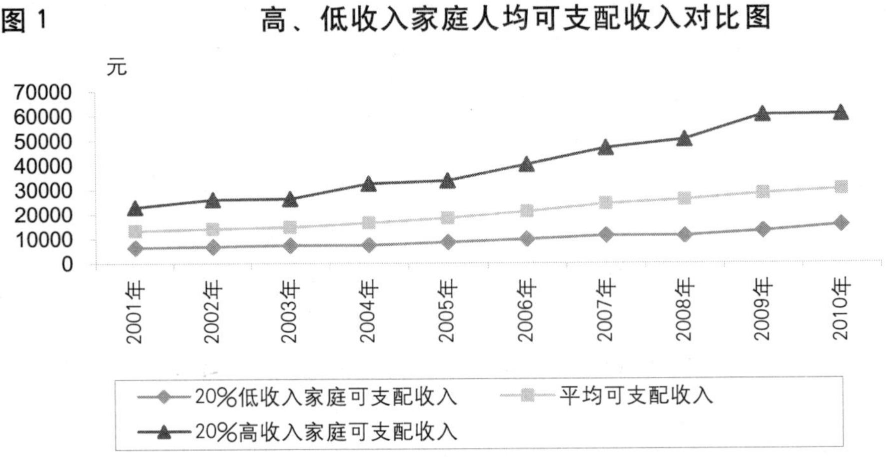

图 2　　高、低收入家庭及全区平均可支配收入增幅图

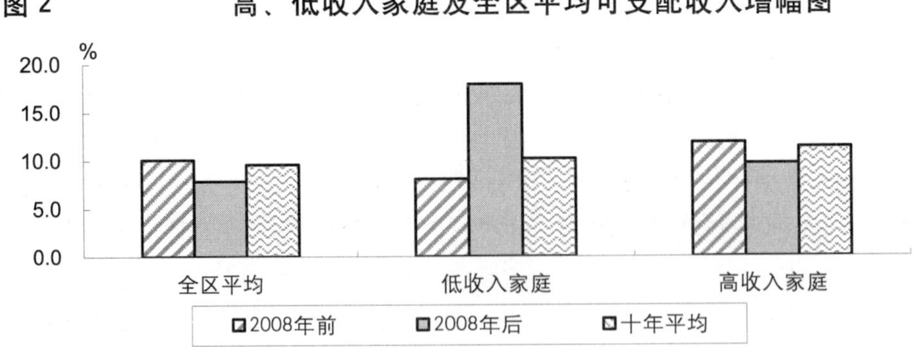

3. 低收入人群和高收入人群的收入差距在不断拉大

2001 年，20%低收入家庭人均可支配收入 6459.8 元，高收入家庭人均可支配收入 22927 元；2010 年，低收入家庭人均可支配收入 15502.3

元，高收入人均可支配收入 60515 元。10 年间，低收入家庭可支配收入增长了 1.4 倍，而高收入家庭可支配收入增长了 1.6 倍；2001 年，高收入家庭人均可支配收入是低收入家庭的 2.5 倍，相差 16467.2 元，2010 年高收入家庭人均可支配收入是低收入家庭的 3.9 倍，多 45012.8 元，贫富差距进一步加大。2011 年 1—10 月，海淀区高收入居民的可支配收入是低收入居民的 5 倍（见表 1）。

表 1　高、低收入家庭及全区平均可支配收入表（元）

年份	20%低收入家庭可支配收入	平均可支配收入	20%高收入家庭可支配收入
2001	6459.8	13229.2	22927.0
2002	6797.7	14031.3	26095.8
2003	7306.0	14643.9	26306.9
2004	7359.3	16330.9	32450.3
2005	8520.1	18319.2	33748.8
2006	9702.4	21066.4	40249.0
2007	11129.6	24286.4	46944.4
2008	11148.6	25943.5	50299.1
2009	12917.1	28432.6	60267.3
2010	15502.3	30186.7	60515.0

（二）低收入居民收入来源分析

1. 工资性和转移性收入是低收入居民的主要收入来源

从四大类收入看，2001 年低收入居民人均工资性收入 4694.6 元，2010 年，低收入居民人均工资性收入为 15463.5 元。十年来工资性收入平均增长了 14.2%，这一增速高于全区和高收入居民的 11.7%和 8.3%。工资性收入在低收入居民的总收入中占比为 70%。以养老金和退休金为主要部分的转移性收入是低收入居民的重要收入来源，2001 年，低收入家庭人均转移性收入 1699.1 元，至 2010 年的人均 4525.2 元，10 年平均增速为 11.5%，转移性收入在低收入家庭的总收入中的占比为 27.1%。

2011 年 1—10 月低收入居民人均工资、转移性收入分别为 8949.63 元和 4660.07 元。

2. 低收入居民增收渠道少，经营性和财产性收入远低于平均水平

低收入家庭的 10 年平均经营净收入为 206.2 元，低于全区 10 年平均经营净收入的 615.5 元和高收入居民的 2509.7 元；低收入家庭的 10 年平均财产性收入 79.3 元，远低于全区平均水平的 450.2 元，低于高收入居民的 1590.9 元。低收入家庭这两项收入 10 年平均之和为 656.4 元，仅是全区和高收入居民的这两项收入的 26.8%和 7%。经营性、财产性收入少是制约低收入家庭增收的重要因素。2011 年 1—10 月，低收入居民两种收入分别为 182.78 和 152.83 元。

（三）造成低收入居民收入偏低的原因分析

为了剖析低收入居民收入偏低的原因，我们以 2011 年（2011 年 10 月数据）海淀区城镇住户调查样本框中的 20%低收入家庭为例，剖析低收入家庭的人口结构，从年龄、教育程度、负担系数、家庭成员构成等方面深入分析。

1. 低收入居民受教育程度偏低

在低收入居民家庭中，70.1%的人是高中、中专学历以下学历，低于 2010 年大样本调查海淀区平均的 50.9%；其中初中、高中学历占比最高，分别是 26.2%、24.5%，在低收入家庭中大学本科及以上学历仅有 10.4%，远低于 2010 年大样本调查海淀区平均水平的 32.4%。

2. 低收入居民主要在四类典型家庭，人口负担系数高

使用SPSS，用K—均值聚类法对海淀区低收入家庭进行分析，将低收入家庭最终聚成四类，由此得出一个典型的低收入家庭是三口之家，大致呈四类：第一类是三口小家庭，夫妻双方都工作，但是收入均不高，有一个正在上学的孩子；第二类是养老家庭，老两口一个退休、一个是无工作的家务劳动者，一个孩子工作；第三类是啃老型，老两口一个工作、一个退休，有一个到了工作年龄但是失业或不愿就业的子女；第四类是三世同堂型，一个就业的离异中年人、一个退休的父母和一个上学的子女。海淀区低收入家庭中第一类和第四类的占比最多，分别是37.6%和40.6%。

负担系数是家庭总人口数与就业人口数的比值，即每个就业的人要

负担的家庭人口数（包括自己）。经计算海淀区低收入家庭户均就业人口数为 1.28，低于全区的 1.38，人均负担系数为 2.35，即每个人需要养活 2.35 人。比平均负担系数多 0.39，比高收入居民的负担系数高 1.17。

3. 低收入在职人员年龄偏大，主要集中于劳动密集行业

在海淀区550户中整理出所有在职居民共724人，按照可支配收入五等分的方式，找到20%收入低的居民，共计144人。我们将就业、行业、年龄三个因素为指标，深入研究低收入在职人员的特点。从年龄看，40–49岁的居民最多，占总低收入居民人数的36%，这部分居民多是80年代参加工作，在劳务市场上竞争高薪工作几无优势。就行业来看，低收入居民占比最多的是居民服务和其他服务业、制造业、批发和零售业、交通运输、仓储和邮政业分别是14.6%、11.1%、10.9%、9%，这些行业就业门槛低，多是劳动密集型行业，报酬相对较低。

二、海淀区城镇低收入居民消费情况分析

（一）海淀区城镇低收入居民消费率较高

消费率是指消费者个人或家庭收入中用于消费支出的比例。如果假定消费者的收入不用于投资，那么这一比例主要取决于消费者的个人或家庭可支配收入在储蓄与消费上的分配比例，也就是说，取决于消费者在现期消费和延期消费(储蓄)关系上的选择。它反映了一个国家生产的产品用于最终消费的比重，是衡量国民经济中消费比重的重要指标。

1. 低收入居民的消费率约为 9 成，明显高于其他居民

低收入家庭 10 年中有 8 年消费率比在 0.8 以上，仅有两年消费收入比是 0.78 左右，10 年的平均消费率为 0.8776，比全区平均值 0.6842 高了 0.1934，比高收入人群的消费收入比 0.5894，高了 0.2882。2011 年 1–10 月，海淀区低收入居民的消费率是 0.82（见图 3）。

2. 低收入居民多消费率下降空间不大

低收入居民每挣到 100 元，有将近 90 元都要维持基本的刚性消费，低收入居民手中剩余的收入很少，客观上造成没有足够储备金抵御未知的失业、医疗、教育及养老风险，低收入家庭保障不足。近年来，随着商品的丰富和价格差异化，低收入户可以有更多的选择余地，用相对低

廉产品代替昂贵产品，降低刚性消费金额，增加存款，以应对突发事件和自我发展的资金的严重不足。10 年来，低收入居民的费率总体上是呈螺旋下降的，但是下降速度不明显（见表 2）。

图 3　　高、低收入家庭及全区平均消费率图

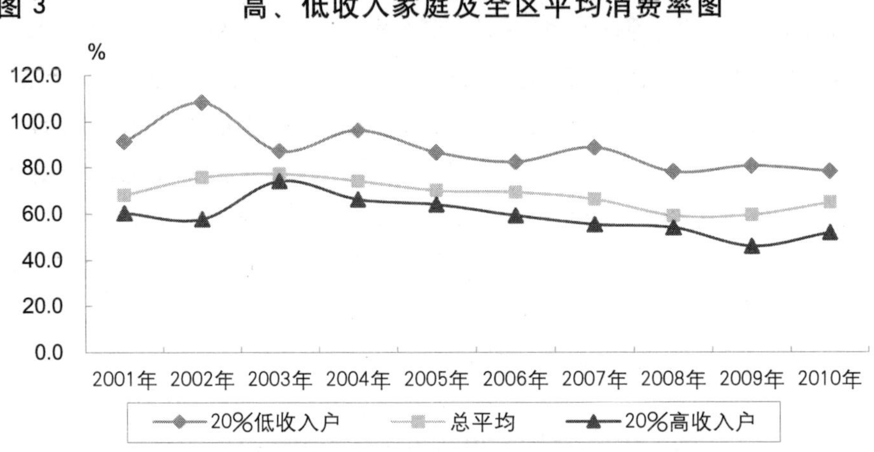

表 2　　高、低收入家庭及全区平均 10 年消费率表（%）

年份	20%低收入户	总平均	20%高收入户
2001	0.9130	0.6802	0.6043
2002	1.0828	0.7573	0.5784
2003	0.8717	0.7721	0.7423
2004	0.9616	0.7420	0.6627
2005	0.8652	0.7004	0.6407
2006	0.8238	0.6936	0.5937
2007	0.8874	0.6632	0.5545
2008	0.7812	0.5912	0.5398
2009	0.8067	0.5939	0.4595
2010	0.7821	0.6476	0.5177
10 年平均	0.8776	0.6842	0.5894

（二）低收入居民消费增速较低，易受 CPI 影响

1. 低收入居民消费性支出增速较低，与高低收入群体消费差距不断拉大

2001 年，低收入家庭人均消费性支出 5898.1 元，2010 年增加到 12123.8 元，10 年平均增速 8.3%。支出增幅低于全区平均支出增速 9.0%，也低于高收入居民 10 年平均增速 9.5%。2001 年，高收入居民消费性支出为人均 13855.1 元，是低收入居民的 1.3 倍；2010 年高收入居民消费性支出为人均 31326.9 元，是低收入居民的 1.6 倍。低收入居民的消费增长明显低于其他居民（见图 4）。

图 4　2001 年—2010 年城镇居民消费性支出图

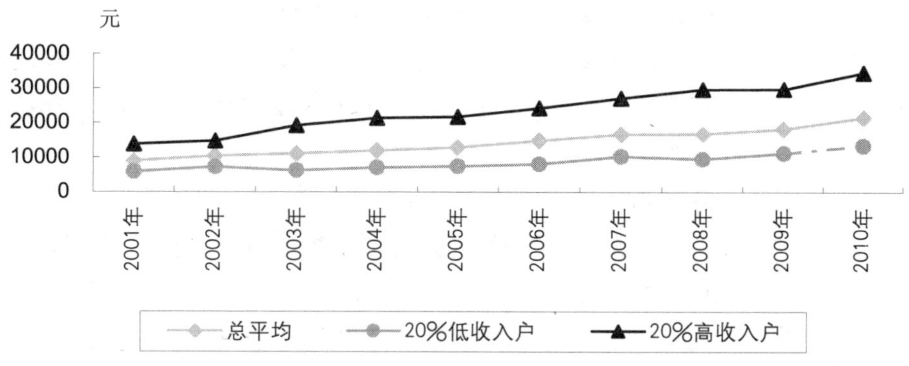

2. 低收入家庭消费性支出与 CPI 明显负相关

以 CPI 作为衡量指标，可以看出，10 年来，物价下跌的年份仅有 2002 和 2009 年，低收入居民的消费性支出在这两个年份呈现了明显的消费高峰，2002 年和 2009 年低收入家庭的人均消费性支出分别为 7360.5 元和 10420.3 元，同比分别增长 24.8%和 19.6%。10 年中 CPI 超过 3%的年份分别是 2001 年和 2008 年，低收入居民的消费性支出明显萎缩，CPI 是影响低收入家庭的消费的重要因素，当物价降低时，低收入居民对未来预期乐观，敢于消费；当物价明显升高时，低收入居民对未来预期悲观，克制目前的消费，留出更多钱做预防性储蓄，用来抵御未来生活成本增高的风险（见图 5）。

图 5　　低收入居民消费性支出与 CPI 关系图

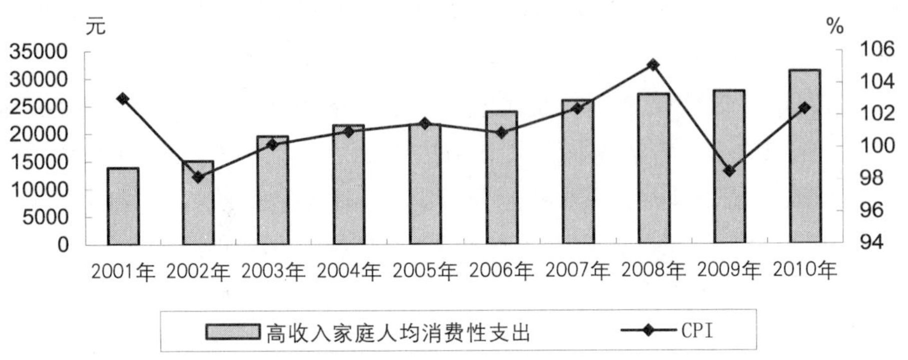

（三）近年来低收入居民消费没有结构性改变

低收入居民的消费性支出总体螺旋增长，但增幅低于其他居民，消费结构围绕刚性消费展开，10 年来消费结构没有明显升级，八大类消费的各个项目占比基本稳定。

1. 刚性消费占低收入居民的 74.3%

低收入居民消费排在前四位的是食品、文教娱乐、交通通信、医疗。从低收入家庭的消费细项和消费习惯看，食品支出、以子女教育为主的文教娱乐支出、上班必备的交通和通信支出及医疗支出是低收入居民的刚性消费，此四项在低收入家庭消费占比最高，10 年平均占比分别为 38.3%、15.2%、11.3%、9.5%，这四项之和达到 74.3%。2011 年 1−10 月，低收入家庭这四项占比分别为 39.4%、14.0%、11.7%、8.6%（见图 6）。

2. 食品消费占比重最大

从八大类的占比看食品是食品依然是低收入居民最大的消费项目，10 年平均的恩格尔系数为 38.3，而高收入人群 10 年平均恩格尔系数为 24.7，比低收入居民低了 13.6 个百分点。2002 年低收入居民恩格尔系数最低为 32.91，2008 年恩尔格系数最高为 42.85。在消费的金额上 2002 年食品金额并没有减少，2002 年低收入家庭人均食品消费 2422.3 元，同比增加 2.1%，但是主要是由于 2002 年交通和通信支出相对增多，使得食品支出占比下滑。而 2008 年金融危机使得低收入居民加大预防性储蓄，紧缩消费，八大类消费性支出同比均有不同程度的降低，而食品同比降低了 4.3%，降幅最低。这是由于比起其他支出，食品具有更强的不可替代性，所以在 2008 年食品消费的占比最高。2011 年 1-10 月，低收入居民食品消费占比为 39.4%（见图 7）。

图 6　　低收入居民八大类消费性支出

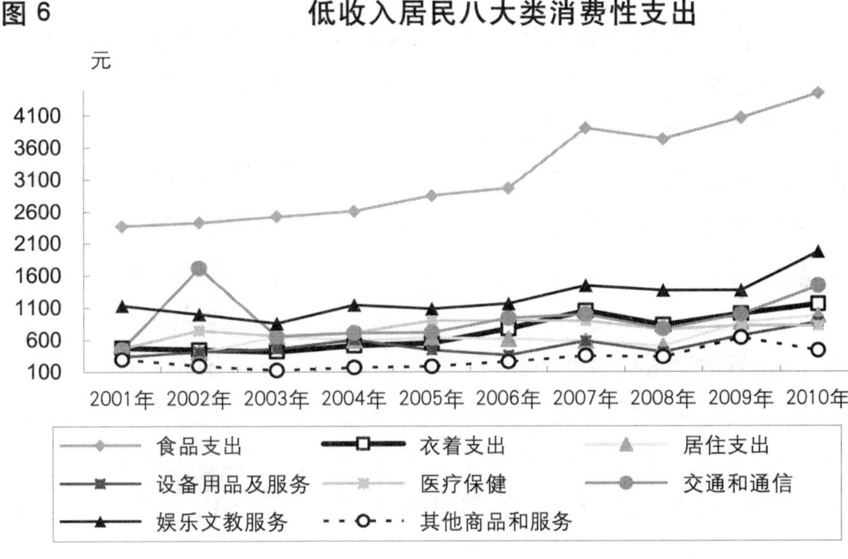

图 7　　低收入家庭八大类支出占比

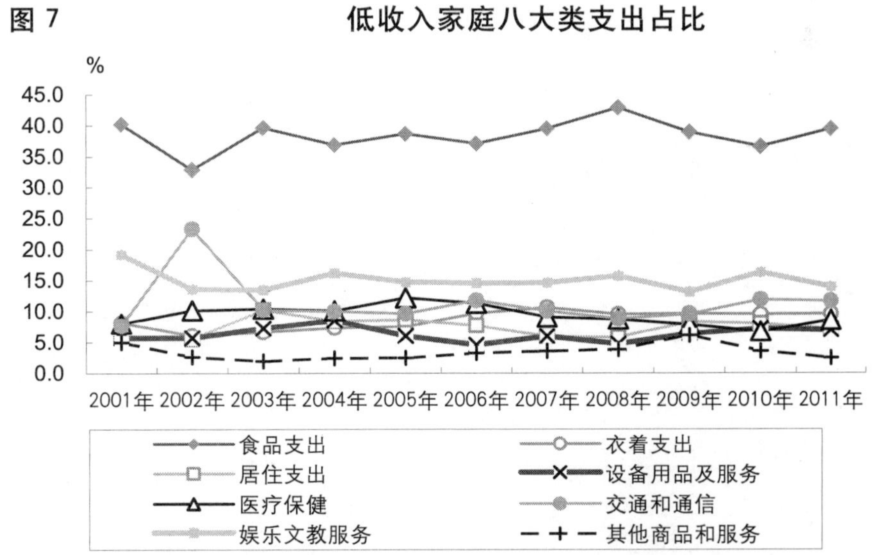

三、提高城镇低收入居民收支水平的建议

（一）进一步扩大低收入家庭就业

负担系数高是低收入居民生活困难的重要原因，政府劳动保障部门应拓展思路，多方式培训低收入居民，同时有针对性的提供工作岗位，扩大低收入家庭就业。

（二）进一步健全社会保障体系

低收入居民在就医、养老、住房、教育、失业等方面有后顾之忧，居民只能牺牲消费、降低消费倾向，以个人预防性储蓄的自我保障来替代国家的社会保障。进一步健全社会保障体系，能大大减轻低收入居民的生活压力。

（三）做好收入的二次分配

从数据上看，贫困差距进一步拉大，全社会财富虽然在不断增加，但低收入人群受惠相对较少，消费收入比无明显改变，消费的财富效应大打折扣。政府应在二次分配上倾斜低收入居民，使其能有补偿性收入，避免贫富悬殊。

剖析大中型企业经营状况
探索工业经济发展新思路

◆◇马　丽

近年来，门头沟区在工业经济的发展过程中，注重培育适合本地经济发展及区域功能定位的行业龙头企业，并大力扶持使之不断发展壮大，逐步形成了以大中型企业为主导的良好发展态势，产值与效益持续增长。本文将通过 2010 年及 2011 年 10 月底的统计调查数据，对门头沟区大中型工业企业的经营状况进行具体分析，并结合门头沟区功能定位要求提出发展建议。

一、大中型企业成为区域经济增长的重要力量

（一）大中型企业实现增加值、产值高速增长，对区域经济影响大

目前，门头沟区共有规模以上工业企业 41 家，根据大中型工业企业划型标准，门头沟区工业有大型企业 1 家，中型企业 7 家，其中，1 家水泥生产企业处于停产退出过程中，1 家石灰石生产企业也逐步走向减量退出，另外 6 家企业分属 4 个行业中类，主要是以无烟煤开采为主的煤炭开采业、以雕刻机为主要产品的通用设备制造业、以服装制造和无纺布生产为主要产品的纺织业，以及以西药片剂生产为主的医药制造业。

近年来，门头沟区规模以上工业增加值一直呈现持续增长态势，8 家大中型企业 2010 年实现增加值 40.6 亿元，同比增长 46.6%，占规模以上工业总体比重达到 93.8%，占全区增加值比重达 47%，有力地带动了规模以上工业及全区总体的增长。8 家企业中绝对量最大的是昊华能源公司，同比增长达 49.6%，绝对量排名第二的精雕科技公司增速最快，同比增长达 71.6%，是我区工业高新技术企业的主要力量。2011 年 10 月底，大中型企业实现增加值 42.2 亿元，同比增长 28.3%，占规模以上工业总体的比例为 95.5%，较 2010 年比重略有提升。

2011 年 1－10 月，门头沟区规模以上工业累计完成总产值 71.4 亿元，比去年同期增长 22.9%，其中，8 家大中型企业共完成产值 58.2 亿元，比去年同期增长 29.2%，增幅超过规模以上工业总体 6.3 个百分点，占规模以上工业的比重达到 81.5%，是带动总体增长的绝对力量。从产业划分来看，属于高端产业的 4 家企业完成工业总产值 17 亿元，同比增长 45.9%，有力地带动了大中型企业整体数据的增长。从企业主体来看，排名前两位的分别是昊华能源股份有限公司和精雕科技有限公司，两家公司分别同比增长 31.1%和 71.1%，对门头沟区工业的整体增长贡献很大；而万辉双鹤药业由于 2011 年一直在进行欧盟准入认证的相关工作，对生产进度影响较大，因此同比产值下降较多。

（二）利税增速快，对地方财政贡献大

2010 年是金融危机后工业经济逐步企稳回升的一年，工业经济稳步向好，企业盈利能力大幅增强。2010 年，大中型企业实现利润总额 13.7 亿元，同比增长 70.3%，占规模以上工业比重为 92.8%，是我区规模以上工业利润总额增长的主体力量，也是我区工业经济的增长点。2011 年 1－10 月，大中型企业实现利润总额 18.5 亿元，同比增长 45.2%，增速虽较 2010 年全年有所下降，但仍在高位运行。

2010 年，全区共实现税收总额 37 亿元，其中，区内企业实现税收 16.4 亿元，形成区级财政收入 4 亿元。随着工业大中型企业盈利能力的增强，企业上缴税金也呈现了快递增长态势，2010 年，8 家工业大中型企业上缴税金 10.5 亿元，占区内企业税收总额的 64%；形成区级财政收入 1.9 亿元，占区内企业形成的区级财政收入比重为 47.5%。2011 年上半年，此两项比重分别为 60.5%和 45%。

二、资源受限和成本上涨，大中型企业发展面临考验

（一）出口增长的资源性依赖仍较高

近年来，门头沟区工业经济总体呈现加速发展态势，而煤炭出口的拉动作用功不可没。从 2010 年全年数据来看，实现规模以上工业销售产值 76 亿元，同比增长 18.2%，绝对量增长 11.7 亿元，其中煤炭出口的贡献率是 65%，煤炭出口绝对量增长 7.6 亿元。2011 年 1—10 月，规模

以上工业实现销售产值 67.9 亿元，同比绝对量增长 10.9 亿元，其中，煤炭出口的贡献率是 54.1%，所占份额虽有较大下降，但仍然很高。随着“生态立区”战略的进一步实施，煤炭资源的开采势必要受到更多的限制，因此要保持出口的较高速度增长，就要大力促进另一出口增长点即纺织业的进一步发展，以新兴产业逐步替代传统产业，形成新的经济增长动力。2011 年 1－10 月统计数据显示，目前纺织业占出口交货值的份额仍然较小，比重为 8.7%。

（二）出厂及购进价格指数“剪刀差”挤压企业利润空间

从北京市调查数据来看，2010 年全年工业生产者出厂价格指数同比上涨 2.23%，工业生产者购进价格指数同比上涨 10.48%。到 2011 年 10 月份，两个价格指数仍然延续了上年走势，差距依然较大，9 月工业生产者出厂价格指数同比上涨 2.5%，当月同比上涨 3.08%；工业生产者购进价格指数同比上涨 9.04%，当月上涨 9.62%，其中，燃料、动力类同比上涨 18.96%，当月上涨 19.12%，涨幅巨大。生产领域通胀压力持续增加使得企业生产成本增加显著，企业经营利润受到进一步的挤压。由于价格传导的滞后效应，目前工业生产者出厂价格指数上涨幅度远远小于工业生产者购进价格指数，企业仍未能通过上调产品出厂价格来释放成本压力，企业盈利空间变小，尤其对附加值低的低端产业影响巨大。

三、抓大促小，加大扶持力度，构建工业发展新框架

近年来，为顺应北京市整体发展规划大局，门头沟区立足于生态涵养发展区和西部综合服务中心的功能定位要求，积极进行工业产业结构调整，逐步推进资源配置方式及经济增长方式的积极转变，取得了较大成效。但由于门头沟区工业历史包袱较重，工业产业类型构成单一，结构调整难度很大，如何在调整的过程中稳步推进社会经济发展是一个亟须解决的重大课题。

（一）以现有大中型企业为中心，积极架构工业发展新框架

转变经济增长方式，进行产业结构调整，这是一个长期的系统的工程，门头沟区的实际情况决定了我们在此过程中只能循序渐进，稳扎稳打。多年以来，采矿业一直是门头沟区工业的主体，我们拥有相关的设

备、经验和技术人才力量，因此结构调整先要从原有产业阵营开始。在充分利用现有资源优势的基础上求新求变，通过精深加工、扩大贸易，提高产品附加值和资源转化能力，为资源型企业转型和发展多元化替代产业提供相对充裕的时间和资金，同时还可减轻就业压力，增强替代产业的发展后劲。

另外，在做好现有产业资源优化整合的同时，更应该积极培育具有高科技含量、高附加值及环境友好特征的新兴产业。如以大中型企业精雕科技公司为代表的通用设备制造业，以万辉双鹤为代表的医药制造业，以埃姆毛纺为代表的纺织服装制造业均发展迅猛，成为我区工业经济的新增长点。我们应立足现有基础，加强政策扶持力度，做大做强已有产业，进一步延长特色产业链条，发展高附加值、高科技含量终端产品。同时积极寻找培育能激荡市场、给予经济活力的新生力量，增加龙头企业和特色产业的竞争力，构建多产业支撑格局，促进我区工业经济健康、和谐、稳步发展。

（二）立足门头沟区地方特色，促进小型企业新发展

考虑到门头沟区工业经济现有基础，纺织服装业、工艺美术业以及特色农产品加工业均具有较好的发展前景，而且这几个行业的共同特点是现有发展基础好，产业链长，行业跨度大，市场前景广阔，可以拉动相关产业和现代服务业的进一步发展。

一是重点发展纺织服装业，建造特色的纺织品、服装生产基地，形成名牌产品和特色经济。纺织和服饰加工属劳动力密集型产业，能够大量吸收劳动力就业，且投资少、见效快，门槛低，只要政府支持引导得当，就能够为社会剩余劳动力找到出路，促进社会的和谐稳定。目前我区有服装加工的优势，但上规模、上档次的品牌较少，而品牌及知名度对产品附加值和企业的盈利有乘数效应。我们在政策实施过程中，应扶持小企业做专做优，形成自己的品牌优势。

二是努力发展旅游产品、工艺美术品制造等行业。门头沟区旅游资源丰富，有历史悠久的潭柘寺，“香火甲天下”的金顶妙峰山，风景秀丽的北京最高峰灵山。在大力发展旅游业和现代服务业的同时，努力拓展下游产品的生产，也就是说，利用我区的旅游资源，进行旅游纪念品、工艺品的生产和加工，既延伸了产业链，又提高了就业率。

（三）开展对口支援，加大政府扶持力度

首先，加大政策扶持力度，推进中小企业的健康发展。政府在扶持小企业发展中要制定发展政策，推动小企业的健康发展。一是完善税收政策。对劳动密集型、微利型企业实行税收政策支持，对符合区域功能定位的中小企业适当减免税收；二是出台就业政策，做好对口技术工人培训工作。职业技术培训机构要深入了解企业用工需求，开展有针对性的专业培训，这样既解决了地方就业、再就业难题，又能为企业用工难提供切实支持。

其次，拓宽融资渠道，抓好投资融资工作。融资难是小企业面临的最大难题，要加大对小企业产业发展资金需求的支持力度，制定和完善金融政策，拓宽小企业融资渠道，从而为我区工业发展带来新的增长点。

再次，自主创新是企业做强做大，提升竞争力的关键。政府有关部门应及时了解中小企业技术创新所面临的各种困难，以采取相应措施帮助他们克服困难，鼓励和推动更多的中小企业参与技术创新活动。

扩大消费需求　推动房山经济发展方式转变

◆◇左志国　潘双迪

党的十七大报告指出，实现未来经济发展目标，关键要在加快转变经济发展方式、完善社会主义市场经济体制方面取得重大进展。转变经济发展方式，不仅要突出经济领域中“数量”的变化，更要强调和追求经济运行中“质量”的提升和“结构”的优化。

自20世纪90年代中期起，在国家扩大内需等一系列政策的推动下，投资规模迅速扩大且实现高速增长，而消费一直处于启而不动的困境之中。随着房山区城市化进程的不断推进，投资热情持续高涨，经济总量不断扩大，而与之相比，消费增长的动力则略显不足。“十一五”期间，房山区全社会固定资产投资年均增长23.6%，而社会消费品零售额年均增长13.6%，投资增速比消费快10个百分点。如果没有旺盛的消费需求作支撑，短期内经济的高增长将是不可持续的，必然会加剧供大于求的矛盾。因此，扩大消费需求是推动经济发展方式转变可供选择的突破口，也是绕不开且必须加快推进的关键性改革，因此，逐步实现增长动力由投资驱动向消费拉动的转换，是地区经济持续稳定发展的必然要求。

一、房山区消费需求发展现状

（一）城乡居民收入不断提高，消费支出逐年扩张

近年来，房山区牢固树立以人为本的发展理念，坚持城乡统筹发展，在经济总量实现跨越的同时，城乡居民收入不断迈上新台阶。全区城镇居民人均可支配收入由2000年的7702.8元增长到2010年的23768.9元，年均增长11.9%；农民人均纯收入由2000年的4602元增长到2010年的12492.3元，年均增长10.5%。收入的不断增长使城乡居民的消费支出也在逐年扩张，全区城镇居民人均消费性支出从2000年的6093.6元增至2010年的15869.6元，年均增长10%；农民人均消费性支出从

2000 年的 2755.2 元增至 2010 年的 8914.8 元，年均增长 12.5%。

（二）消费能力显著提升，市场规模日益扩大

随着城乡居民收入的增加，居住类、汽车类、家电类、金银珠宝类、通信器材类、文化体育娱乐类的消费需求不断释放，居民消费能力明显增强。加之城市常住人口、外来流动人口的不断涌入，全区的消费规模日趋扩大。2000 年全区社会消费品零售额仅为 34.5 亿元，2010 年突破百亿大关，实现 119.8 亿元，年均增长 13.3%。

（三）消费层次不断提高，消费结构优化升级

消费统计学理论指出，可将生存性消费[1]比重是否下降，发展、享受性消费比重是否上升，作为判断消费结构是否趋于优化的依据。房山区城乡居民人均消费支出构成如表 1 所示：

表 1　　房山区城乡居民人均消费支出构成（%）

项　目	2000 年		2005 年		2009 年		2010 年	
	城镇居民	农村居民	城镇居民	农村居民	城镇居民	农村居民	城镇居民	农村居民
消费性支出	100.0	100.0	100.0	100.0	100.0	100.0	100.0	100.0
1.食　品	37.4	32.8	30.8	32.4	34.2	30.3	32.2	29.8
2.衣　着	8.2	9.5	10.2	8.4	11.8	7.6	11.0	8.2
3.家庭设备用品及服务	7.5	7.0	6.3	7.2	5.9	7.1	7.0	7.1
4.医疗保健	11.9	8.4	10.5	8.6	8.8	9.0	7.2	7.8
5.交通和通信	7.6	5.6	9.9	12.2	13.9	13.4	14.7	12.0
6.教育文化娱乐服务	10.4	17.3	16.8	14.0	13.1	10.0	14.1	8.7
7.居　住	11.2	13.7	11.6	15.5	8.5	21.0	10.6	23.9
8.杂项商品和服务	5.8	5.7	3.8	1.7	3.9	1.6	3.2	2.5

1. 生存性消费支出比重持续下降

2010 年，我区城镇居民和农村居民生存性消费支出占总消费支出比重分别为 43.2%和 38%，分别比 2000 年下降 2.4 个和 4.3 个百分点。2010

1　消费统计学将居民八大类消费分为生存性消费、发展和享受性消费。其中，“食品”、“衣着”是用于满足基本生存需要的生存性消费项目，属于生存性消费；“医疗保健”、“娱乐教育文化”和“杂项商品与服务”是用于开发智力，培养美育、德育，增强体质等需求的消费项目，属于发展性消费；“家庭设备用品及服务”、“交通通信”和“居住”，是满足生活舒适、爱好、增强生活情趣等需求的项目，属于享受性消费。

年，我区城镇居民家庭恩格尔系数[2]为 32.1%，农村居民家庭为 29.8%，分别比 2000 年下降 5.3 个和 3 个百分点，分别比 1996 年下降 17.3 和 14.6 个百分点。就恩格尔系数而言，我区城乡居民生活水平均已达到富裕阶段。

2. 发展性和享受性消费支出比重不断上升

随着生存性消费需求的不断满足，消费结构开始升级优化，发展性和享受性消费在城乡居民支出中的比重逐步增加。2010 年城镇居民和农村居民的发展性和享受性消费支出占总消费支出的比例分别达到 56.8% 和 62%，其中，享受性消费支出比重增长最为突出，分别由 2000 年的 26.2%和 26.3%上升为 2010 年的 32.3%和 43%。

二、房山区进一步扩大消费需求的制约因素

消费是经济发展的出发点和落脚点。在经济体系中，诸多因素都会对居民消费产生影响，但归结起来，主要因素无外乎三个方面：一是“有没有钱可花”的问题，主要是收入水平；二是“有钱敢不敢花”的问题，主要是消费能力和消费意愿；三是“有钱是否方便花”的问题，主要是消费的便利性和有效供给能力。

（一）城乡居民收入水平偏低，支付能力制约消费需求扩大

消费是收入的函数，收入水平决定消费水平，收入水平的高低直接决定了市场消费中支付能力的大小，从而也决定了消费需求释放的大小。我区城乡居民收入水平偏低是制约消费需求扩大的根本原因，2010 年，全市城镇居民可支配收入和农村居民人均纯收入分别为 29073 元和 13262 元，分别比我区高 5304 元和 770 元。“十一五”期间，我区地区生产总值和财政收入的年均增速分别为 12.2%和 66%，而同期城乡居民收入的平均增速分别为 9.4%和 11.6%，与地区生产总值和财政收入相比，增长速度明显偏慢。这些收入水平的差距将通过影响居民的消费预期，从而制约居民消费需求的扩大。为了缩小这种收入上的差距，我区的消费者往往会通过增加储蓄、积累财富来缩小收入差距，或者是通过获得投资收益来缩小收入差距。不管是哪一种方式，都会导致我区居民

2 恩格尔系数标志着食品支出占总消费支出的比重，根据联合国粮农组织提出的标准，恩格尔系数 40%～50%为小康，30%～40%为富裕，低于 30%为最富裕。

的现期消费降低，从而抑制我区居民现期消费需求的释放。

（二）消费观念较为传统，预期支出抑制消费需求释放

我区居民的消费观念较为传统，仍然存在着典型的小农经济特征，一方面注重物质消费，轻视精神服务消费，另一方面，普遍秉持着自给自足、量入为出和勤俭节约的消费习惯。另外，“买房贵、上学贵、看病贵”成为多数居民无法回避的现实负担和必须承受的心理压力。住房、教育、医疗成为居民最大的预期支出，也是必须优先保障的预期支出。为了满足上述支出的需要，在量入为出消费观念的影响下，居民就只能进行强制储蓄，减少平时的正常消费，从而使现期的消费需求受到抑制。

（三）消费市场体系不健全，供给不足制约消费需求升级

扩大居民消费需求，一方面需要提高居民的消费能力，另一方面还需要有良好的消费环境。但是，房山区目前的消费环境却面临着诸多问题：一是大型商业企业较少。2010 年我区零售额亿元以上企业 11 家，其中，超过 10 亿元的企业 2 家。亿元企业分别比顺义、昌平、通州和大兴少 7 个、17 个、5 个和 3 个。二是商品档次不高。不少商业流通企业将市区不需要的、库存滞销积压的商品拿到我区市场上销售。当我区居民需要进行采购时，往往倾向到市区购买。三是山区、丘陵等交通不便地区消费市场相对稀缺。我区有大量的居民居住在山区丘陵等交通不便地区，当地市场流通基础设施建设滞后，普遍存在传统的零散个体商户作为农村的经营主体，既增加了商户的经营成本，也限制了大型耐用消费品的销售，使得当地居民的潜在消费能力很难顺利转化为现实的消费。

三、房山区扩大消费需求的措施和建议

（一）努力提高城乡居民收入水平，增强消费能力

着力提高居民收入，特别是增加农民和城镇中低收入居民的收入，建立城乡居民收入的稳定增长机制，是扩大消费需求的关键所在。

1. 利用五大园区发展优势，努力扩大城乡居民就业

就业是民生之本，是收入的重要来源。目前，五大园区的建设正在如火如荼地进行中，这为我区建立市场主导就业、政府促进就业、个人自谋职业相结合的长效就业促进机制提供了实践平台。长阳中央休闲购

物区的建设，可以加快发展就业容量大的劳动密集型产业、服务业、中小企业和非公有制企业，从而吸纳我区丰富的劳动力资源；随着窦店高端制造业产业基地的运营投产，势将拉动区内高新技术人才收入的大幅增长；北京石化新材料科技产业基地的落成，将为创业型人才提供发展机遇；随着北京农业生态谷和中国房山地质公园知名度的不断扩大，周边农户的经营性收入也将明显增长。

2. 加大政府转移支付力度，提高低收入者的保障水平

2010 年，房山区最低生活保障人数为 23354 人，占全区户籍人口的 3%。其中，城镇居民最低生活保障人数为 6950 人，农村居民最低生活保障人数为 15840 人，五保户供养人数为 564 人。为了提高这部分居民的收入水平，除了积极引导其就业外，还需要加大政府的货币化转移支付力度，逐步提高扶贫标准、低保标准、抚恤标准和养老金发放水平。

3. 加快城市化建设进程，多方拓展农民增收渠道

随着我区城市化进程的不断推进，农民们既获得了丰厚的财产收益，同时也为城市化的建设提供了大量的富余劳动力。因此，应尽快取消影响农村劳动力流动的政策障碍，加快农村劳动力转移，提高农民务工收入。同时，还应坚持“多予、少取、放活”的方针，加大对改善农村生产和生活条件的投入力度，以农业规模化、产业化为重点提高农民经营性收入。

（二）逐步改变消费观念，消除居民消费顾虑

没有正确的消费观念，就不可能有健康的消费习惯。要扩大居民消费需求，必须首先克服一些传统的消费观念，并彻底消除居民消费顾虑。

1. 运用政策引导，改变重物质轻精神服务的消费观念

通过制定有利于激发居民消费意愿、消费倾向的政策，如家电下乡、汽车补贴等，使居民真正消费起来。将改善住宅消费、学习教育消费、旅游消费、通信消费、保健消费、运动健身消费、家庭轿车消费培养成为居民消费的新热点。同时，依据承受能力和消费倾向，引导城乡居民逐步扩大消费信贷领域。对某些中高档耐用消费品实行消费信贷，不仅能为城乡居民消费增添活力，刺激超前消费，而且能启动整个消费市场。

2. 建立健全社会保障体系，提高居民消费预期

由于目前社会保障制度还不够健全，迫使居民用自身的收入来支付

快速增长的教育、医疗、社会保障等支出，广大居民的即期消费意愿和消费行为受到较强的压抑，不仅挤压了居民的其他消费增长，而且强化了谨慎预期，降低了消费倾向。因此，应加大我区的公共服务支出力度，加强对全区基础设施和社会事业发展的投资，健全公共服务体系，建立全覆盖、保基本、缩差距、可转续的社会保障体系。

（三）积极构建城乡市场体系，不断改善消费环境

市场是连接企业和消费者的桥梁，是居民消费需求得以实现的纽带。因此，启动城乡消费，必须大力疏通、搞活市场商品流通网络，积极培育和发展多渠道、少环节、低成本、高效率的商品市场体系。

1. 着力引进大型商业企业，提高商品档次

针对我区大型商业企业匮乏的现状，应加快引进知名大型购物中心，建设专业市场，通过合理调整商业网点布局，调整商品的品种、档次结构，满足不同层次人群的消费需求。长阳 CSD 项目的开发是对我区消费市场的一次完善，应仿照长阳的做法，在全区各重点乡镇开发类似项目，吸引知名连锁住宿餐饮业、文体娱乐业和居民服务业等生活服务行业进驻房山，提升整体消费服务档次。

2. 完善农村现代流通体系，改良交通不便地区消费环境

为满足交通不便地区的居民消费需求，应加强农村现代流通体系建设，积极发展农产品、农业生产资料和消费品连锁经营，建立以“集中采购、统一配送”为核心的新型营销网络，构建农村现代流通体系。一是综合利用有关财政资金，推动试点流通企业通过直营、特许经营等方式，加快整合供销、农技、邮政、粮食、农垦等现有流通资源，在乡村发展经营规范的消费品和农资连锁农家店。二是鼓励城市大中型商业企业同农村商业企业“联姻”，在小城镇开办分店或连锁店，实行代理、配送、代销等现代营销方式，提高商品流通效率和效益。三是各政策性银行、商业银行以及农村信用社等金融机构，要针对农村流通的特点，加强对农村连锁农家店的小额贷款支持。

通州区消费规模逐季攀升　增长速度明显加快

◆◇田　培

2011 年 1–9 月，全区消费品市场延续了前 8 个月的发展形势，总体保持平稳上升增长态势，主要领域发展状况良好，继续保持平稳较快增长。具体表现为：限额以上单位主导消费品市场增长，成品油、综合零售、家用电器销售企业继续发挥积极作用；限额以下单位及个体工商户增长持续而稳定；商品交易市场成交活跃，增速继续保持较高水平。

一、社会消费品零售额"量、速"逐季攀升

（一）消费总量逐季攀升

2011 年 1–3 季度，全区实现社会消费品零售额 149.2 亿元，月均实现零售额 16.6 亿元，比 2010 年同期月均增加 2.4 亿元。其中，一季度实现社会消费品零售额 44.6 亿元；二季度实现社会消费品零售额 50.4 亿元；三季度实现社会消费品零售额 54.2 亿元。

图 1　　2011 年 1–3 季度零售额走势图

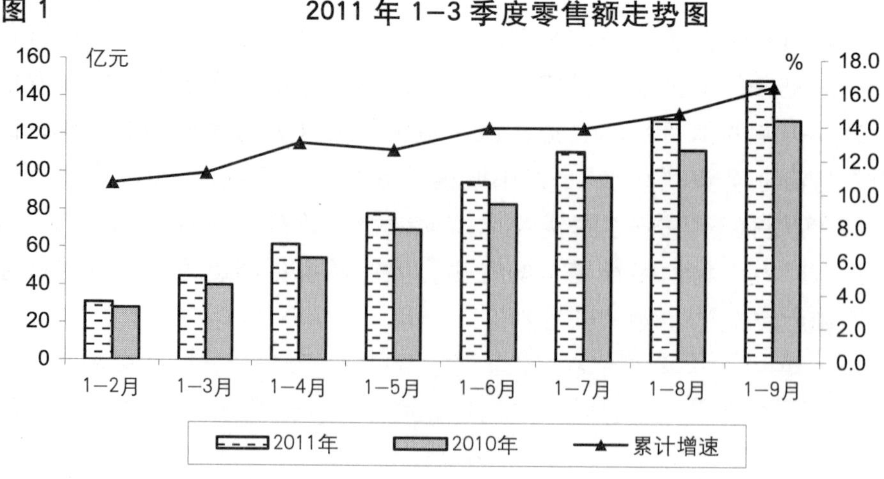

（二）增长速度明显加快

前三季度，全区社会消费品零售额同比增长 16.4%，比 1–8 月提高 1.6 个百分点，高于全市平均增速 4.9 个百分点。从各季度增速看，一季度同比增长 11.2%，二季度同比增长 16.4%，三季度同比增长 21.3%，增速明显加快，并呈现逐步攀升增长态势（见图 1）。

二、消费品市场运行特点

（一）限额以上单位主导消费品市场增长

今年以来，限额以上单位规模进一步壮大，在消费品市场中的地位更加显著，对拉动全区社会消费品零售额稳步增长起到了至关重要的作用。1–3 季度，限额以上单位实现零售额 100 亿元，同比增长 15.8%，占全区社会消费品零售额比重近七成。特别是成品油销售企业、综合零售企业、家用电器和电子产品销售企业的较快增长，对促进社会消费品零售额增长发挥了积极作用。前三季度，以上三类企业合计实现零售额 75.4 亿元，同比增长 28.2%，占限额以上单位零售额比重的 75.4%。

1. 成品油销售保持较高水平

受成品油价格和刚性需求共同带动，成品油累计增速一直保持较快增长。前三季度，全区限额以上石油及制品销售企业实现零售额 30.7 亿元，同比增长 23.9%。2011 年以来，随着国际原油价格上涨，国家三次调整油价，其中两次上调分别在 2 月底和 4 月初，一次下调在 10 月份。而油价的调整对石油类商品销售产生一定影响，第一次上调后的 3 月份油价比 2 月份增长 40.7%，第二次上调油价的 4 月份增幅为 29.2%，比 3 月份增长 9.5%。

2. 综合零售企业零售额保持较快增长，百货零售企业增长贡献 54.7%

1–3 季度，全区百货商场、超市、便利店等限额以上综合零售行业实现零售额 26.5 亿元，同比增长 28.7%，高于全区零售额增速 12.3 个百分点，占全区社会消费品零售额比重的 17.8%。其中，百货零售企业实现零售额 8.5 亿元，同比增长 61.6%，对综合零售企业零售额增长的贡献率为 54.7%；超级市场零售企业实现零售额 15.5 亿元，同比增长 12.5%，对综合零售企业零售额增长的贡献率为 29.1%；其他综合零售企业实现零售额 2.5 亿元，同比增长 60.8%，对综合零售企业零售额增长的贡献率为 16.2%。

3. 家用电器和电子产品销售波动较大，对消费品市场影响利弊共存

今年以来，在北京楼市调控政策影响下，商品房销售受到了抑制，而与楼市紧密相关的家用电器和电子产品销售虽然总体同比增速依然保持 30%以上较快增长，但是各月同比增速起伏不定，波动明显，成为影响今年全区零售额走势的主要因素之一。前三季度，限额以上家用电器和电子产品销售企业实现零售额 18.2 亿元，同比增长 35.5%。但从各月销售情况看，单月零售额同比增速超过 50%以上的有五个月，目前增幅最高的是 4 月份，达到了 101.4%；单月零售额同比增速下降的有三个月，最大降幅出现在 2 月份，同比下降 18.8%。在成品油、综合零售等主要销售企业平稳增长情况下，家用电器和电子产品销售企业的波动是影响全区社会消费零售额平稳增长的主要因素之一，后期走势仍需进一步密切关注（见图 2）。

图 2　　2011 年 1–3 季度家用电器和电子产品零售额增速与全区社会消费品零售额增速对比图

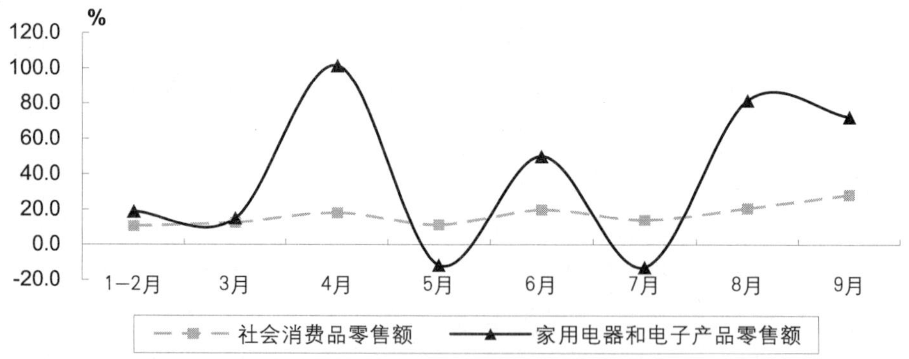

4. 汽车销售继续低迷，降幅出现收窄迹象

汽车销售企业在摇号限购政策影响下，销售情况继续低迷，但在摇号中签指标陆续到期以及汽车销售企业销售策略逐步转向京外市场的共同作用下，汽车销售情况有所好转，降幅出现收窄迹象。1–3 季度，全区限额以上汽车销售行业实现零售额 13.4 亿元，比去年同期减少 5.1

亿元，增速下降 27.5%，下降幅度比 1—8 月减少 1.7 个百分点。降幅虽有所收窄，但仍是制约全区消费品市场增长的主要因素，如果扣除限额以上汽车销售企业，前三季度全区社会消费品零售额增长 23.9%。

（二）限额以下单位及个体工商户增长持续而稳定

今年以来，限额以下单位及个体工商户发展态势良好，零售额同比增速一直保持在 10%左右稳定增长。1—3 季度，限额以下单位及个体工商户实现零售额 27.3 亿元，比去年同期增长 12%，占全区社会消费品零售额比重的 18.3%。

（三）商品交易市场成交活跃，增速继续保持较高水平

近年来，全区商品交易市场消费规模持续扩大，增长速度持续保持较高水平，对社会消费品零售额增长拉动作用不断增强。截至 9 月底，全区共有各类商品交易市场 44 个。1—3 季度，实现零售额 21.9 亿元，同比增长 26%，占全区社会消费品零售额比重的 14.7%，比去年同期提升 1.2 个百分点，对全区社会消费品零售额增长的贡献率为 21.4%。

三、积极培育新的消费增长点，促进消费品市场持续繁荣发展

（一）电子商务发展前景广阔

近年来，随着网络的快速普及、思想观念及购物方式的转变，网上商品丰富、货比多家、价格低廉、方式便捷、送货上门等诸多优势，已成为越来越多消费者选择的购物方式。1—3 季度，全区限额以上邮购及电子销售企业实现零售额 0.7 亿元，比去年同期增长近 4 倍。目前全区电子商务发展虽然刚刚处于起步阶段，但增长势头迅猛、发展潜力巨大、发展前景广阔。

（二）努力挖掘农村消费市场

随着新农村建设的不断推进，农民生活水平不断提高，社会保障体系不断完善，农民消费需求会进一步增长。1—3 季度，全区农村居民人均现金收入达到 11835 元，同比增长 11.3%，同时农村居民人均消费性支出 7332 元。因此，要积极挖掘农村消费品市场，进一步做好家电下乡、建材下乡等一系列促进消费政策，努力提高农村消费对消费品市场增长的贡献。

顺义经济跨越发展　民生安泰社会和谐

◆◇杨　敏　那　娜

2006−2010 年，是顺义各项事业大发展的 5 年。在市委、市政府的领导下，全区一心一意谋发展，全力打造世界空港城，成功举办了奥运水上项目和第七届中国花卉博览会，首都机场 T3 航站楼投入使用，北京天竺综合保税区封关运营，有效地应对了国际金融危机冲击，五年间，区域综合实力明显增强，经济结构持续优化，特色经济异彩纷呈，城乡居民充分就业，人民生活日益改善，社会事业蓬勃发展，从而使顺义步入了经济社会发展的快车道。

一、经济发展大跨越，三次产业飞速发展

（一）经济总量大幅提升，综合实力再上新台阶

“十一五”时期，顺义区经济总量呈现高速增长的态势，GDP 从“十五”末的 258.3 亿元提高到“十一五”末的 867.9 亿元，增长了 3.4 倍。在全市所占份额不断提高，由“十五”末的 4%提高至“十一五”末的 6.1%。“十一五”时期 GDP 年均增长 27.4%，增势比“十五”时期更加强劲，提高了 7.7 个百分点，并且远高于北京市 14.6%和全国 11.2%的年均增速，实现了超高速发展。

1. 全市经济实力排名攀升，由第七位提至第五位

“十一五”期间，顺义经济总量在全市各区县[1]排名显著提高，由期初 2006 年的第 7 位跃至期末 2010 年的第 5 位，超越了丰台和亦庄，一直位列前四位的分别是：海淀、朝阳、西城、东城。增速排名由期初第 6 位提至期末第 2 位，2010 年在全市 10.3%增速的环境下，顺义区仍然保持了 25.7%的较高增速，仅次于房山区。

1　各区县按原 18 区县和北京经济技术开发区（亦庄）范围比较。

2. 人均 GDP 翻番，突破一万美元

在经济总量快速增长的同时，人均创造价值水平逐年提高。2008 年人均地区生产总值实现 10690.8 美元，领先北京市整体水平；2010 年实现人均地区生产总值[2]15935 美元，是“十五”期末的 3.6 倍。

3. 财政家底殷实，经济运行质量明显提高

2010 年，全区地方财政收入达到 145.7 亿元，比 2005 年翻了三番，区域财力越发充足，“十一五”时期年均增长 53.9%。2010 年地方财政支出达到 161.5 亿元，是 2005 年的 5 倍，“十一五”时期年均增长 38.3%。地区财政收入占 GDP 的比重由“十五”末的 6.5%上升至“十一五”末 16.8%，说明政府宏观调控能力增强，地区经济运行质量不断提高。

4. 经济需求结构投资主导，不断趋向协调平衡

从投资和消费看，2010 年全社会固定资产投资额为 413.7 亿元，是 2005 年的 3.1 倍，“十一五”时期年均增长 25.3%；而社会消费品零售额达到 180.5 亿元，是 2005 年的 2.6 倍，“十一五”时期年均增长 21.5%。可见，投资规模远超过消费，为投资主导型需求结构。增速方面，“十一五”时期投资年均增速高出消费 3.8 个百分点，差距比“十五”时期缩小 12.4 个百分点，需求结构逐渐趋于协调平衡。

（二）二、三产业双轮并转，雁阵模式助推顺义腾飞

“十一五”时期，三次产业结构由“二三一”优化为“三二一”。2008 年第三产业比重得到很大提升，三次产业结构为 3.7∶42.7∶53.6，第三产业比重首次超过第二产业，“十一五”末三次产业结构为 2.6∶43∶54.4，产业结构继续优化，形成了二、三产业双轮并转的良好局面。并且，以临空经济为领头雁，工业为左翼头雁，运输邮电业为右翼头雁，农业为保障尾雁的顺义雁阵模式日渐清晰。

1. 临空经济高速崛起，“领头雁”引领发展方向

临空经济区是北京市“十一五”提出的全新概念，经过几年的运营，临空经济区已初具规模，2010 年顺义临空经济区实现增加值约 607 亿元，占北京市临空经济区增加值的 90%以上，创造了全区 70%左右的经济量。“十一五”期间年均增长约 36.3%，高于全区 GDP 年均增速 8.9 个百分

2　人均地区生产总值按地区生产总值除以平均常住人口，折合平均汇率计算所得。

点，引领各行业的空间布局，对全区经济快速发展起到了极为重要的引擎作用。

2. 做强第二产业，“左翼头雁”工业支柱地位稳固

顺义作为工业强区，工业总产值占全市近 1/7，工业增加值占全区 GDP 的四成。“十一五”末与“十五”末相比，规模以上工业企业数量由 414 家增加到 619 家，从业人员年末人数由 9.7 万人增至 12.8 万人，工业总产值由 864.3 亿元提高到 1851.6 亿元，工业销售产值由 847 亿元上升到 1828.6 亿元，工业总产值和工业销售产值均翻了一番，上升到千亿元阵营。

3. 做大第三产业，“右翼头雁”运输邮电业加速腾飞

交通运输、邮政和仓储业（运输邮电业）领跑第三产业，增加值占第三产业的比重达 56.6%。“十一五”末，交通运输、邮政和仓储业规模以上单位数有 163 家，比“十五”末的 108 家增加 55 家；增加值实现 267.1 亿元，是“十五”末的 11.7 倍；占全区 GDP 的比重为 30.8%，提高 22 个百分点；“十一五”期间年均增长高达 63.6%，比“十五”时期提高 26.9 个百分点，航空运输业的领航作用功不可没。

4. 优化第一产业，“保障尾雁”现代农业健康发展

顺义区素有京郊粮仓的美誉，在农业生产空间被压缩的情况下，围绕“精品化、品牌化”的目标，实现了现代农业的健康发展。“十一五”末农林牧渔业总产值实现 58.6 亿元，比“十五”末增长 18.2%；“十一五”时期年均增长 3.4%，比“十五”时期提高 1.1 个百分点。“十一五”末都市型现代农业发展势头良好，设施农业、种业和观光休闲农业三项总收入，对农林牧渔业总产值的贡献率达到 76.2%。

二、就业环境日趋向好，工资收入 5 年翻番

（一）劳动力半数来自本区，集中在二、三产业

截至“十一五”末，顺义区共有二、三产业从业人员[3] 41.2 万人，其中，本区劳动力 22.8 万人，本市其他区县劳动力 3.4 万人，外埠劳动

3 二、三产业从业人员、户籍劳动力、就业率相关数据由顺义区人力资源和社会保障局。

力 15 万人，分别占从业人员总数的 55.3%、8.3%、36.4%。顺义区共有户籍劳动力达 24.7 万人，其中，农村劳动力 14.5 万人，城镇劳动力 10.2 万人。户籍劳动力一产从业人员 1.1 万人，二产从业人员 10.5 万人，三产从业人员 12.3 万人。三次产业就业人员比重由“十一五”初期的 16：39：45 调整为期末的 5：44：51，呈现出一产劳动力向二、三产业转移的态势。

（二）就业率逐步提高，积极就业政策收效显著

“十一五”期间，全区累计安置城镇失业人员再就业 4.2 万人，累计转移农村劳动力就业 5.1 万人。农村劳动力、城乡劳动力二、三产业就业率逐年提高，分别由“十一五”初期的 77.7%、79.7%上升至期末的 90%、92%。城镇登记失业率逐年下降，由“十一五”初期的 1.45%降至期末的 0.97%，全力将顺义打造为北京市首家充分就业区。“十一五”期间，全区累计培训城乡劳动力 8.7 万人，培训农村劳动力 7.4 万人，培训城镇失业人员 1.2 万人。通过开展就业技能培训，充分发挥培训促进就业效能，使得全区劳动力就业质量有效提升。

（三）从业人员行业聚集明显，制造业人数最多

分行业看，城镇单位从业人员（扣除私营单位以外的所有法人单位，下同）主要集中在制造业、交通运输仓储和邮政业、建筑业，三个行业从业人员年末人数合计占城镇单位从业人员总数的 64.2%。“十一五”末，制造业从业人员年末人数为 12.5 万人，占城镇单位从业人员总数的 35%；交通运输仓储和邮政业 6.8 万人，占总数的 19.2%；建筑业 3.6 万人，占总数的 10%。其他行业占总数比重均在 10%以下。

（四）收入增长行业间差距较大，金融业增速最快

城镇单位从业人员年均报酬，五年间年均增长 19.2%，19 个行业中高于这一平均值的仅有 5 个行业，劳动报酬的年均增速在各行业间发展极不均衡。从业人员年均报酬增长最快的是金融业为 93.5%，其次是信息传输、计算机服务和软件业为 26.7%，第三是交通运输、仓储和邮政业为 21.8%；倒数三名年均增速均未超过 10%，增速最低的是公共管理和社会组织，年均增长 0.6%，其次是住宿和餐饮业为 7.2%，第三是采矿业为 8.3%。

（五）收入水平5年翻番，港澳台企业和金融业最高

“十一五”末，城镇单位从业人员年均报酬为55026元，是“十五”末22901元的2.4倍，翻了一番多。按登记注册类型分组，港澳台商投资企业收入水平最高，年均报酬为101568元；外商投资企业其次，为63664元；内资企业为41801元。从行业来看，垄断行业和中央企业收入水平较高，其中，金融业年均报酬最高，为486051元；其次是交通运输、仓储和邮政业为99765元；第三是教育业为72521元。

三、人民生活富裕，和谐顺义日新月异

（一）农民收入增势强于城镇，收入剪刀差有望缩小

2010年，城镇居民人均可支配收入达到24825元，比2005年增长53.6%，“十一五”时期年均增长9%；农民人均纯收入达到12898元，比2005年增长72.9%，“十一五”年均增长11.6%。“十一五”时期，城乡居民收入差距基本稳定，收入比维持在2∶1左右，农村居民收入年均增幅高于城镇居民2.6个百分点，预计城乡收入差距将会在“十二五”期间不断缩小，但城乡居民收入的增长远远落后于区域经济发展速度，应加快居民增收步伐，促进居民收入与经济增长同步。

（二）农民支出增速快于城镇，恩格尔系数被物价推高

“十一五”时期，城镇居民人均消费支出由2005年的10209元提高到2010年的14257元，年均增长6.9%；农民人均消费支出由2005年的5450元提高到2010年的8639元，年均增长9.7%。受到近两年物价不断走高的影响，城乡居民恩格尔系数比“十五”末均有不同程度增涨，城镇居民恩格尔系数从2005年的32.3%升至2010年的35.9%，农民恩格尔系数从2005年的31.6%升至2010年的35.1%，但仍均处于30%–40%的富裕阶段。

（三）有效控制人口数量，注重提高人口质量

2010年底，顺义区常住人口达到87.7万人，比2005年增加了16.6万人，“十一五”时期年均增长4.3%。人口规模居全市第10位，在城市发展新区中人口最少，良好的人口管理办法，得到了其他区县乃至北京市的认可，成为学习效仿的典范。全区注重外来人口控制和人才引进并

举，2010 年末外来人口占常住人口比重为 31.8%，比北京市外来人口比例 35.9%低 4.1 个百分点，外来人口由 2005 年 15.6 万人增加到 2010 年 27.9 万人。

（四）城镇化水平不断提高，新城建设稳步推进

城市化水平方面，城镇化率[4]不断提高，由“十五”末的 32.3%提高至“十一五”末的 53.8%，距离城市化目标值 55%近在咫尺，但与北京市 86%的高水平相比仍存在很大距离。根据北京市功能定位和实际情况，我们不要盲目提高城镇化水平，要循序渐进地推进顺义新城建设。

“十五”末与“十一五”相比，全区公路总里程[5]由 1776.6 公里延长至 2641.4 公里，年均增长 8.3%；天然气供应量[6]由 3129 万立方米上升至 15026 万立方米，年均增长 36.9%；全区用电量[7]26 亿千瓦时增加至 46.1 亿千瓦时，年均增长 12.1%，城市建设成绩显著。

（五）社会事业长足发展，和谐程度日益提升

1. 社会环境和谐稳定

“十一五”时期，刑事案件立案数[8]由期初的 6020 起下降到期末的 4872 起，破案率由 42.2%提高到 45.5%。交通事故数量由期初 629 起下降到期末 537 起，治安重点地区排查整治扎实推进，社会治安综合治理切实加强。此外，坚持领导包案制度，深入推进信访代理制，狠抓基层排查和就地化解，全区信访形势持续稳定。

2. 社会保障和住房保障体系日趋完善

2010 年农村低保标准[9]由年人均 2530 元提高到 3360 元，新型农村合作医疗参合率达到 99.7%。2010 年，在全区 16 块新增土地出售项目中，有 4 块用于保障性住房建设。全年回迁安置房项目 9 个，累计投资 14.6 亿元，施工面积达 58.2 万平方米；限价房项目 4 个，累计投资 2.5 亿元，施工面积达 6.3 万平方米；经济适用房项目 3 个，累计投资 0.1 亿元，施工面积达 1.7 万平方米。年内，4000 余户经济适用房和限价房

4　城镇化率=年末城镇人口／年末常住人口×100%。
5　公路总里程由北京市交通委员会路政局顺义公路分局提供。
6　天然气供应量由顺义区市政市容管理委员会提供。
7　全区用电量由顺义供电公司提供。
8　刑事案件和交通事故相关数据由北京市公安局顺义分局提供。
9　农村低保标准、新型农村合作医疗参合率摘自《2011 年顺义区政府工作报告》。

申请家庭，基本实现了1∶1配售。

3. 教育[10]注重质量提高

2010年底，全区拥有普通中学42家，比2005年减少4家；拥有小学48家，比2005年减少20家。中学在校生数3万人，比2005年减少1.4万人；小学在校生3.2万人，比2005年减少0.5万人。

4. 公共卫生[11]事业稳步运行

2010年底，全区共有医疗卫生机构57个，比2005年底增加7个；共有医院卫生机构床位3149张，增加840张。

5. 文化体育进一步加强

2010年末，全区拥有文化馆站[12]25个，比2005年末增加了5个；拥有体育场馆[13]11个，比2005年末增加了3个。

四、对“十二五”政策着力点的几点建议

综观顺义区在“十一五”时期的表现，可以看出，全区综合经济实力明显增强，区域竞争力在全市显著提升，社会民生有效改善，新城各领域建设成绩斐然。在肯定成绩的同时，我们也要认识到，顺义经济社会发展还存在一定的制约因素，以下为“十二五”阶段政策着力点提出三点建议：

（一）培育经济多行业支撑，增强经济活力

如果将北京市经济全局比作一场竞技赛，那么，顺义区哪些行业在全市具有竞争力？利用区位商指标计算得出，顺义区在全市具有比较优势的行业只有两个——交通运输仓储和邮政业，以及工业，其他行业在全市均不具备优势，这主要是因为全区资源在两大支柱行业高度聚集，其他行业占GDP比重均不足5%。

全区应充分利用临空产业区，吸纳临空指向性强的产业，推进离岸金融尽快运行；利用近郊的便利交通条件，建设大型仓储式购物中心，引资网购商城，搞活批发和零售业；提高新国展的利用率和相关产业带

10 教育相关数据由顺义区教育委员会提供。
11 卫生相关数据由顺义区卫生局提供。
12 文化馆站由北京市顺义区文化委员会提供。
13 体育场馆由北京市顺义区体育局提供。

动作用，提振租赁与商务服务业。总之，要培育新的经济增长点，促进经济的平衡发展，增强全区经济活力，充实顺义雁阵整体实力。

（二）加大科技投入，探索自主创新机制

顺义区研发投入集中在第二产业，资金主要来自企业自筹，但仍存在明显不足。2009 年，全社会研究与试验发展（R&D）经费支出 5.3 亿元，相当于 GDP 的 0.76%，投入强度大大低于全市 5.5%的水平，比全国 1.7%的平均水平还低 0.94 个百分点，反映出全区的科技水平和科技创新能力相对欠缺的严重问题。

顺义工业制造业以组装加工企业居多，是典型的“世界工厂”，缺乏科研力量的有力支撑，应积极主动地引导企业从制造型向研发型过渡，推进北京汽车产业研发基地建设，变“中国制造”为“中国创造”。同时，更要加大政府科技创新投入力度，大力支持北京自主品牌乘用车基地的发展，培育自有知识产权的民族汽车品牌。还要继续加大高端人才引进和培育，为区域发展提供智力保障，做好中长期科技兴区规划。

（三）提高居民收入，完善保障体系

“十一五”时期城乡居民收入增速落后于经济发展步伐，无论是城镇居民人均可支配收入年均增长 9%，还是农民人均纯收入年均增长 11.6%，均远远低于地区生产总值年均增长 27.4%的超高速度。同时，从居民工资报酬来看，垄断行业收入高，行业间收入差距较大。此外，受通货膨胀所累，居民食品支出比例增大，使得消费结构有所劣化。这就需要加大民生事业的投入，促进充分就业，加强职业技能培训，使劳动力向“高端产业、高效企业、高新岗位”就业，从而提高居民收入；通过提升教育水平、优化医疗资源、完善社会保障和住房保障体系，提高人民生活品质，使百姓安居乐业，生活无后顾之忧。

未来 5 年，顺义面临着诸多不确定因素，随着北京市南城计划等新发展战略的实施，使位于东北角的顺义唯有自谋发展；第二机场建设在即，将削减顺义区独享机场资源的地理优势。新环境、新挑战，使得我们更要团结奋进，“十二五”时期全区围绕“打造临空经济区，建设世界空港城”的目标，深入探索可持续发展之路，我们可以满怀信心的预见，世界空港城——顺义，将开启又一次超高速、跨越式、可持续发展的新篇章。

加大科技经费投入　打造京北创新中心

◆◇张文华

在2010年12月闭幕的昌平区委三届十一次全会上，昌平区确定了“打造京北创新中心、国际科教新城”的总发展目标和主要任务。本文利用昌平区第二次全国R&D资源清查资料，对昌平区科技创新现状进行了分析，昌平区科技资源丰厚，整体科技实力位居全市领先水平，拥有建设京北创新中心的“软件”和“硬件”条件。但昌平区在科技创新活动中依然存在着行业发展不平衡、政府资金对创新支持力度偏低、R&D人员有所减少等值得关注的问题。

一、昌平区科技创新的总体情况

第二次R&D资源清查资料显示，2009年昌平区R&D经费支出总额为21.4亿元，与2008年相比增加3.1亿元，同比增长16.9%，其中，规模以上工业企业R&D经费支出总额为15.3亿元。昌平区R&D经费支出总额与昌平区地区生产总值（GDP）之比为6.25%，领先全市平均水平0.75个百分点。研究与发展（R&D）人员达到9943人，科技项目（课题）3434项，单位办科技机构139个，专利申请数1312件，有效发明专利数1171件。

二、昌平区科技创新活动特点

（一）R&D经费支出持续增加，位居全市第四位

科学研究与试验发展（R&D），是指在科学技术领域为增加知识总量，以及运用这些知识去创造新的应用进行的系统的创造性的活动，是国际上通用反映科技投入量的指标，包括基础研究、应用研究、试验发展三类活动。

第二次 R&D 资源清查资料显示，2009 年昌平区 R&D 经费支出总额为 21.4 亿元，同比增长 16.9%，位于海淀、朝阳、西城之后居全市第四位。

（二）科技投入强度稳步增长，名列全市第二位

在科技活动中，R&D 经费支出占地区生产总值（GDP）的比值称做科技投入强度。国际上通常使用 R&D 经费支出与科技投入强度指标反映一个地区的科技实力和核心竞争力。

第二次 R&D 资源清查资料显示，2009 年昌平区 R&D 经费支出总额为 21.4 亿元与昌平区地区生产总值（GDP）之比为 6.25%，比 2008 年提高了 0.46 个百分点。同期北京市 R&D 经费支出总额与北京市 GDP 之比为 5.5%，昌平区科技投入强度领先全市平均水平 0.75 个百分点，位于海淀之后居全市第二位。

（三）工业企业科技实力明显增强，位居全市前三名

1. 工业企业 R&D 经费支出全市排名第二

第二次 R&D 资源清查资料显示，昌平区开展科技活动主要依赖于工业企业。2009 年，规模以上工业企业 R&D 经费支出总额达到 15.3 亿元，占全区 R&D 经费支出总额的 71.4%，与 2008 年相比增加 4 亿元，同比增长 35. 4 %，位于海淀区之后居全市第二位，全市排名较 2008 年提升一位。

2. 工业企业 R&D 投入强度位居全市第三位

规模以上工业企业 R&D 投入强度为 1.97%，比 2008 年提高了 0.47 个百分点。同期北京市规模以上工业企业 R&D 投入强度为 0.93%，昌平区工业企业 R&D 投入强度领先全市平均水平 1.04 个百分点，位于海淀、丰台区之后居全市第三位(见表 1)。

近年来，作为昌平区科技投入的主体——工业企业的 R&D 经费支出始终保持快速增长态势，2004−2009 年间，昌平区规模以上工业企业 R&D 经费支出连续 5 年实现正增长，年均增速达到 23.2%。

3. 工业企业新产品产出持续增长

新产品是工业企业自主创新的直接成果，是工业企业在竞争日益激烈的市场取得成功的关键要素。第二次 R&D 资源清查资料显示，2009 年昌平区规模以上工业企业实现新产品产值 488.8 亿元，与 2008 年相比

增加124.7亿元，同比增长88.3%，平均每个工业企业实现新产品产值8229万元。

表1　第二次R&D资源清查北京市部分区县规模以上工业企业R&D经费情况

各区县	R&D经费支出合计（万元）	R&D经费支出排名	R&D投入强度（%）	R&D投入强度排名
海淀区	399835.5	1	2.69	1
昌平区	152591.3	2	1.97	3
大兴区	143722.1	3	0.60	9
朝阳区	109597.2	4	1.25	4
丰台区	101817.1	5	2.52	2
石景山区	64966.9	6	0.92	6
顺义区	47606.7	7	0.31	12
西城区	33663.4	8	0.18	15
房山区	22925.3	9	0.30	13
通州区	22006.3	10	0.47	10
怀柔区	16298.1	11	0.40	11
东城区	8706.7	12	1.19	5
门头沟区	5707.5	13	0.87	8
延庆县	3658.4	14	0.91	7
密云县	3051.9	15	0.19	14
平谷区	875.8	16	0.05	16
合计	1137030.2	–	0.93	–

（四）五大行业引领全区科技发展

第二次R&D资源清查资料显示，昌平区开展科技活动主要依赖于交通运输设备制造业、教育业、研究与试验发展业、专用设备制造业及石油和天然气开采业这5个行业的R&D经费支出总额达到16.2亿元，占全区 R&D 经费支出总额的 75.9%（见表 2）。

表 2　　第二次 R&D 资源清查科技投入前五名的行业表

行业类别	2009 年 R&D 投入（万元）	2008 年 R&D 投入（万元）	增长率（%）
交通运输设备制造业	85995.0	37910.4	126.8
教育业	38434.8	29936.4	28.4
研究与试验发展业	14901.9	10413.0	43.1
专用设备制造业	12199.1	17949.3	−32.0
石油和天然气开采业	10847.4	4694.0	131.1

（五）股份有限责任公司科技投入大幅增长

从登记注册类型上看，股份有限责任公司、国有企业、有限责任公司是昌平区 R&D 经费投入最多的三种类型单位，占昌平区 R&D 经费支出总额的 85.1%。与 2008 年相比，股份有限责任公司 R&D 经费支出大幅增长，2009 年达到 8.9 亿元，同比增加 5.1 亿元，增长 135.7%，占全区 R&D 经费支出总额的比例达到 41.8%。受股份有限责任公司科技投入大幅增长的影响，其他注册类型单位比重略有下降。

（六）专利产出效率不断提高

专利是企业开展自主创新活动的直接成果，是衡量自主创新能力高低的重要标志。第二次 R&D 资源清查资料显示，2009 年昌平区专利申请量大幅增长，全年共申请专利 1312 件，与 2008 年相比增加 397 件，同比增长 43.4%，其中，与自主创新密切相关、最具原创性的发明专利申请 602 件，同比增长 19.2%，专利申请量全市排名第 4 位。

三、科技创新中值得关注的问题

虽然昌平区整体科技实力在全市处于领先水平，但科技经费投入与海淀区、朝阳区依然有较大差距，与其他区县相比也没有绝对的优势，“打造京北创新中心、国际科教新城”任重而道远。

（一）部分行业有待加强

第二次 R&D 资源清查资料显示，2009 年昌平区开展科技活动主要依赖于交通运输设备制造业、教育业、研究与试验发展业、专用设备制造业、石油和天然气开采业、电气机械及器材制造业和通用设备制造业，其他行业 R&D 经费支出相对较少，或是发展相对缓慢（企业规模小），或是由于企业数量较少（在全区规模以上工业企业单位中所占比重不足 15%），难以营造良好的市场氛围，从而导致昌平区在其他行业发展中缺乏活力，更没有形成产业化和市场化，这将影响全区科技活动总体竞争力的提高。

（二）政府资金扶持力度有待提高

第二次 R&D 资源清查资料显示，2009 年昌平区在技术创新经费来源构成中，企业资金占 81%，政府资金仅占 16%。而同期北京市在技术创新费用来源构成中，企业资金占 38%，政府资金占 52%，与昌平区构成截然相反。据 OECD（经济合作与发展组织）的资料显示，发达国家政府对企业研究开发活动的直接资助大约占企业研究开发活动费用的 15%–30%，由此可见，昌平区在企业创新费用的资金扶持方面，政府还有待进一步加大投入力度。

（三）科研机构创新研发投入偏少

北京市作为全国科研机构的聚集中心，在 2009 年 R&D 经费支出构成中科研机构占 49%，是最重要的组成部分。而作为北京近郊的昌平区，科研机构 R&D 经费支出仅占昌平区全部科技经费支出的 1.9%，不仅远低于全市平均水平，同时也低于 17.1%的全国水平。如何引进科研机构，争取政府项目资金是昌平区实现科技进一步发展急需解决的问题。

（四）R&D 人员有所减少

企业的发展离不开科技创新，推进企业科技进步的关键是人才。科技人员中的 R&D 人员是企业自主创新的核心，是决定企业自主创新能力的关键因素。第二次 R&D 资源清查资料显示，2009 年昌平区 R&D 人员为 9943 人，与 2008 年相比减少 4642 人，同比下降 46.7%，R&D 人员数量仅排名全市第 6 位。

四、发展的对策思考

倡导“科技北京、创新昌平”理念，大力发展科技创新对昌平区实现“商务花园城市”，打造“京北创新中心、国际科教新城”具有重要的战略意义和现实意义。

（一）全面提升企业科技实力

昌平区应有计划、有目标地加大 R&D 经费投入，对一些重点产业和重点项目，如信息技术、生物技术、新能源技术、新材料技术、空间技术、海洋技术等领域实行倾斜政策，同时引导企业本身增加对市场竞争能力强的高新技术产品研究项目，特别是技术核心项目的投入。昌平区应采取措施，择优扶强，加快行业调整，形成多行业科技活动齐头并进的形势。通过政府及职能部门的搭桥，给企业间、企业与高校间、企业与科研院所间的科技协作、科技合作创造更好的机会与环境。通过现代网络为企业科技创新搭建展示平台，加快现有企业科学技术改造，推进企业科技资源的优化整合，提高企业的科技实力及市场竞争力。

（二）加大对科技活动的投入

据 OECD 的统计资料显示，政府每投入 1 美元资金可带动企业 1.7 美元 R&D 经费的增长，拉动效应明显。昌平区应当充分发挥政府资金的杠杆作用，加大对企业 R&D（研究与开发）的直接投资，拉动企业进行自主创新投资。

（三）鼓励和扶植中小企业开展科技活动

昌平区应高度重视中小规模企业创新活动，给予有力的政策支持。通过健全中小型企业的贷款担保体系，包括降低商业银行担保比例、建立贷款风险担保准备金、加大财政贴息力度等方式，扩大对中小企业的科技政策贷款投入。

（四）加强科技人才资源建设

科技人力资源建设应是昌平区关注的重点，不仅要培养好科技人力资源的已有力量和后备力量，还应借机加强区外，海外科研人才引进。从长期考虑，应建立并完善相关的科技人才引进优惠制度，比如从薪酬、户籍、住房、社会保障、培训、子女教育等方面，对外来科技人才一视同仁，形成吸引并留住科技人才的长效机制，强化昌平在吸引高科技人才方面的竞争力。同时要动员科研院所和高校的科技力量下基层服务，要通过大批的科技人员到一线去，帮助企业解决具体问题，扩大就业。

（五）增强创新科技含量

企业从事创新的最终目的，是为了降低成本，增加利润，在市场上实现创新的价值和效益。因此企业在开展产品创新的过程中，应采取有力策略，提升科技研发的水平，培育一批具有高新科技含量、有自主知识产权的产品，形成具有国际竞争力的产品和产业链条。从而实现企业生产经营的良性循环，带动经济整体竞争力的提高。

平谷区工业增幅继续回落　未来走势值得关注

◆◇王来军

2011 年前三季度，在宏观政策趋紧环境下，全区积极推进工业企业经济结构调整，规模以上工业企业（年主营业务收入 2000 万元及以上，下同）生产销售总体运行呈现出稳中趋缓的态势。从前三季度统计数据看，随着通胀压力的加大，工业企业经营成本不断上升，特别是住房、汽车市场调整后，全区工业企业生产销售趋缓的态势仍在延续。

一、总体情况

（一）工业生产较快增长，增长势头稳中趋缓

截至 9 月底，工业总体运行态势保持平稳，工业总产值始终保持较快增长，受到重点企业和支柱行业生产下滑以及同期数据逐渐走高的共同作用，增长幅度进一步回落。

从前三季度的情况看，表现出前高后低，逐月下滑的态势。三季度，全区规模以上工业企业 92 家，完成工业总产值 141.6 亿元，同比增长 14.1 %，增幅继续回落，与上半年增速相比回落 4.9 个百分点，与一季度增速相比回落 7.7 个百分点（见图 1）。

图 1　　1–9 月份各月产值及累计增速情况图

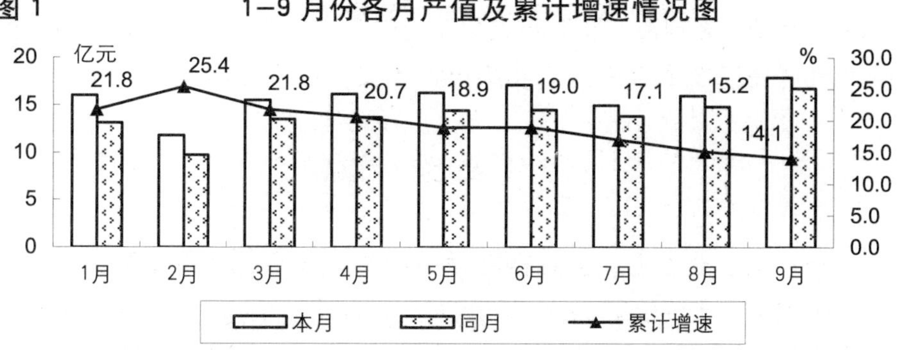

（二）工业总产值增幅继续回落的主要原因

1. 支柱行业增长动力不足，拉动作用减弱

受汽车下乡优惠政策和小排量减税政策的取消及《北京市小客车数量调控暂行规定》的实施等多重因素共同影响，全区交通运输设备制造业增长速度呈现持续回落的态势（见图 2）。1－9 月份，交通运输设备制造业完成工业总产值 74.6 亿元，占全区规上工业总产值比重的 52.7%，同比增长 10.1%，低于全区规上工业增速 4 个百分点，增幅比上半年回落 6 个百分点，与一季度增速相比回落 9.5 个百分点，对全区规上工业增长的拉动作用持续减弱（见图 2）。

图 2　　1－9 月份交通运输设备制造业各月产值及累计增速情况图

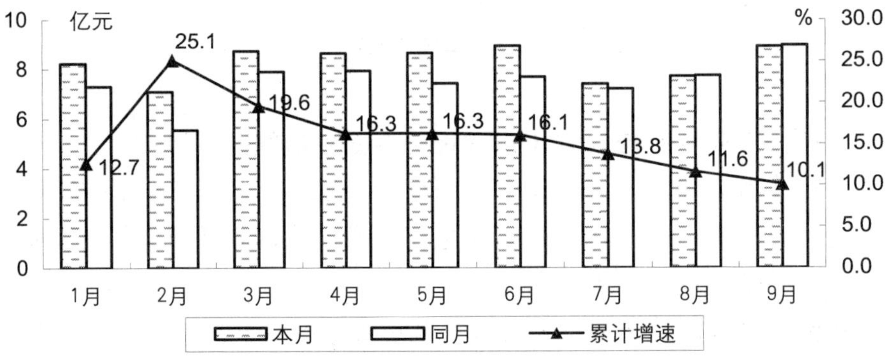

2.“三高”企业退出，影响产值增长

受“三高”企业退出北京地区的政策影响，随着化工企业搬迁工作稳步推进，天利海、维多等几家化工企业在 2010 年底前已经陆续关闭停产，1－9 月份，天利海、维多两家化工企业关停将减少产值达 3.1 亿元，影响产值增长近 3 个百分点，扣除停产因素实际同比增长 17.04%。

二、主要运行特点

（一）从行业上看，多数行业保持增长，重点行业贡献突出

全区规上工业企业涉及的 22 个大类行业中，有 18 个行业工业总产值同比增长，占全区规上工业 81.8%。共完成工业总产值 133.2 亿元，

占全区规上工业总产值比重的 94.1%。

从主要行业看，规模以上工业企业中以生产汽车配件为主的交通运输设备制造业，仍是全区工业的支柱产业，对全区规模以上工业增长贡献最大。三季度，交通运输设备制造业完成工业总产值 74.6 亿元，占全区规上工业总产值比重的 52.7%，同比增长 10.1%，对全区规上工业增长的贡献率达到了 39.4%，拉动全区规上工业总产值上升 5.6 个百分点。其次是农副食品加工业、化学原料及化学制品制造业，分别完成工业总产值 10.7 亿元和 7.6 亿元，同比增长 22.9%和 60.2%（见表 1）。

表 1　　1–9 月重点行业生产情况

行业名称	本期（亿元）	同期（亿元）	增速（%）	比重（%）
合　计	141.6	124.1	14.1	100
交通运输设备制造业	74.6	67.7	10.1	52.7
农副食品加工业	10.7	8.7	22.9	7.5
化学原料及化学制品制造业	7.6	4.7	60.2	5.4
食品制造业	7.6	8.7	−13.1	5.3
饮料制造业	6.0	4.2	41.9	4.2
造纸及纸制品业	4.6	4.3	8.1	3.2
纺织业	4.4	3.9	13.8	3.1

（二）从企业规模看，小型企业增速较高，贡献较大

小型企业增速较高，贡献率达到六成。全区小型工业企业 65 家，占全区规上工业企业 70.7%。1－9 月份，完成工业总产值 53.1 亿元，占全区规上工业总产值的 37.5%，同比增长 24.7%，高于全区规上工业增速 10.6 个百分点，对全区规上工业增长的贡献率达到 60%，拉动全区规上工业总产值上升 8.5 个百分点。

大中型企业产值比重超过六成，但增速较低。全区大中型工业企业 27 家，占全区规上工业企业 29.3%。1－9 月份，完成工业总产值 88.5 亿元，占全区规上工业总产值的 62.5%，同比增长 8.6%，低于全区规上工业增速 5.5 个百分点，对全区规上工业增长的贡献率为 40%，拉动全区规上工业总产值上升 5.6 个百分点。

（三）从注册类型看，三资企业发挥主导作用，比重较高

三资企业产值比重较高，贡献率超过六成。全区外商及港澳台投资企业 45 家，占全区规上工业企业 48.9%。1－9 月份，完成工业总产值 101.2 亿元，占全区规上工业总产值的 71.5%，同比增长 11.9%，对全区规上工业增长的贡献率达到了 61.7%，拉动全区规上工业总产值上升 8.7 个百分点。

内资企业产值比重不足三成，但增速较高。全区内资企业 47 家，占全区规上工业企业 51.1%。1－9 月份，完成工业总产值 40.4 亿元，占全区规上工业总产值的 28.5%，同比增长 20%，高于全区规上工业增速 5.9 个百分点。

（四）从销售情况看，产销衔接良好，出口势头有所回升

1－9 月份，产销衔接良好，产销率有所回落。规上工业企业实现工业销售产值 138.7 亿元，同比增长 11.6%；工业产销衔接良好，工业产销率达 97.9%，与去年同期相比下降 2.2 个百分点。

在保持国内市场销售占有率的同时，全区工业企业还努力开拓国际市场，增加产品出口。1－9 月份，出口势头有所回升，规上工业企业实现工业出口交货值 8.9 亿元，同比增长 15.4%，与 1－8 月相比提高 1.1 个百分点。从行业大类看，全区规上企业有产品出口的涉及 10 个行业，有 8 个行业工业总产值同比增长。出口最多的三个行业分别是交通运输设备制造业、纺织服装鞋帽制造业、纺织业，分别完成 2.4 亿元、2 亿元、1.7 亿元，占全区规上企业比重近七成，与去年同期相比分别增长 17.3%、16.7%、22.5%。

三、值得关注的几个问题

（一）行业发展不均衡是工业发展不可回避的问题

在全区 92 家规上工业企业中，以生产汽车配件为主的交通运输设备制造业仅 17 家，三季度完成产值已超过规上工业产值的五成，是全区工业经济增长的重要支撑产业，一旦出现波动，将会导致全区经济处于被

动局面。为适应当前严峻复杂的经济形势，保持全区工业经济的持续稳定增长，经得起各种风险的冲击，必须在调整行业结构上下真功夫、下大力气。而工业行业的调整主要是产品结构的调整，要找准产品发展的方向。

（二）通胀压力持续增加使企业经营压力加大

从北京市调查数据来看，8 月份，北京市工业生产者出厂价格环比上涨 0.6%，同比上涨 3.8%；购进价格环比上涨 0.3%，同比上涨 10.1%。生产领域通胀压力持续增加使得企业生产成本增加显著，企业经营利润受到进一步的挤压。由于价格传导的滞后效应，目前工业生产者出厂价格指数上涨幅度远远小于工业生产者购进价格指数，企业仍未能通过上调产品出厂价格来释放成本压力，企业盈利空间变小，尤其对附加值低的低端产业影响较大。

（三）新增项目推进较慢，缺少新的增长点

兴谷开发区和马坊工业园区重点引进的几个项目，如北京飞行博达电子有限公司、国能发电、德御坊、金麦邦、普莱美思等项目还都在建设初期，开工投产还有一定的时间，要在 2011 年形成一定的产能还有一定的困难。

大兴区第三产业经济运行情况分析

◆◇王　玮

第三产业是大兴区“十二五”规划中重点发展对象，作为“四三三”产业格局中的新兴产业和支撑产业，在大兴区和北京经济技术开发区“两区”行政资源高度整合的今天，其在经济发展中地位和作用越来越重要。1–8 月份，大兴区第三产业发展平稳，各项经济指标稳步增长。

一、第三产业总体情况

2011 年 1–8 月，大兴区规模以上第三产业单位数量为 878 家，拥有资产 1818.1 亿元，同比增长 27.7%；实现收入 436.5 亿元，同比增长 30.3%；上缴各项税金 14.1 亿元，同比增长 48.4%；实现利润总额 13 亿元，同比增长 182.6%；吸纳就业 8.6 万人，同比增长 7.5%。从各项指标来看，2011 年 1–8 月份，大兴区第三产业实现了快速发展（见表 1）。

表 1　　2011 年 1–8 月大兴区第三产业总体情况

	2011 年 1–8 月	2010 年 1–8 月	增幅（%）
资产（亿元）	1818.1	1423.9	27.7
收入（亿元）	436.5	335	30.3
税金（亿元）	14.1	9.5	48.4
利润（亿元）	13	4.6	182.6
从业人员（万人）	8.5	8	7.5

二、行业运行情况分析

（一）各行业收入全部实现正增长

2011 年 1–8 月份，第三产业实现收入 436.5 亿元，同比增长 30.3%，三产各行业收入同比均实现正增长。其中收入增幅超过 100%的为房地产业，科学研究、技术服务和地质勘察业。另外，金融业收入也大幅增长，增幅超过 50%（见表 2）。

表 2　　2011 年 1–8 月第三产业分行业收入情况

行业门类	2011 年 1–8 月（亿元）	2010 年 1–8 月（亿元）	增幅 (%)
第三产业合计	436.5	335.0	30.3
交通运输、仓储和邮政业	23.9	22.3	7.2
信息传输、计算机服务和软件业	0.8	0.6	25.9
批发与零售业	285.9	240.2	19
住宿和餐饮业	9.8	7.5	30.7
金融业	0.8	0.5	71.8
房地产业	48.8	16.1	202.9
租赁与商务服务业	8.6	7.4	16.6
科学研究、技术服务与地质勘察业	19.1	8.7	118.9
水利、环境和公共设施管理业	3.0	2.7	14.5
居民服务和其他服务业	0.7	0.6	3.5
教育	20.8	16.5	25.8
卫生、社会保障和社会福利业	12.2	10.1	20.7
文化、体育与娱乐业	2.1	1.8	17.1

从绝对值来看，第三产业中所占比重最大的批发和零售业，实现收入 285.9 亿元，占三产总收入的一半以上，达到 65.5%。对拉动三产增

收贡献最大的分别是批发和零售业、房地产业、教育，其贡献率分别为33.3%、27.1%和21.8%。

（二）信息传输、计算机服务和软件业首度实现正增长

作为代表科技竞争力行业之一的信息传输、计算机服务和软件业，是大兴区第三产业各行业中的短板，收入一直为负增长，这种现象从侧面也反映出大兴区服务业科技竞争力较为薄弱。2011 年 1–8 月份，信息传输、计算机服务和软件业收入达到 0.8 亿元，环比 1–5 月净增收入 0.6 亿元，与去年同期相比增长了 33.3%。其中北京拓明科技有限公司、北京苏豪坊数码科技有限公司等新老企业，不断开拓市场，业绩逐年提升，带动行业整体逐步向好，改变了本行业经营负增长的不利局面，也正明了行业的科技竞争能力正逐步增强。

（三）税金持续大比例增长

税金自 2009 年开始已连续三年同比正增长。2011 年 1–8 月份，第三产业上缴税金 14.1 亿元，比去年同期增长了 4.6 亿，增幅达到 48.4%，远远高于 2010 年同比增幅（见图 1）。

图 1　　第三产业上缴税金三年同期数额对比

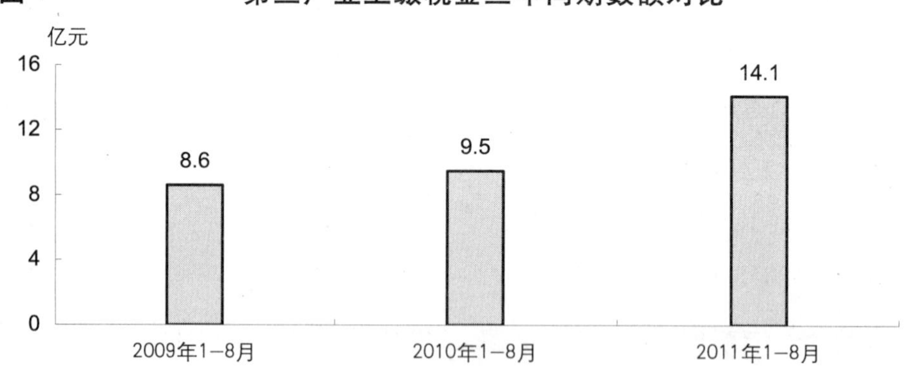

由于行业发展良好，经济效益高，使应交税额增大，对国家贡献大幅提高，如房地产业，收入实现 200%的增长，上缴税金达到 6.8 亿元，占第三产业税金总额的 48.1%，接近一半，同比增长幅度达到 80.6%。批发和零售业由于社会购买力的增强，销售额逐步增长，税金同比增长幅度也达到了 35.3%（见图 2）。

图 2　　1-8 月三产各行业上缴税金所占比重

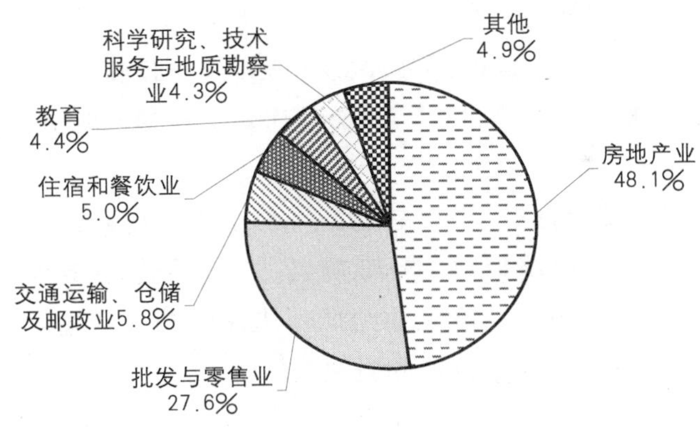

三、重点产业发展状况

（一）生产性服务业发展快速，但产业结构不均衡。

生产性服务业作为大兴区“十二五”规划中重点发展的支撑产业，在第三产业经济发展中，占有绝对的主导地位。2011 年 1-8 月，大兴区共有规模以上生产性服务业单位 416 家，总收入为 267.3 亿元，占第三产业总收入的 61.2%，同比增长 22.9%；拥有资产 279.8 亿元，同比增长 28.3%；上缴各项税金 4 亿元，同比增长 16.8%；吸纳从业人员 2.5 万人；实现利润 4.9 亿元，与去年同期基本持平。

从生产性服务业内部分组来看，大兴区生产性服务业五大领域发展不均衡，行业构成单一，有待逐步优化均衡发展。

1. 流通服务一支独大

大兴区有流通服务企业 314 家，占生产性服务业企业总量的 75.5%。收入总额为 238.1 亿元，同比增长 18.8%，占生产性服务业总收入的 89.1%。由于流通服务单位基本上为物流企业，在近两年高路费、高油价的市场环境下，运营成本逐步增长，企业在高收入高成本下经营，压缩了利润空间。1-8 月份，流通服务企业实现利润 2.8 亿元，同比增长 14.7%，低于 2010 年度同比增幅。

2. 金融服务异军突起

在生产性服务业的五个类别当中，金融服务企业仅有企业 11 家，占生产性服务业企业总量的 2.6%，但其各项指标的增长速度均高于行业平均增速 40 个百分点以上。2011 年 1—8 月，金融服务企业拥有资产 19.9 亿元，上缴税金 0.1 亿元，实现收入 0.8 亿元，利润总额 0.4 亿元，同比增幅分别为 102.5%、57.7%、71.8%和 50.1%，分别比行业平均增速高出 74.2、40.9、48.9、52.2 个百分点。

金融服务的高速增长，主要是受到了经济大环境和政府宏观调控政策的影响。随着宏观经济形势的不断好转，在持续加息的作用下企业利差回升，利息净收入增加，使其业绩得到快速回升，这显示了企业竞争能力的增强和政府宏观调控政策的效果。

（二）文化创意产业发展势头强劲，但聚集区发展有待提高

文化创意产业是大兴区重点发展的新兴产业，作为三大新兴产业之一，其在发展过程中表现出强劲的发展势头。2011 年 1—8 月份，大兴区共有文化创意产业 101 家，实现收入 22.7 亿元，同比增长 12.6%，环比 1—5 月份收入，净增了 8.3 亿元，增长势头强劲。利润总额为 0.4 亿元，同比增幅为 47.4%，结束了 2011 年利润持续负增长的势头，实现正增长。

在文化创意产业发展前景喜人的同时，大兴区文化创意产业集聚区的发展是不容乐观的。新媒体产业基地是大兴区的文化创意产业聚集区，目前情况是入区文化创意产业少，仅 11 家。聚集区与北京市其他文化创意产业聚集区相比，缺乏文化底蕴，缺少知名度，缺乏龙头企业，与知名聚集区相比，有相当大的差距。

四、第三产业运行情况

（一）批发零售、住宿餐饮业

2011 年 1—8 月，大兴区累计实现社会消费品零售额 109.9 亿元，同比增长 18.5%，增长速度与上月持平。分行业情况：批发零售业、餐饮业和住宿业的零售额分别实现 98.1 亿元、10.7 亿元和 1 亿元，同比分别增长 18.5%、19.2%和 9.7%。分规模情况：1—8 月份，规模以上企业累计实现零售额 81.5 亿元，同比增长 23.2%；规模以下企业、个体工商户实现零售额 17.9 亿元，同比增长 9.9%；各类商品交易市场实现零售额 10.4 亿元，同比增长 1.8%。

8 月份，社会消费品零售额的增长点主要集中在成品油零售额的增长拉动大兴区社会消费品零售额增长 10.1 个百分点，中西药品类零售额增长拉动大兴区社会消费品零售额增长 3.3 个百分点。

另外，受暑假和新学期开学的影响，8 月份的体育娱乐用品零售额当月增长 40.6%；书报杂志类商品零售额增长 71.8%；文化办公用品零售额增长 22.6%。虽然以上商品增速较快，但是由于绝对额较小，拉动作用不明显。

（二）投资和房地产业

截至 8 月份，大兴区房地产开发投资累计完成 127.6 亿元，比 2010 年同期减少 19.2%，占全社会固定资产投资比重为 53.3%。

从投资结构看，建安投资占比持续增长。1–8 月，房地产开发项目完成建安投资 58 亿元，同比增长 85.9%，占全社会投资比重为 45.4%，同比提高 25.6 个百分点，环比提高 6.4 个百分点。设备工器具购置投资完成 1.6 亿元，同比增长 1.7 倍；其他费用投资累计完成 68 亿元，同比下降 46.1 %。这三部分占全社会投资比重分别为 45.4%、1.3%和 53.3%。

从建设进度看，开复工面积稳步增长，竣工进度不如同期。截至 8 月末，大兴区房屋施工面积完成 926.2 万平方米，同比增长 50.4%。其中，本年新开工面积 265.2 万平方米，比去年同期增长 46.6%。房屋竣工面积 19.6 万平方米，同比减少 69.2%，只相当于去年同期的三成。

从市场销售情况看，商品房销售由降转增。1–8 月，大兴区商品房销售面积 87.3 万平方米，由 1–7 月同比下降 2.8%转为同比增长 1.5%。其中，住宅销售面积为 80.3 万平方米，同比下降 4.9%，降幅比 1–7 月缩小 5 个百分点。8 月当月商品房销售面积 14.7 万平方米，其中，住宅 14.2 万平方米，环比分别下降 12.5%、10.1%。1–8 月累计实现商品房销售额 137.7 亿元，与去年同期相比增长 25.8%，其中，住宅实现销售额 124.1 亿元，同比增长 16%。

怀柔区居民收入分配与经济增长关系实证分析

◆◇张同发　刘慧娟

党的十七届五中全会在收入分配改革方面提出，合理调整收入分配关系，要努力提高居民收入在国民收入分配中的比重、劳动报酬在初次分配中的比重；我区在“十二五”规划中，也明确提出“贯彻落实国家和北京市收入分配调节政策措施，努力实现城乡居民收入较快增长，不断缩小城乡居民收入差距”。“国民共富”已成为我们国家未来改革和发展的目标，要实现这一目标，关键是要认清区域经济与居民收入协调增长的重要性，把握二者发展脉络，调整国民收入分配格局，提高城乡居民收入，实现地区经济与城乡居民收入的长期稳定协调增长。

一、我区居民收入与经济发展的现状和特点

“十一五”时期，我区经济快速发展，城乡居民生活水平稳步提升。初步核算，2010 年全区实现地区生产总值 148.4 亿元，较“十五”末增加 65.3 亿元，年均增长 12.3%。2010 年城镇居民人均可支配收入 23428.2 元，较“十五”末增加 7767.5 元，年均增长 8.4%；农民人均纯收入 12256.3 元，较“十五”末增加 5054.9 元，年均增长 11.2%。对 20 年统计数据进行分析，我区地区生产总值和城乡居民收入呈以下发展特点：

（一）居民收入占地区生产总值比重不高

我区居民人均收入[1]从 1991 年的 1417.2 元增至 2010 年的 19836.9 元，20 年间增长了 13 倍，人均地区生产总值[2]从 1991 年的 2719 元增至 2010 年的 39797.7 元，20 年间增长了 13.6 倍，居民人均收入占人均地区生产总值的比重由 1991 年的 52.1%降至 2010 年的 49.8%。根据北京

1　居民人均收入=（城镇居民人均可支配收入×城镇人口+农民人均纯收入×乡村人口）/（城镇人口+乡村人口）。1991－2009 年城镇、乡村人口，以 2010 年人口普查城镇、乡村人口口径推算。

2　1991－1999 年，采用总人口计算；2000－2010 年，采用常住人口计算。

市相关统计资料计算的北京市居民人均收入，从1991年的1878.8元增至2010年的26853.6元，增长13.3倍，人均地区生产总值从1991年的5494元增至2010年的70252元，增长11.8倍，居民人均收入占人均地区生产总值的比重由1991年的34.2%增至2010年的38.2%。

我区20年来居民人均收入占人均地区生产总值的比重总体上高于北京市，且呈上升趋势，但与发达国家和地区相比，北京市及我区的比重仍相对较低。据相关资料显示，2007年，日本人均平价收入占人均平价GDP的比重为95%、美国为90%，我国香港地区为95%。

（二）城乡居民收入增速低于地区生产总值增速

1991—2010年，我区城镇居民人均可支配收入平均增速为14.6%，农民人均纯收入增速为12.2%,20年间地区生产总值年均增速为17.4%，城镇、农民收入增速均低于地区生产总值增长速度。分阶段看，我区居民人均收入增速与人均地区生产总值增速交错变化："八五"期间前者低、后者高，"九五"期间前者高、后者低，"十五"期间前者低、后者高，"十一五"期间前者高、后者低；1991—2000年我区居民人均收入平均增速为16.6%，低于人均地区生产总值18.0%的增速，2001—2010年我区居民人均收入平均增速为12.7%，高于人均地区生产总值12.0%的增速；1991—2010年我区居民人均收入平均增速为14.6%，人均地区生产总值平均增速为15.3%（见图1）。排除个别年份干扰，整体趋势分析，20年间我区居民收入增速与地区生产总值增速均呈下降态势，前者平均增速落后于后者。

图1　1991—2010年怀柔区居民人均收入与人均地区生产总值增速变化情况

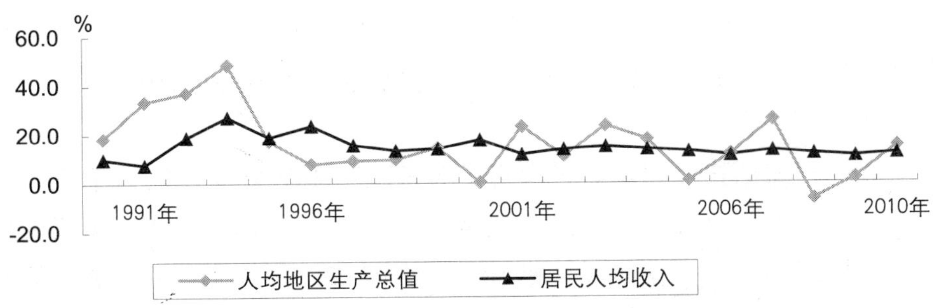

（三）城乡居民收入差距增速高于地区生产总值增速

“十一五”期间，我区农民人均纯收入增速连续五年超过城镇居民人均可支配收入，而 1991-2010 年，我区农民人均纯收入平均增速为 12.2%，较城镇居民人均可支配收入平均增速低 2.4 个百分点，加之农民人均纯收入基数低，因此农民收入始终低于城镇居民，且这一差距逐年扩大。1991 年城乡居民人均收入差距为 370.2 元，到 2010 年这一差距增至 11171.9 元，20 年间，城乡居民收入差距增长了 29.2 倍。与此同时，高、低收入者的收入差距也在逐步增长，1991 年，城镇高收入者人均收入水平是低收入者的 1.5 倍，2010 年扩大至 3.6 倍；1991 年，农民高收入者人均收入水平是低收入者的 3.1 倍，2010 年扩大至 3.6 倍；1991 年，城镇高收入者人均收入水平与农民高收入者持平，而 2010 年前者是后者的 1.9 倍；1991 年，城镇低收入者人均收入水平是农民低收入者的 2 倍，2010 年下降至 1.9 倍。1991-2010 年，我区城乡居民收入差距年均增长 19.8%，高于地区生产总值 17.4%的增速（见图 2）。

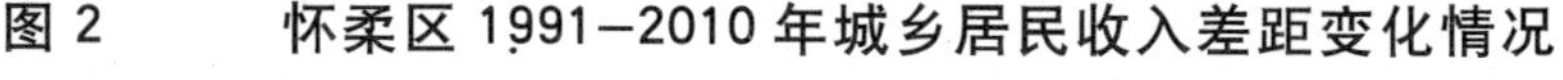
图 2　　怀柔区 1991-2010 年城乡居民收入差距变化情况

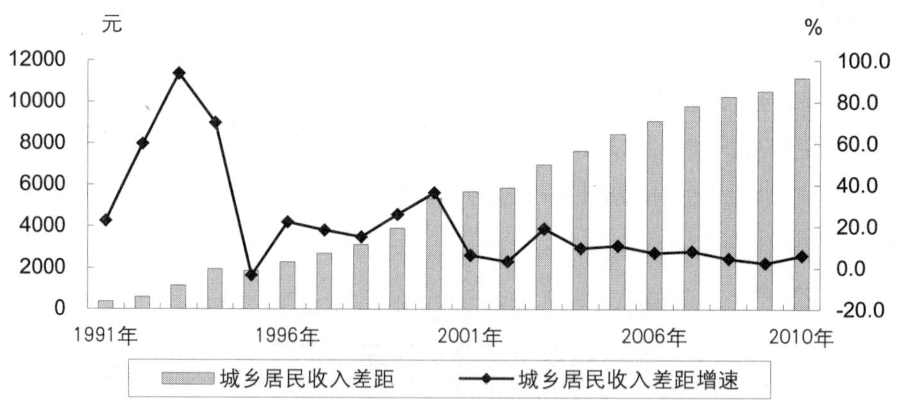

二、我区区域经济与居民收入不匹配的原因

（一）新的产业体系虽已呈现，但新兴产业吸纳就业能力不强

“十一五”时期，我区“优化调整一产、升级壮大二产、突出发展三产，构筑‘六大产业体系’框架，整个区域三次产业融合发展，新的

产业体系轮廓已经清晰呈现”[3]，虽然如此，我区目前的产业体系中，工业仍是主导产业，文化创意、会议会展等新兴产业仍处于起步阶段，对就业的吸纳能力尚弱。统计数据显示，“十一五”期间，我区地区生产总值从 95.3 亿元增至 148.4 亿元，年均增速 12.3%，城镇单位年平均从业人员[4]从 68609 人增至 79577 人，年均增速 2.6%；三次产业年平均从业人员比重由 0.5：53.1：46.4 变化为 0.7：50.9：48.4，第三产业从业人员数略有上升，但从业人数的增加主要集中在公共管理和社会组织，该行业对 5 年间第三产业从业人员增加的贡献率达 40.8%；5 年间信息传输、计算机服务和软件业、金融业、居民服务和其他服务业、文化、体育和娱乐业年平均从业人员数增幅虽超过 100%，但 2010 年这几个行业所吸纳的从业人员数仅占第三产业从业人员数的 4.7%。现代服务业尚未发挥它的就业优势，百姓尚未从中得到实惠。

（二）企业规模小，可持续发展实力不足

“怀柔目前的产业体系虽然有了总体框架，但仍存在着总量不足、规模不够、结构不完善的问题，内容还十分欠缺”[5]。两次经济普查数据显示，2004 年，末我区共有法人单位 3499 家，2005—2008 年开业的企业 1378 家，而截至 2008 年末，我区法人单位 3991 家，仅仅 4 年就有 886 家企业不知去向；2010 年末我区大型企业 4 家，中型企业 30 家，小型企业 2857 家 。中小企业是我区的经济单位主体，本应在促进地区经济增长和吸纳就业方面发挥重要作用，而规模小、资金少、管理不到位等现实问题令其缺乏竞争力，生存状态堪忧，屡遭淘汰，难以保障区域经济增长的速度、结构、质量、效益的协调统一。

（三）居民收入依赖工资，城乡工资收入增速不一

伴随区域经济及劳动工资的上涨，城乡居民更倾向于打工赚钱，2010 年，我区城镇居民人均家庭总收入有 80.5%来自工薪收入，农民人均纯收入有 62.6%来自工资性收入，两个比重较 2001 年分别提高 0.7 和 0.5 个百分点。我区城乡居民工资性收入占总收入的权重超过了 60%，居民

3 摘自王海平书记在区委三届九次全体（扩大）会议上的报告。

4 2007 年及以前城镇单位是指乡及乡以上独立核算法人单位，不包括乡镇企业、私营单位和个体工商户。2008 年及以后城镇单位是指不包括私营单位和个体工商户的独立核算法人单位。

5 摘自王海平书记在区委三届九次全体（扩大）会议上的报告。

收入过多地依赖工资性收入，造成居民收入结构的不均衡，加大了居民收入增长的不稳定性。同时，由于农民工工资长期处于较低水平，对工资收入的过分依赖势必会影响农民总收入的提高，继而拉大城乡居民收入差距。2001–2010 年，我区农民人均工资性收入年均增长 11.4%，较城镇居民工资收入年均增速低 1.8 个百分点，较期间农民人均纯收入年均增速低 1 个百分点。

三、如何实现我区居民收入与地区经济的协调增长

为了实现居民收入与区域经济的协调发展，必须使收入分配既体现效率优先，又兼顾社会公平，从我区区情出发，实现这一目标的落脚点就是要发展经济，“把百姓的蛋糕做大切好”。

（一）统筹城乡发展，完善“六大产业体系”

北京市“文化科技高端产业新城”的定位为我区经济发展提供了契机，为我区未来发展之路开阔了视野，文化经济成为改变现有产业格局的突破口。为实现城乡一体化、缩小经济发展的空间差距，新的产业布局必须要结合区划特点，将北部山区纳入到新的产业体系中，实现全区的均衡整体发展。文化创意产业、休闲旅游业、会议会展产业、高新技术产业、都市型工业和都市型农业这“六大产业体系”是改变我区产业结构、发挥第三产业优势的动力，“六大产业”的健康发展将为我区创造更多的创业和就业就会。“六大产业体系”完善的过程中，应加大扶持力度，引导投资方向，积极引进项目，推进项目落实，注重规模和效益，以项目带动行业，以行业发展提升产业优势，以产业优化建设强区、改善民生。产业体系的构建过程中，应增强社会保障机构作用，关注就业动向，处理好因产业调整可能带来的结构性失业问题。

（二）关注中小企业发展，培育“龙头”企业

在新兴产业的发展过程中，应注重产业项目的集群效果，发挥产业集群的规模优势和品牌优势，而产业集群的发展不能仅停留在企业的数量上，更要关注企业的发展潜力。目前我区尚无一家上市公司，大型企业也是屈指可数，缺乏龙头企业带动，产业集聚难度加大。因此，在产业的巩固和发展过程中，应一方面积极引入大项目，另一方面还要关注

中小企业的发展，要为中小企业提供良好的投融资环境和政策支持，延长中小企业的“寿命”，以保持稳定的就业、持续稳定的增加就业。新兴产业领域，应着重培育那些技术先进、管理完善，有发展愿望和发展潜力的中型企业，提高其竞争实力，以大企业带动小企业的成长，以企业的稳健发展构筑坚固的产业链。

（三）加强引导和扶持，提高农民经营性收入

沟域经济发展战略的提出使山区农民看到了希望，“十一五”期间山区基础设施的建设使现代农业、休闲旅游业的发展成为现实，同时也为山区农民自己做老板创造了机遇。观光采摘提高了农产品附加值，民俗接待低投入、高产出，沟域经济的发展拓宽了农民的收入渠道，主管部门应借势引导和扶持农民开展自主经营、提高服务水平，使经营性收入成为山区农民长期稳定的收入来源。

（四）减轻对工资的依赖，提高城镇居民财产性收入

长期以来，我区城镇居民收入主要来源于工资性收入，相对单一，降低对工资收入的依赖、丰富家庭收入来源是居民收入增长的必然趋势。随着经济的发展和工资水平的提高，城镇居民积累了一定的财富，具备投资收益的条件，但受传统观念影响，百姓更加青睐储蓄，财产性收入占居民总收入的比重始终不高，其提升的潜力和空间很大。鼓励更多的城镇居民拥有财产性收入是增加居民收入的一个有效途径，在这个过程中要努力为居民创造增加财产性收入的环境，包括营造健全规范的资本市场、提供更多的投资渠道、培养居民投资意识等等，同时还要严厉打击欺骗民众的非法集资等行为，保护居民财产不受损失。

密云县促增收给力　农民收入较快增长

◆◇王春武

2011 年以来，密云县农民现金收入保持较快增长，生活消费水平稳步提高。据农村住户家庭抽样调查，2011 年 1−11 月，密云县农民人均现金收入达到 13687 元，同比增加 1598 元，增长 13.2%，农村居民人均生活消费支出为 7899 元，增长 0.2%。

一、从收入来源看，农民增收的主要特点

（一）工资性收入增长是农民增收的主要因素

2011 年 1−11 月，人均工资性收入为 9154 元，同比增加 2267 元，增长 32.9% ，占现金收入的比重为 66.7% ，是农民的主要收入来源，也是农民增收的主要因素。其中，在本乡地域内劳动得到收入 4668 元，增长 23.7%；外出从业得到收入 4156 元，增长 86%（见图 1）。

图 1　　收入主要构成

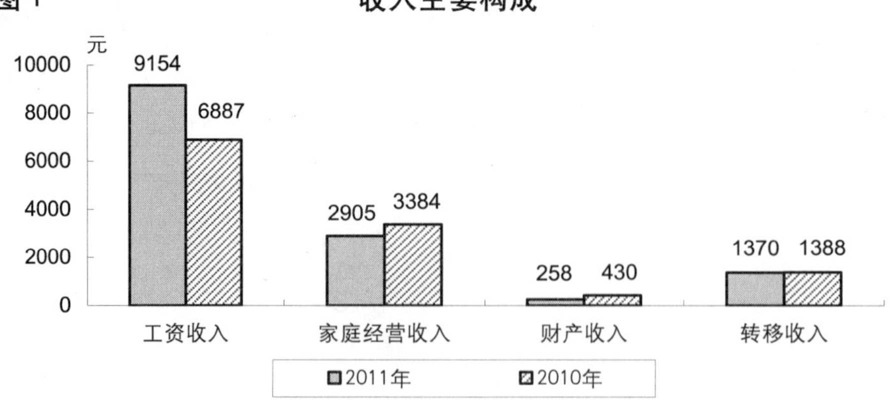

工资性收入增长的主要因素：一是密云县各级单位落实《密云县促进城乡劳动力就业再就业办法》等就业政策，根据产业项目用工需求，

充分发挥县、镇、村三级就业服务平台作用，开展送岗位下乡、“春风行动”等专项活动，举办专场招聘会，实施针对性职业技能培训等就业服务，促进了农民就业。二是积极引进大企业、大项目落地投产促进就业。已成功引进北汽福田、北新建材、港中旅房车营地（小镇）、古北水镇、华润希望小镇等一批重大项目。同时，大力推进开发区建设，转变机制，创新变革，强化农民就业增收平台的辐射带动作用。

（二）家庭经营现金收入下降14.1%

家庭经营现金收入2905元，同比下降14.1%，占现金收入的比重为21.2%。其中，第一产业收入人均1612元，同比增长15%，主要是农产品价格上涨，带动农业收入增长；第三产业收入人均1081元，同比下降36.1%，由于油价上涨，影响了交通运输业的收入，同比下降16%。

（三）财产性收入、转移性收入下降

财产性收入人均258元，同比下降40.1%；转移性收入人均1370元，同比下降1.3%， 主要是得到的赔款减少（见图2）。

图2　　各项收入占现金收入的比重

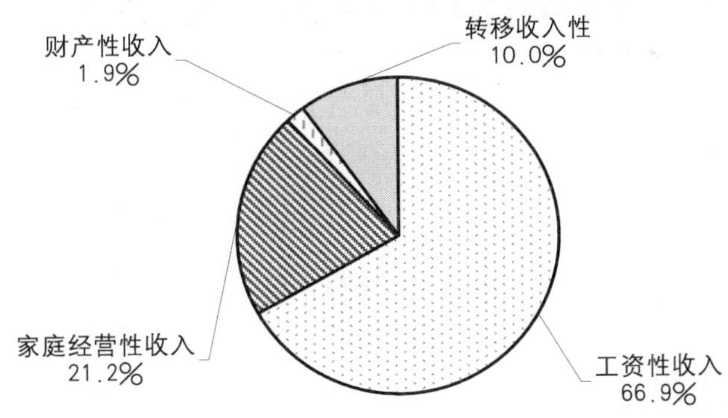

二、农村居民增收因素

（一）靠惠民政策

国家关注民生的各种惠民政策：福利养老金、退休金、最低生活保障金、粮食补贴等各种补贴标准提高，增加农民收入。

（二）靠劳动力转移

农村剩余劳动力外出就业增加，增加农民收入。据抽样调查资料显示，外出从业劳动力占从业劳动力的 28.4%，比 2010 年同期提高 11.8 个百分点。外出打工的劳动力明显增加，增加了工资性收入，带动了农民收入增长。

（三）劳动力工资水平提高

企业招工难，促使农民工工资水平提高，增加工资收入。

（四）价格上涨

2011 年农产品价格普遍上涨，带动农业收入增长。批零贸易业饮食业收入也大幅增长。

三、生活消费支出小幅增长

1—11 月，农村居民人均生活消费支出为 7899 元，同比增长 0.2%。农村居民生活消费八大方面出现四增四降（见表 1）。

表 1　　1—11 月密云县农村居民人均生活消费支出情况（元）

指标名称	2011 年 1—11 月	2010 年 1—11 月	同比增长（%）
合　计	7899	7881	0.2
食品支出	2433	2455	−0.9
衣着支出	446	581	−23.2
居住支出	1615	1782	−9.4
家庭设备用品及服务	661	599	10.3
交通和通信支出	873	778	12.1
文教娱乐用品及服务	814	704	15.7
医疗保健支出	906	821	10.4
其他商品和服务支出	151	161	−6.1

人均食品支出 2433 元，同比下降 0.9%，占生活消费支出的比重为

30.8%，其中，购买食品支出增长 9.6%，人均消费 2113 元，购买食品支出中人均购买肉禽蛋奶及制品 818 元，同比增长 30.7%，主要是 2011 年物价上升所致；食品消费服务性支出在外饮食支出下降 38.5%，人均支出 317 元，是食品支出下降的主要因素。衣着人均支出 446 元，同比下降 23.2%。家庭设备用品及服务人均支出 661 元，同比增长 10.3%。主要是改善居住环境的室内装饰品、家具和家庭设备消费增多。交通和通信人均支出 873 元，同比增长 12.1%。其中购买交通工具和交通工具用燃料增幅较大，分别增长 41.5%和 77.2%。居住人均支出 1615 元，同比下降 9.4%。主要是限购房政策的实施和房价的松动，也放缓了农民购房的步伐，2011 年农民购房支出下降 76.6%。文化娱乐用品及服务人均支出 814 元，同比增长 15.7%。医疗保健人均支出 906 元，同比增长 10.4%。其他商品服务人均支出 151 元，同比下降 6.1%。

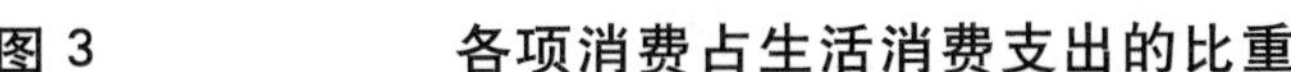

图 3　　各项消费占生活消费支出的比重

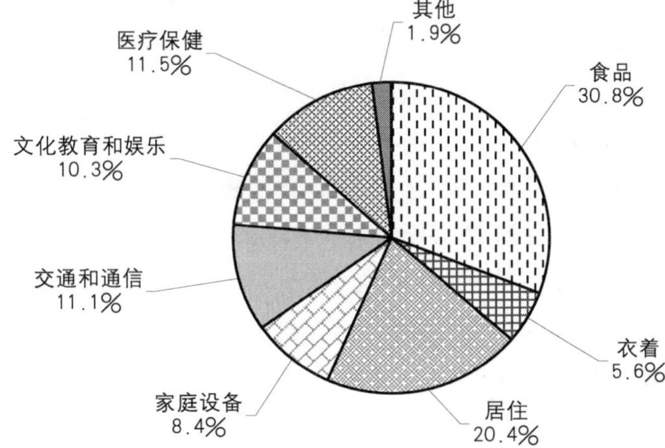

“十一五”时期延庆县节能降耗成效显著

◆◇王晓燕

“十一五”以来，延庆县认真贯彻落实科学发展观，紧紧围绕生态涵养发展区功能定位和生态文明发展战略，加大产业调整力度，不断转变经济方式，大力发展循环经济，经济发展取得新成就，在提前完成“十一五”目标任务的基础上，节能减排工作取得新成效。

一、节能降耗取得成效

“十一五”期间，延庆县通过调整产业结构，采取多种有效措施，全县节能减排工作取得显著成效，万元 GDP 能耗累计下降 30.6%，超额完成了“十一五”期间节能降耗 16.24%的目标。

（一）能源消费稳步低速增长

近年来，受经济总量和区域定位的影响，延庆县与北京其他区县相比，经济总量较小，能源消费总量也相对较小，占全市的比重 0.72%。“十一五”期间，全县能源消费总量从 2005 年的 43.17 万吨标煤增加到 2010 年的 50.09 万吨标煤，比 2005 年增长了 16.03%，年均增长幅度为 3%。经济平均增长速度为 12.8%，能源消费增长速度明显低于经济增长速度（见表 1）。

（二）万元 GDP 能耗逐年下降，能源利用效率逐步提高

万元 GDP 能耗是反映地区能源利用效率主要指标，“十一五”以来，延庆县为了贯彻落实节能降耗目标任务，通过转变经济增长方式，调整优化产业结构，采取多种有效节能降耗措施，能源利用效率有了较大提高，万元 GDP 能耗由 2005 年的 1.03 吨标准煤下降到 2010 年的 0.74 吨标准煤，累计下降 30.6%，年平均下降 6.89%（见表 2）。

（三）低碳经济发展初见成效

近年来，延庆加大生态环境建设与保护力度，加强节能减排工作，

节能减排工作取得新成效，生态环境质量进一步提高。“十一五”期间，延庆县新能源和可再生能源占能源消耗比重达到 20%，被评为首批国家绿色能源示范县、全国可再生能源建筑应用农村县级示范；延庆县严格落实控制大气污染任务，全年二级和好于二级天数达到 82.7%，继续保持全市一流水平；不断加强生态环境建设，全县林木绿化率达到 72.5%；加强节能改造，推广使用节能环保能源，完成住宅节能改造 15 万平方米，发放节能灯 73 万只，电动出租车试点工作稳步推进。

表 1　　延庆县能源消费弹性系数据表

年度	GDP		能源消费量		(平均)弹性系数
	合计	速度(%)	合计	速度(%)	
2006	45.63	9.12	43.6	1.00	0.11
2007	51.08	11.95	44.55	2.18	0.18
2008	55.53	8.71	44.79	0.54	0.06
2009	61.48	10.72	47.02	4.98	0.46
2010	67.67	10.07	50.09	6.53	0.65
“十一五”时期平均速度	–	12.79	–	3.02	0.2

表 2　　延庆县万元 GDP 能耗情况

年度	万元 GDP 能耗	
	单耗（吨标准煤）	降低率（%）
2005	1.033	—
2006	0.956	9.97
2007	0.872	8.72
2008	0.800	8.27
2009	0.765	4.88
2010	0.7402	3.22
“十一五”时期平均速度	—	6.89

二、节能因素分析

“十一五”期间，延庆县提前两年实现了“十一五”规划确定的节能的目标和任务，分析主要原因，主要是体现在以下几个方面：

（一）产业结构的调整，促进了单位 GDP 能耗的下降

结构调整是节能降耗的主要原因之一。5 年来，延庆县通过转变经济增长方式，调整产业结构，经济结构不断优化。第三产业比重达到 60%，经济增长的质量和效益显著提高。“十一五”期间，延庆县第二产业比重上升 2.1 个百分点，第三产业比重上升 1.5 个百分点，第一产业比重下降 3.6 个百分点（见图 1）。

图 1　　2005—2010 年延庆县三次产业增加值比重

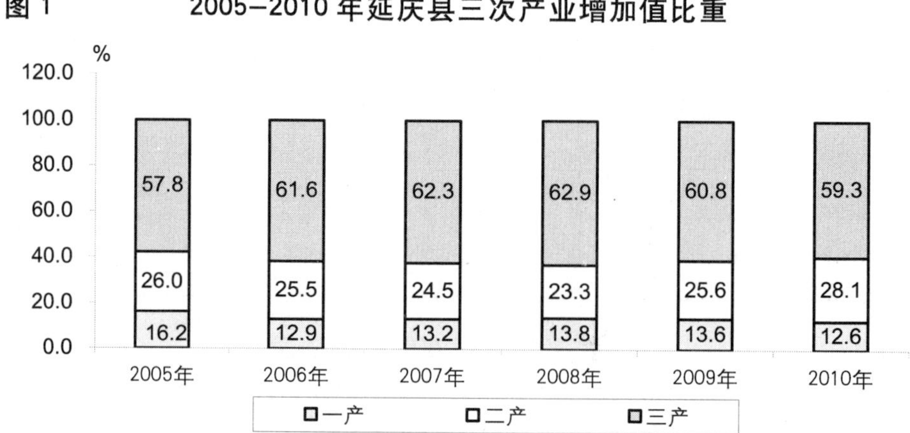

（二）第二、第三产业单耗的降低，提高了节能效率

“十一五”期间，全县通过对重点耗能单位进行目标管理、积极推广节能技术和节能产品等多种形式的节能措施， 能源利用效率水平明显提高；第二产业单耗下降明显，三产单耗小幅下降，一产单耗上升。2005 年到 2010 年，二产单位增加值能耗下降了 0.377 吨标准煤，三产下降 0.169 吨标准煤，一产增加了 0.022 吨标准煤（见表 3）。

表 3　延庆县 2005—2010 年单位增加值能耗情况（吨标准煤）

年度	一产	二产	其中：工业	三产
2005	0.390	1.069	1.401	0.611
2006	0.557	0.795	1.085	0.571
2007	0.521	0.817	1.150	0.532
2008	0.479	0.669	0.941	0.507
2009	0.450	0.705	1.041	0.452
2010	0.412	0.692	0.955	0.441

（三）工业领域节能减排效果显著

5 年来，延庆县一方面不断发展新能源和节能环保产业，发展纺织业和医药制造业等低耗能行业，另一方面采取大力淘汰“三高”企业（高耗能，高污染，高排放），进行集中供热改造等有效措施，工业行业内部行业结构发生较大变化，单位增加值能耗逐渐下降，能源利用效率逐步调高。2010 年工业万元增加值能耗为 0.955 吨标准煤，较 2005 年的 1.4 吨标煤下降了 0.452 吨标准煤，降低了 32.1%（见图 2）。

图 2　2005—2010 年工业增加值能耗情况

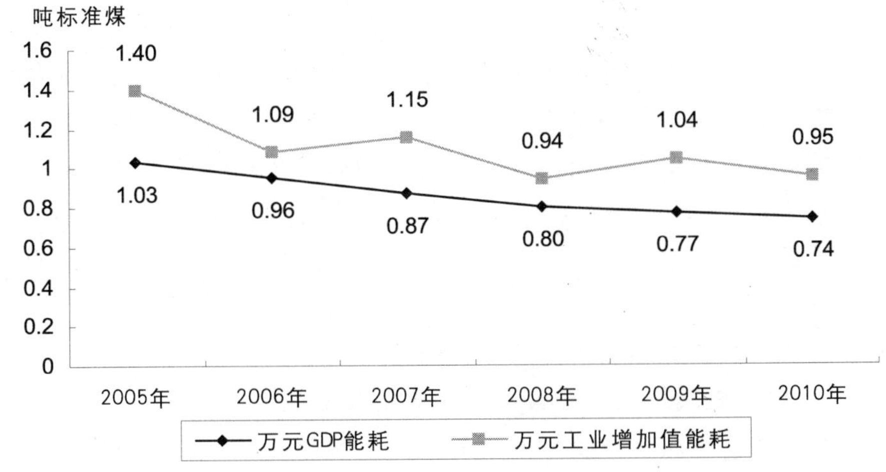

三、节能减排存在的主要问题

“十一五”期间，延庆提前两年完成节能减排任务，但从以上分析可以看出，“十一五”末，节能形式出现单耗下降速度逐年放缓，节能空间渐渐收窄的局面，要完成“十二五”时期，市政府下达的万元 GDP 能耗下降 16%，能耗总量控制在 70 万吨标准煤以内的节能目标形势不容乐观。

（一）能源消费总量过小，能源利用水平相对较低，给节能带来压力

延庆与全市相比，2010 年地区生产总值只占全市的 0.57%；能源消费总量占全市的 0.72%；延庆万元 GDP 能耗为 0.7402 吨标准煤，全市万元 GDP 能耗 0.5816 吨标准煤。全县经济总量与能源消费总量过小，能源利用水平低于全市水平，导致“十二五”期间节能可操作空间较窄。

（二）能源结构对我县发展低碳经济的制约

以煤炭为主的能源消费结构难以在短期内改变，从能源消费品品种结构看，目前延庆县能源消费主要涉及的品种有煤炭、电力、热力、汽油、柴油、液化气等 11 个品种，但主要以煤炭为主。2010 年，煤炭终端消费量占全部能源消费总量的 53.8%，电力占 24%、天然气占 1.7%。而当前北京的能源消费结构为，煤炭占 32%，电力占 23.5%，天然气占 12.8%。

“十一五”以来，随着延庆县生态涵养区的功能定位，能源品种结构在不断优化，煤炭比重呈逐年下降趋势，近年来能源消费结构有所调整，但煤炭消费总量仍不断上升。煤炭比重从 2005 年的 64%下降到了 2010 年的 53.8%，5 年间煤炭能耗比重下降了 10.2 个百分点，但目前煤炭比重仍高于全市水平 21.8 个百分点，天然气、电力等清洁能源比重低于全市 10.6 个百分点。煤炭比重过高，清洁能源比重较小，环境污染较严重，对延庆发展低碳经济不利（见图 3）。

（三）居民生活用能比重偏高，加大了节能减排的难度

近几年来，随着居民生活水平的提高，城乡居民收入不断增加，汽车和家用电器使用量也快速增长，由此带动居民生活用能特别是生活用电和用油的快速增长。2010 年，全县居民生活用能 15.7 万吨标准煤，占全县能耗总量的31.3%。延庆县能源消费总量较小，但居民生活用能占全部能耗的比重较高，并呈逐年增长趋势。居民生活用能的刚性增长，为“十二五”节能减排工作带来了一定的难度。

图3　　2010年延庆县能源品种结构图

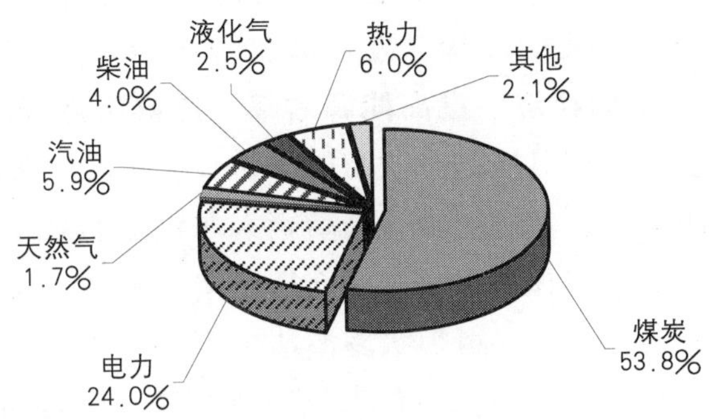

四、“十二五”应采取的措施及展望

随着城镇化进程将进一步加快，能源需求呈刚性增长。延庆县2006年能源消费弹性系数为0.11，2010年为0.65，能源消费弹性系数逐年扩大，能源消费弹性系数的扩大，说明经济的增长对能源消费的依赖程度越来越强，传统增长模式面临新的挑战。“低碳经济”的实质是能源的高效利用、开发清洁能源、追求绿色GDP，它包括低碳生产、低碳消费、低碳生活，大力发展可再生资源，淘汰落后产能设备和技术，要以较强的决心完成节能减排任务。所以，延庆县只有大力推进节能减排，发展绿色经济，推广低碳技术，走节能低碳绿色发展之路，才能实现经济又好又快发展。

（一）加强节能减排力度，落实目标责任，把大幅度降低能源消耗强度、二氧化碳排放强度作为重要的约束性指标

合理控制能源消费总量，提高产业准入门槛，严格固定资产投资项目，从源头控制高耗能产业过快增长。通过严控增量，优化存量，彻底改变无节制使用能源的现象，加强重点耗能企业监督与管理。

（二）调整经济结构，发展低碳产业

优化发展有机绿色农业。以发展都市型现代生态农业为主要方向，提升生态和休闲功能，推进有机蔬菜、果品、花卉、有机牛奶建设，促进有机种养业发展。聚集发展新能源环保产业，引进培育一批科技含量高、经营规模大、综合效益好的企业，促进新能源产业链的形成。提升发展高端旅游休闲产业，积极开发低碳旅游休闲产品，促进产业融合。

（三）发展低碳经济，提高能源效率，抓好重点领域节能减排工作

加强重点企业监管，抓好企业节能减排。应强化重点用能企业的节能管理，开展能源审计，强化能源管理负责人培训，加强设备更新改造，加快技术开发推广，发展循环经济，全面推行清洁生产。抓好高耗能、高污染行业清洁生产推行工作，组织实施清洁生产重点工艺技术示范工程，重点抓好工业、建筑、交通三大领域节能降耗工作，以提高能源效率。

（四）发展循环经济，扩大新能源可再生能源的利用

“十二五”期间，应继续加大调整能源品种结构，提高清洁、优质能源比重，减少环境污染。加大地热开发力度，实施一批地热供暖工程建设，推进太阳能和大中型沼气、秸秆气化工程，促进生物质能的利用。

（五）倡导绿色消费行为

大力开展低碳经济的宣传教育，提高各级、各部门、企事业单位和公众对发展低碳经济重要性的认识，大力推行低碳生产经营、低碳消费，引导全社会树立正确的生产及消费理念，增强全社会的资源忧患意识和低碳排放的责任意识，把节约资源、保护环境、发展低碳经济变成全体公民的自觉行动，逐步真正形成低碳排放的生产方式、生活方式和消费方式。

“十二五”时期，延庆将坚持生态立县，深入贯彻科学发展观，进一步实施生态文明发展战略，不断加强资源节约、环境友好的社会氛围和消费模式，增加可持续发展能力，努力打造低碳经济，全面建设绿色北京示范区。

北京南部新区“四三三”产业发展模式分析

◆◇刘 芳 吕华斌

“十二五”期间，北京南部新区将继续坚持创新驱动、内生增长的道路，重点发展十大产业，即巩固提高电子信息产业、装备制造产业、生物医药产业、汽车制造产业四大主导产业，加快培育新能源和新材料产业、航空航天产业、文化创意产业三大新兴产业，配套发展生产性服务业、科技创新服务业、都市产业三大支撑产业。通过引导产业集约、集聚、循环发展，以产业结构调整为依托，优化三次产业结构，力促形成“四三三”十大产业发展格局。本文根据2010年相关统计数据，对新区“四三三”产业状况进行梳理分析，以便在今后对十大产业进行跟踪监测时了解掌握其基期的基本情况。

一、“四三三”产业统计分类目录的确定

新区统计调查部门以国家标准——《国民经济行业分类》(GB/T 4754—2002）的行业分类为基础，结合各产业的产业活动特点，对电子信息、装备制造、生物医药等十大产业分类标准进行重新组合，据此确定了“四三三”十大产业统计分类目录。

（一）四大主导产业的划分依据及统计分类目录

北京市发改委将《国民经济行业分类》中的工业大类重新分组，划分为七大产业，分别是电子信息产业、汽车及交通设备制造业、装备制造产业、生物工程和医药产业、石化产业、都市产业和其他产业。其中，前四大产业为新区重点发展的主导产业。其分类方法如下：

（1）电子信息产业。电子信息产业指通信设备制造、雷达及配套设备制造、广播电视制造、电子计算机制造、电子器件制造、电子元件制造、家用试听设备制造及其他电子设备制造等制造业。

（2）装备制造产业。装备制造产业指金属制造、通用设备制造、专

用设备制造、电气机械及器材制造、仪器仪表及文化，办公用机械制造等制造业。

(3) 生物工程和医药产业。生物工程和医药产业指化学药品原药制造、化学药品制剂制造、中药饮品加工、中成药制造、兽用药品制造、生物生化制品的制造、卫生材料及医药用品制造等制造业。

(4) 汽车及交通设备制造业。汽车及交通设备制造业指铁路运输设备制造、汽车制造、摩托车制造、自行车制造、船舶及浮动装置制造、航天航空器制造、交通器材及其他交通运输设备制造等制造业。

（二）三大新兴产业的划分依据及统计分类目录

依照国务院加快培育和发展战略性新兴产业的政策方针，以及市委、市政府发展战略性新兴产业的决策精神，参照大兴区“十二五”规划和开发区“十二五”产业规划的目标要求，将行业分类中相关产业进行重新组合，形成新能源和新材料、航天航空产业的分类标准。为界定和规范文化创意产业的口径和范围，奠定建立和完善文化创意产业统计制度的基础，提供监测和评价文化创意产业发展情况的依据，2006 年，北京市统计局和国家统计局北京调查总队联合制定了北京市文化创意产业分类标准。

(1) 新能源和新材料产业。新能源和新材料产业指核燃料加工、发电机及发电机组制造、燃气、太阳能及类似能源的器具制造、核辐射加工、核力发电、其他能源发电、合成纤维单（聚合）体的制造、其他合成材料制造、专项化学品制造、塑料板、管、型材的制造、技术玻璃制造、特种陶瓷制品制造等制造业。

(2) 航天航空产业。航天航空产业指工业自动控制系统装置制造、航天器制造等制造业。

(3) 文化创意产业。文化创意产业包括文化艺术、新闻出版、广播、电视、电影、软件、网络及计算机服务、广告会展、艺术品交易、设计服务、旅游、休闲娱乐以及其他辅助服务等行业。

（三）三大支撑产业的划分依据及统计分类目录

为规范地开展生产性服务业统计监测和评价工作，北京市统计局和国家统计局北京调查总队于 2009 年研究制定了北京市生产性服务业统计分类标准。结合北京市科技创新引领服务业发展的发展思路和打造都市产业的规划布局，根据科技创新服务业及都市产业活动特点相关产业进行重新组合，得到科技创新服务业和都市产业的统计分类标准。

（1）生产性服务业。生产性服务业包括运输、仓储、邮政、批发等流通服务；电信、计算机、软件等信息服务；银行、证券、保险等金融服务；商务服务；研究与试验发展、专业技术、科技交流和推广、地质勘察等科技服务。

（2）科技创新服务业。科技创新服务业包括电信和其他信息传输服务业、计算机服务业、软件业、科学与试验发展、专业技术服务业、科技交流和推广服务业。

（3）都市产业。都市产业包括都市农业、都市工业和都市服务业。都市农业包括设施农业、畜牧种业、观光农业、创汇农业等；都市工业包括农副食品加工、食品制造、饮料制造、烟草制品、纺织、纺织服装、鞋、帽制造、皮革、毛皮、羽毛（绒）及其制品、木材加工及木、竹、藤、棕、草制品、家具制造、造纸及纸制品、印刷业和记录媒介的复制、文教体育用品制造、塑料制品、日用化学产品制造、家用视听设备制造、工艺美术品制造、日用杂品制造、电池制造、家用电力器具制造、非电力家用器具制造、照明器具制造等；都市服务业包括城市公共交通业、邮政业、住宿业、餐饮业、银行业、证券业、保险业、其他金融活动、房地产业等。

二、2010年北京南部新区“四三三”产业总体运行特点

在加快构筑“四三三”产业发展格局，率先实现产业结构优化升级的战略部署下，北京南部新区“四三三”十大产业融和发展，整体水平不断提升，为全区经济平稳发展注入持久动力。

（一）四大主导产业聚集效应突出，带动作用显著

2010年，新区四大主导产业实现工业产值2167.5亿元[1]，占新区工业总量的80.7%，同比增长15.1%，拉动全区工业增长12.2个百分点（见表1）。

1　规模以上企业数据，下同。

表 1　　2010 年新区四大主导产业主要经济指标完成情况

	企业数（个）	产值		营业收入		利润总额		从业人员平均人数	
		绝对值（亿元）	增速（%）	绝对值（亿元）	增速（%）	绝对值（亿元）	增速（%）	绝对值（人）	增速（%）
合　计	560	2167.5	15.1	2287.3	16.1	130.9	14.4	130573	10.8
电子信息产业	59	1281	4.3	1285.8	4.5	22.6	-15.8	48555	13.2
装备制造产业	397	493.4	17.0	555.9	17.2	54.9	-8.1	53542	1.9
生物工程和医药产业	52	154.8	21.1	166.8	28.9	27.7	51.0	14330	18.5
汽车及交通设备产业	52	238.4	126.7	278.7	103.2	25.8	171.1	14146	36.6

电子信息产业是新区第一大主导产业，2010 年新区共有企业 59 家，完成产值 1281 亿元，同比增长 4.3%，占新区工业总量的 47.7%。2010 年，新区电子信息产业产值超 10 亿元的企业 10 家，完成产值 1227.2 亿元，占新区电子信息产业总量的 95.8%。星网工业园模式得到有效推广，依托京东方八代线、京芯半导体项目组建的数字产业园和移动硅谷产业园加紧建设，适时发展物联网、下一代互联网（IPV6）、云计算等新一代信息技术产业，通过产业链招商不断集聚关联和配套产业，集群效应不断扩大。

装备制造产业是新区第二大主导产业，2010 年新区共有企业 397 家，完成工业产值 493.4 亿元，同比增长 17%，占新区工业总量的 18.4%。2010 年，新区装备制造产业产值超 10 亿元的企业 9 家，共完成产值 222.9 亿元，占新区装备制造产业总量的 45.2%。数字化医疗设备、高档数控机床、成套输变电设备、自控系统与仪器仪表等精密设备制造是新区装备制造产业发展的重点，通过产业组织结构的优化调整，产业的转型升级，未来将在数控机床、医疗和环保设备等领域形成国际竞争优势，努力建成国家级高端装备制造示范基地。

2010 年，新区生物工程与医药产业完成产值 154.8 亿元，同比增长 21.1%，占新区工业总量的 5.8%。2010 年，新区生物工程与医药产业产值超 10 亿元的企业 5 家，共完成产值 119.1 亿元，占新区医药产业的

76.9%。2010 年，拜耳、同仁堂、悦康、泰德等 14 家企业入选北京市生物医药产业跨越发展工程(G20 工程)。这些龙头企业的带动，将使新区成为国内重要的生物医药研发创新中心和科技成果产业化基地。

近年来，新区汽车及零部件产业迈进了快速发展的新阶段，汽车产业已经涵盖整车、零部件各个领域，聚集了北京奔驰、德尔福等一批知名汽车整车及零部件生产企业。2010 年，新区汽车及交通设备产业完成产值 238.4 亿元，同比增长 1.3 倍，占新区工业总量的 8.9%。其中，产值超 10 亿元的企业 2 家，共完成产值 165.7 亿元，占新区汽车产业的 69.5%。新区将以北京奔驰等企业为龙头，打造品牌和技术双领先的千亿级汽车产业集群，实现汽车制造、研发、生产三大领域的跨越发展。

（二）三大新兴产业催生增长亮点，驱动转变发展方式

以两区行政资源整合为契机，新区将新能源和新材料产业、航天航空产业、文化创意产业作为重点产业加快培育步伐，依靠科技创新提升发展水平。

2010 年，新区新能源和新材料产业共有企业 34 家，完成产值 98.4 亿元，同比增长 15.4%，实现营业收入 98.1 亿元，同比增长 10.5%，实现利润总额 9.9 亿元，同比增长 2.2%（见表 2）。在新能源领域，新区将依托金风科创、博世力士乐等龙头企业加快零部件配套和运维服务企业的引入，完善太阳能光伏和风能产业链条，建设风电产业园和光伏产业园。在新材料领域，通过积极承接新材料科技成果产业化项目，加大绿色环保材料的开发应用，使新区成为新材料产业发展的战略节点。

2010 年，新区航天航空产业共有 2 家企业，分别为瑞赛长城航空测控和航天长征火箭，2010 年完成产值 9.2 亿元，同比增长 12.3%；实现营业收入 9.1 亿元，同比增长 6.9%；实现利润总额 1.5 亿元，同比下降 20.3%。新区将依托军民结合产业基地，通过引进中国航天科技集团等大型军工企业重点项目，成为全国重要的航天技术产业化基地和航空维修基地。

2010 年，新区文化创意产业共有企业 248 家，实现营业收入 131.2 亿元，利润总额 11 亿元，全面涵盖文化艺术类、新闻出版类、广播电视电影类、软件网络及计算机服务类、广告会展类、艺术品交易类、设计服务类、旅游休闲娱乐类以及其他辅助服务类九大领域，将建成以新媒体产业为引领、创意设计为先导，具有北京城南文化特色、全国最具投资价值创意基地和最具影响力的传媒产业集聚区。

表 2　　2010 年新区三大新兴产业主要经济指标完成情况

	企业数（个）	营业收入（亿元）	利润总额（亿元）	从业人员平均人数（人）
新能源和新材料	34	98.1	9.9	4206
航天航空	2	9.1	1.5	1930
文化创意	248	131.2	11.0	29236

（三）三大支撑产业配套发展，促进三产融和发展

按照“优化一产，做强二产，做大三产”的发展思路，为了与一产、二产的生产需求相适应，新区配套发展生产性服务业、科技创新服务业以及包括都市型现代农业、都市工业和都市服务业在内的都市产业，建立完备的现代产业体系（见表 3）。

表 3　　2010 年新区三大新兴产业主要经济指标完成情况

	企业数（个）	产值		营业收入		利润总额		从业人员平均人数	
		绝对值（亿元）	增速（%）	绝对值（亿元）	增速（%）	绝对值（亿元）	增速（%）	绝对值（人）	增速（%）
生产性服务业	665	–	–	1263.7	–	188.9	–	68571	–
科技创新服务业	158	–	–	187.1	6.8	26.4	3.7	21091	4.9
都市农业		14.1	13.1	–	–	–	–	–	–
都市工业	453	346.0	14.3	368.6	15.2	25.9	11.0	70354	8.1
都市服务业	578	–	–	241.9	19.8	35.2	25.5	79039	5.7

2010 年，新区生产性服务业共有企业 665 家，实现营业收入 1263.7 亿元，利润总额 188.9 亿元，新区着重发展以信贷、投资、保险、担保为主的金融服务业；以软件服务外包、增值网络服务、数据库服务为主的信息服务业；以法律、会展、广告、咨询为主的商务服务业；以采购、运输、仓储为主的现代物流业。其中，流通服务类企业发挥支柱作用，

诺基亚（中国）投资、中航技进出口、中外运敦豪和威斯特（北京）机械 2010 年共实现营业收入 613.6 亿元，占新区生产性服务业总收入的 48.6%。

2010 年，新区科技创新服务业共有企业 158 家，实现营业收入 187.1 亿元，同比增长 6.8%，实现利润总额 26.4 亿元，同比增长 3.7%。在电信和其他信息传输服务业、计算机服务业、软件业、研究与试验发展、专业技术服务业、科技交流和推广服务业六大领域中，专业技术服务业、科技交流和推广服务业企业发挥主导作用，其中两家超 10 亿元企业中冶京诚与北京国际电气工程，共实现营业收入 61.8 亿元，占新区科技创新服务业的 33%。

2010 年，新区都市产业共有企业 1031 家，包括都市工业企业 453 家，都市服务业企业 578 家。新区都市型现代农业全部聚集于大兴区，2010 年，都市型现代农业完成产值 14.1 亿元，同比增长 13.1%；都市工业完成产值 346 亿元，同比增长 14.3%；都市服务业实现营业收入 241.9 亿元，同比增长 19.8%，实现利润总额 35.2 亿元，同比增长 25.5%。服装、印刷包装、食品饮料、商贸流通、休闲旅游、居民服务业成为新区都市产业的发展重点。

三、关于加快促进“四三三”产业发展的对策建议

“四三三”产业是新区“十二五”期间产业布局的重大任务，也是促进全区经济发展的重要支撑，只有不断深化改革、完善政策、优化环境，才能推动产业高端聚集化发展，形成“四三三”十大产业发展格局，扩大全区经济规模和提高整个经济的国际竞争力。

（一）紧抓发展机遇，力促形成“四三三”产业发展格局

《北京市国民经济和社会发展第十二个五年规划纲要》明确提出打造南部高技术制造业和战略性新兴产业聚集区，并对新区发展战略性新兴产业，打造“北京创造”品牌给予厚望。作为北京市“十二五”期间重点关注和发展的地区之一，新区应牢牢把握当前重大历史机遇期，勇敢地担负起促发展的历史重任，紧抓加快转变经济发展方式、推动经济结构战略性调整的机遇，紧抓全市集中力量打造南部高技术制造业和战略性新

兴产业聚集区的机遇，以两区行政资源深度融合为契机，坚持“优化一产、做强二产、做大三产”的发展思路，整合资源，互补优势，重点发展高端、高效、高辐射产业，引导产业集约、集聚、循环发展，着力提高产业竞争力、自主创新力、国际影响力和环境承载力，以产业结构调整依托，优化三次产业结构，力促形成“四三三”十大产业发展格局。

（二）稳抓产业聚集，注重个体发展实现共赢

占据产业集群优势是产业高端化发展的有效途径，在产业聚集过程中，一方面要结合产业发展的自身特点和所处阶段，因势利导地引进能与各个产业和企业对接、带动性强、关联度高的项目，通过制定相应的产业政策和鼓励措施，吸引上下游企业跟进，形成比较完整的产业链，通过相关产业的横向拓展继而扩展成关联度高的产业集聚；另一方面，要培育聚集产业的龙头企业，鼓励其加大技术改造，加大科技创新、创品夺牌力度，提高龙头企业核心竞争力，鼓励龙头企业采用多种方式，对上下游配套企业进行重组改造，逐步衍生或吸引更多相关企业集聚，通过企业之间的集聚效应降低综合成本，形成规模经济，发挥龙头企业的集聚带动乘数效应。

（三）狠抓协调发展，形成多点支撑增长格局

电子信息、装备制造、生物医药、汽车制造是新区的优势产业，占全区工业总量八成以上，作为第一大主导产业的电子信息产业，其产值占到全区工业总量近五成。这种个别产业独大的现状使新区过度依赖于电子信息产业，降低了新区经济抵御外部风险的能力。因此，在对主导产业内部实现优化升级的同时，必须利用现有地理优势和资源优势，加快园区建设步伐，加强园区项目承载能力和配套服务功能，强化对企业的指导、协调和服务，加大力度培育发展新能源新材料、航空航天、文化创意等新兴潜在产业。通过转变政府职能、提高机关效能、完善基础设施等企业服务机制的落实，营造一、二、三产融合发展的软硬环境，通过建立和完善中小企业创业辅导服务、投资融资服务、技术支持服务、人才培训服务、管理咨询服务、信息咨询服务、市场开拓服务等服务体系，优化生产型服务业、科技创新服务业、都市产业的发展环境，打造新区经济新引擎。